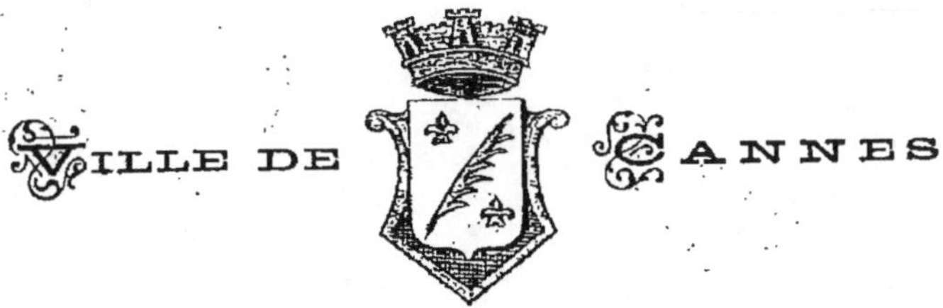

VILLE DE CANNES

CATALOGUE

DE

LA BIBLIOTHÉQUE COMMUNALE

PAR

Philippe PINATEL, A

Conservateur de la Bibliothèque et des Musées

VOL. I.

CANNES

IMPRIMERIE FIGÈRE ET GUIGLION, 3, RUE DE LA GARE

1897

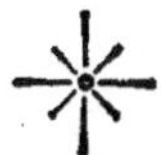

CATALOGUES

MÉTHODIQUES ET RAISONNÉS

DES COLLECTIONS

BIBLIOGRAPHIQUES

SCIENTIFIQUES ET ARTISTIQUES

DE LA

VILLE DE CANNES

II

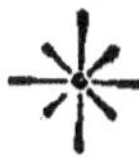

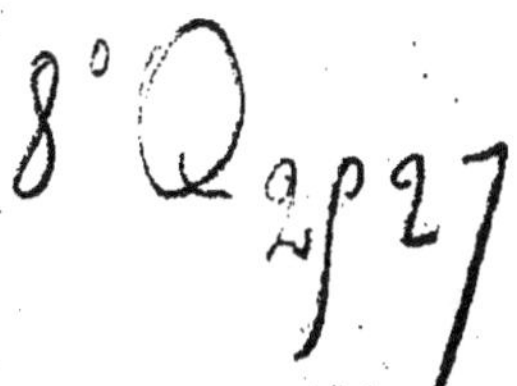

Exemplaire offert

au nom du Conseil Municipal,

à M

Le Maire de Cannes,

Chevalier de la Légion d'Honneur,

Vice-président du Conseil général des Alpes-Maritimes.

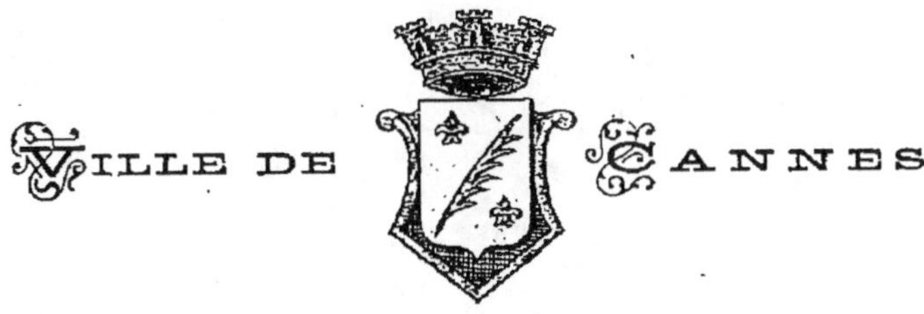

CATALOGUE

DE

LA BIBLIOTHÉQUE COMMUNALE

PAR

Philippe PINATEL, A

Conservateur de la Bibliothèque et des Musées

VOL. I.

CANNES

IMPRIMERIE FIGÈRE ET GUIGLION, 3, RUE DE LA GARE

1897

ADMINISTRATION CENTRALE

Ministre de l'Instruction publique et des Beaux-arts :

M. Rambaud, O ✺, ❦ I.

Directeur du Secrétariat, M. Xavier Charmes, C^r ✺, ❦ I.

Archives : Chef du bureau spécial, M. Desjardins, ✺, ❦ I.

Bibliothèques :   id.   M. Passier, ✺, ❦ I.

Inspecteurs généraux des Bibliothèques et Archives :

MM. Lacombe, ✺, ❦ A.

Ulysse Robert, ✺, ❦ I.

Prost, ❦ I.

M. Moris, ❦ I. *Archiviste en chef, à Nice.*

Comité d'Inspection et d'achats de livres
de la Bibliothèque de Cannes :

Président : M. Jean Hibert, ✺, *Maire de Cannes, Vice-président du Conseil général des Alpes-Maritimes.*

Membres : MM. André Capron, *1er adjoint, président de la Société scientifique, littéraire et des beaux-arts.*

Agarrat, Einesy, Tubie, *avocats, conseillers municipaux.*

Docteur Bernard, ❦ I.

Docteur Vaudremer.

Westermann, *notaire honoraire.*

MM. Pinatel (Philippe), ❦ A., *Conservateur de la Bibliothèque et des Musées, archiviste communal.*

Lisnard (Adolphe), *Sous-Bibliothécaire-archiviste.*

PRÉFACE

L'année 1878, la Société des Sciences naturelles et historiques de Cannes donna à la ville sa bibliothèque composée de quatre mille volumes et ses collections d'histoire naturelle…. Ce fut le germe de la bibliothèque municipale, que nous avons trouvée telle quelle, c'est-à-dire avec quatre mille volumes, en 1891, lors de notre prise de service, le 1er mars… Aujourd'hui, elle en possède plus de vingt mille !… Ce développement rapide, encore en pleine activité actuellement, est dû à l'heureuse combinaison des concessions de l'Etat, des efforts intelligents de la municipalité et de la générosité des nombreux bienfaiteurs de nos collections, parmi lesquels le regretté docteur Buttura, dont nous nous faisons honneur d'avoir été le collaborateur à l'œuvre de la bibliothèque, a occupé le premier rang.

Aujourd'hui, Monsieur Ernest Brelay, son digne successeur, nous comble à son tour de ses dons et de sa sollicitude éclairée. Qu'il veuille bien accepter nos sincères et vifs remerciements.

Voici le premier volume « Sciences et Arts » du Catalogue méthodique général. Nous avons dû rédiger plusieurs milliers de fiches, préalablement au travail général de répartition des ouvrages dans les 140 divisions de ce volume. Monsieur Adolphe Lisnard, sous-bibliothécaire, a pris part à ce travail préparatoire, quelquefois délicat, avec un empressement et un soin dont nous le remercions… Cuique suum.

Voir la table des matières détaillée à la fin du volume.

BIBLIOTHÈQUE DE CANNES

PREMIÈRE PARTIE — SCIENCES

A.— Introduction aux Sciences

I. Histoire Générale

1. **Ancienne France** — L'Industrie et l'art décoratif aux deux derniers siècles—Paris, F. Didot et Cie, in-8°.

2.   d°   Le Livre et les arts qui s'y rattachent depuis les origines jusqu'à la fin du 18e siècle — Paris, F. Didot et Cie (1836) in-8°.

3.   d°   L'Armée depuis le Moyen-Age jusqu'à la Révolution — Paris, F. Didot et Cie, in-8°.

4.   d°   La Marine et les Colonies — Commerce — Ouvrage illustré de 149 gravures — Paris, F. Didot et Cie, (1888) in-8°.

5.   d°   Les Arts et Métiers au Moyen-Age — Etude illustrée d'après les ouvrages de M. Paul Lacroix sur le Moyen-Age et la Renaissance. Ouvrage orné de 181 gravures — Paris, F. Didot et Cie (1887) in-8°.

6. **Aucoq (L.)** — Notions sur l'histoire des voies de communication en France — Paris, Hachette et Cie (1867) in 32.

7. **Baltet (Ch.)**—L'Horticulture française, ses progrès et ses conquêtes depuis 1789 —Paris, G. Masson (1892) in-4°.

8. **Belloc** (Alexis) — La Télégraphie historique depuis les temps les plus reculés jusqu'à nos jours — Paris, F. Didot et Cie (1888) in-4º.

9. **Berthelot** (M.) — *Histoire des Sciences* — La Chimie au Moyen-Âge — Avec la collaboration de MM. R. Duval et O. Houdas.

Tome I.— Essai sur la transmission de la Science antique — Doctrines et pratiques chimiques. Traditions techniques et traductions arabico-latines avec publication nouvelle du *liber ignium* de Marcus et impression originale du *liber sacerdotum*.— Vingt-cinq figures d'appareils.

Tome II.—L'Alchimie Syriaque —comprenant une introduction et plusieurs traités d'alchimie syriaques et arabes d'après les manuscrits du *British Museum* et de Cambridge. Texte et traduction avec notes, commentaires, reproduction des signes et des figures d'appareils.

Tome III.—L'Alchimie Arabe— comprenant une introduction historique et les traités de Cratès, d'El habib, d'Ostanès et de Dzaber, tirés des manuscrits de Paris et de Leyde. Texte et traduction, notes, figures — Paris, Imp. Nationale (1893) 3 vol. in-4º.

10. **Bouchot** (Henri)— Le livre, l'illustration, la reliure — Etude historique sommaire — Paris, Quantin, in-8º.

11. **Candolle** (A. de) — Histoire des Sciences et des Savants depuis deux siècles, suivie d'autres études sur des sujets scientifiques, en particulier sur la sélection dans l'espèce humaine — Genève, Georg (1873) in-8º.

12. **Cassini** (J.D.)—*Mémoires* pour servir à l'histoire des sciences et à celle de l'observatoire royal de Paris, suivis de la vie de J. D. Cassini écrite par lui-même et des éloges de plusieurs académiciens morts pendant la Révolution —Paris, Bleuet (1810) in-4º.

13. **Challamel** (Augustin)—Histoire de la Mode en France. La toilette des femmes depuis l'époque gallo romaine jusqu'à nos jours — Paris A. Hennuyer (1881) in-4°

14. **Cochin** (A.) — La Manufacture des Glaces de St-Gobain. 1665 à 1865 — Paris, Douniol Guillaumin (1865) in-8°.

15. **Dittes** (Frédéric) — Histoire de l'Education et de l'Instruction — Paris, Drouin (1880) in-8°.

16. **Franqueville** (le Comte de) — Premier siècle de l'Institut de France —25 octobre 1795 - 25 octobre 1895. Paris, J. Rothschild (1896) in 4°, 2 vol.

17. **Freind** (J.) — Histoire de la Médecine depuis Galien jusqu'au commencement du seizième siècle; traduite de l'anglais par Etienne Coulet — Leide, Langerak (1727) in-4°.

18. **Graffigny** (de) — Les Moteurs anciens et modernes — Paris, Hachette et Cie (1881) in-18.

19. **Guardia** (J.M.) Histoire de la Médecine, d'Hippocrate à Broussais et ses successeurs — Paris, Octave Doin (1884) in-18.

20. **Hoefer** (Fd.) — Histoire de l'Astronomie depuis ses origines jusqu'à nos jours — Paris, Hachette et Cie, (1873) in-18.

21. **Mely** (F. de) et **Courel** — Les lapidaires de l'Antiquité et du moyen-âge. Les lapidaires chinois — Introduction, texte et traduction — Paris, Ernest Leroux (1896) in-4°.

22. **Maindron** — L'Ancienne Académie des Sciences. Les Académiciens (1666-1793) — Paris, Bernard Tignol (1895) in-4°.

23. **Potiquet** (Alf.) — L'Institut National de France. Ses diverses organisations, ses associés et ses correspondants — 20 novembre 1795 - 19 novembre 1869 — Paris, Didier et Cie (1871) in-8°.

24. **Ramée** (D.) — Histoire de l'origine des Inventions, des découvertes et des Institutions humaines — Paris, Plon et Cie (1875) in-8°.

25. **Sauzay** (A.) — La Verrerie depuis les temps les plus reculés jusqu'à nos jours — Paris, Hachette et Cie (1869) in-18.

26. **Zaborowski** — Origine du langage — Paris, Germer Baillière et Cie, in-32.

II.— Dictionnaires et encyclopédies des Sciences autres que la Médecine.

---

1. **Bertillon** — Dictionnaire des Sciences anthropologiques : Anatomie, Craniologie, Archéologie préhistorique, Ethnographie, Démographie, langues, religions, etc., sous la direction de MM. Bertillon, Coudereau, etc.— Paris, Doin — Marpon Flammarion, in 4°.

2. **Blanchère** (de la) — Nouveau dictionnaire général des pêches — La pêche et les poissons — Précédé d'une préface par Dumeril — 1100 illustrations dessinées et coloriées par A. Mesnel d'après les photographies faites sur nature par l'auteur — Paris, Ch. Delagrave et Cie (1868) in-8° 2 vol.

3. **Bosc** (E.) — Dictionnaire de l'Art, de la Curiosité et du Bibelot — Paris, F. Didot et Cie (1883) in-4°.

4. **Bouillet** (N.) — Dictionnaire universel des sciences, des lettres et des arts, avec l'explication et l'Etymologie de tous les termes techniques, l'histoire sommaire des diverses branches des connaissances humaines et l'indication des principaux ouvrages qui s'y rapportent — Paris, Hachette et Cie (1857) in-4°.

5 . **Dictionnaire** raisonné, universel, des arts et métiers, contenant l'histoire, la description, la police des fabriques et manufactures de France et des pays étrangers. Lyon, Amable Leroy (1801) in-8°, 5 vol.

6 . **Dictionnaire** de l'Industrie ou collection raisonnée des procédés utiles dans les sciences et dans les arts, par une société de gens de lettres — Paris, Lacombe (1776) in-8°, 3 vol.

7 . **Dictionnaire** de l'Industrie manufacturière, commerciale et agricole par Baudrimont, Blanqui, etc., etc.— Paris, Baillière (1840) in-8°, 8 vol.

8 . **Diderot et d'Alembert** -- Encyclopédie ou dictionnaire raisonné des sciences, des arts et des métiers par une société de gens de lettres, mis en ordre et publié par M. Diderot de l'académie royale des sciences et belles-lettres de Prusse et quant à la partie mathématique par M. d'Alembert de l'académie royale des sciences de Paris, de celle de Prusse et de la société royale de Londres — avec recueil de planches sur les sciences, les arts libéraux et les arts mécaniques.

à Paris chez Briasson, rue St-Jacques, A la Science.
    »   » David l'aîné, rue St-Jacques, A la plume d'or.
    »   » Lebreton, imprimeur ordinaire du roy, rue de la Harpe.
    »   » Durand, rue St-Jacques, A St-Landry et au Griffon.

MDCCLI, in-f°, 28 vol.

9 .   d°   Supplément à l'Encyclopédie, mis en ordre et publié par M***—Amsterdam, Rey (1776) in f°, 7 vol.

10 . **Duckett** (W.) — Dictionnaire de la *Conversation*, à l'usage des dames et jeunes personnes ou Complément nécessaire de toute bonne éducation — Paris, Leclercq et Langlois (1841) in-18, 10 vol.

11. **Guérin** (E.)— Dictionnaire pittoresque d'histoire naturelle et des phénomènes de la nature, rédigé par une société de Naturalistes sous la direction de M. Guérin — Paris, Cosson (1834-1839) in-4°, 12 vol.

12.   d°   d°   (Edition 1833-1839) in-f°, 12 v.

13. **Hoefer** (F.) — Dictionnaire de Botanique pratique — Paris, F. Didot (1850) in-18.

14.   d°   Dictionnaire de Chimie et de Physique — Paris, F. Didot (1847) in-18.

15. **Laboulaye** (Ch.) — Dictionnaire des *Arts et Manufactures* et de l'Agriculture — Description des procédés de l'Industrie française et étrangère, par M. Ch. Laboulaye — avec le concours de savants, d'ingénieurs et de fabricants — et Supplément de 1875 — Paris, librairie du Dictionnaire (1874) in 4°, 4 vol.

16. **Larousse** (Pierre) — Grand dictionnaire universel du XIXme siècle, français, historique, géographique, mythologique, bibliographique, littéraire, artistique, scientifique, etc., etc. — Avec les deux suppléments 1878, 1890 — Paris, administration du Grand dictionnaire universel (1866-78-90) in-f°, 17 v.

17. **Lunier** — Dictionnaire des sciences et des arts, avec le tableau historique de l'origine et des progrès de chaque branche des connaissances humaines— Paris, Gide-Nicolle et Cie (1805) in-8°, 3 vol.

18. **Orbigny** (d') — Dictionnaire universel d'histoire naturelle résumant et complétant tous les faits présentés par les encyclopédies, les anciens dictionnaires scientifiques, les œuvres de Buffon, et les traités spéciaux sur

les diverses branches des sciences naturelles, par d'Orbigny, etc.

Paris { Langlois et Leclercq. / Victor Masson. } 1841-49, in-8°, 16 v.

19. **Orbigny** (d') Edition 1861 — Paris, Houssiaux et Cie, in-8°, 16 v.

20. **Sonnet** (H.) — Dictionnaire de mathématiques appliquées, comprenant les principales applications des mathématiques et l'explication d'un grand nombre de termes techniques usités dans les applications — Paris, Hachette et Cie (1874) in-4°.

21. **Viollet-Leduc** — Dictionnaire de l'architecture française, du XIme au XIIme siècle — Paris, Morel (1867) in-8°, 10 v.

22. **Wurtz** — *Dictionnaire de chimie pure et appliquée*, comprenant la chimie appliquée à l'industrie, à l'agriculture et aux arts, la chimie analytique, la chimie physique et la minéralogie, et supplément; précédé d'un discours préliminaire, histoire des doctrines chimiques, depuis Lavoisier, par Wurtz — Paris, Hachette et Cie (1868-1878) in-4°, 7 v.

III. — Dictionnaires de la Médecine et de l'Art Vétérinaire.

---

1. **Cooper** (Samuel) — Dictionnaire de chirurgie pratique traduit de l'Anglais — Paris, Crevot — Lachevardière fils (1826) 2 vol., in-8°.

2. **Dictionnaire des Dictionnaires** de Médecine français et étrangers ou traité complet de médecine et de chirurgie pratiques — Fabre, directeur — Paris, Germer-Baillière (1850) 9 vol., in-8°.

3. **Dictionnaire** de Médecine ou répertoire général des sciences médicales considérées sous les rapports théorique et pratique — Paris, Labé (1836) 30 v., in-8°.

4. **Dictionnaire** Encyclopédique des Sciences Médicales — Dechambre, directeur — Paris, Masson — (Nav-Ney, tome 12ᵉ) 1 vol., in-8°.

5. **Dictionnaire** de Médecine et de Chirurgie pratiques — Paris, Baillière (1836) 15 vol., in-8°.

6. **Dictionnaire** de Médecine usuelle et domestique dans un langage dépouillé de termes scientifiques, par une société de médecins praticiens — Dʳˢ Bayle et Gibert — Paris (1836) 2 vol., in-8°.

7. **Dictionnaire** des Sciences Médicales par une société de Médecins, avec table de matières contenues dans les deux derniers volumes — Paris, Panckoucke (1822) 60 vol., in-8°,

8. **Littré** (E.) — Dictionnaire de Médecine, de Chirurgie, de Pharmacie. de l'art Vétérinaire et des Sciences qui s'y rapportent, ouvrage contenant la synonymie grecque, latine, allemande, anglaise et italienne et le glossaire de ces diverses langues — Paris, Baillière et fils (1884) in-4°.

9. **Nysten** (P.) Dictionnaire de Médecine, de Chirurgie, de Pharmacie, des Sciences accessoires et de l'art vétérinaire.

Paris...... Chaudé (1841)
Montpellier. Sevalle et Castel (1841) } in-8°.

10. **Sigaud de Lafond** — Dictionnaire des Merveilles de la Nature, contenant de profondes recherches sur la nature des accouchements, attachements, échos, évacuations, grossesses, maladies, mangeurs, plongeurs, etc. — Paris, Desray (1790) 1ᵉʳ vol., in-8°.

11. **Thomas** — Dictionnaire abrégé des Sciences Médicales — Paris, Lecrosnier et Babé (1889) in-18.

IV.— Œuvres polyscientifiques et généralités des Sciences.

————

1. **Académie des Sciences** — Comptes-rendus hebdomadaire des Séances par MM. les secrétaires perpétuels — Années 1865-1887 — Avec tables — Paris, Gauthier-Villars, in-4°, 35 v.

2. **Aimé-Martin** — Plan d'une bibliothèque universelle. Etude des livres qui peuvent servir à l'histoire littéraire et philosophique du genre humain, suivi du catalogue des chefs-d'œuvres de toutes les langues et des ouvrages originaux de tous les peuples — Paris, A. Decrez (1837) in-8°.

3. **Art** (l') de vérifier les dates des faits historiques, des inscriptions, des chroniques et autres anciens monuments avant l'ère chrétienne, par un religieux de la congrégation de St-Maur, imprimé sur les manuscrits des Bénédictins, et mis en ordre par M. de St-Allais — Paris, Moreau (1819) in-8°, 5 v.

4.   d°   depuis la naissance de notre Seigneur jusqu'à l'année 1770, réimprimé avec des corrections et annotations et continué par MM. St-Allais et Victor de St-Allais — Paris, Valade (1819) in-8°, 18 v.

5.   d°   Table générale des noms propres contenus dans les 18 volumes de la seconde partie de l'Art de vérifier les dates, par les Bénédictins de la congrégation de St-Maur — Paris, Denain (1830) in-8°.

6.   d°   depuis l'année 1770 jusqu'à nos jours, formant la 3e partie de l'ouvrage publié sous ce nom par les religieux Bénédictins de

la congrégation de St-Maur, par De Cour-
celles et Fortia — Paris, Bruneau (1844)
in-8°, 18 v.

7. **Barthélemy St-Hilaire** — Les problèmes d'Aristote
traduits en français pour la première fois et accompagné de notes perpétuelles — Paris, Hachette et Cie
(1891) in-8°, 2 vol.

8. **Bibliographie** des travaux scientifiques publiés par les
sociétés savantes de la France — Paris, Imprimerie
Nationale (1895) in 4°, 2 vol.

9. **Description de l'Egypte** ou recueil des observations
et des recherches qui ont été faites en Egypte pendant l'expédition de l'armée française — publié par
les ordres de S. M. l'Empereur Napoléon le Grand.

Tomes : I, II, III, IV, Antiquités, Descriptions, Mémoires.
V, VI, VII, Etat moderne.
VIII, IX, Histoire naturelle.

in-f°, 9 vol.

Atlas, gravures et Cartes, 14 vol. — Paris, Imp. Impériale (1809).

Ce superbe exemplaire a été légué par Etienne-Geoffroy St-Hilaire
à son ami Jean Reynaud, et par la famille de ce dernier à la Bibliothèque de Cannes.

10. **Euler** (L.) — Lettres à une princesse d'Allemagne sur
divers sujets de Physique et de Philosophie — revu et
augmenté par Labey et précédé de l'éloge d'Euler par
de Condorcet.

Paris { Bachelier / Veuve Courcier }   (1812), in-8°, 2 vol.

11. **Exposition universelle** internationale de 1889, à Paris
— Rapport général par M. Alfred Picard,
avec historique des expositions universelles.
— Paris, imprimerie Nationale (1891-1892)
in-4°, 11 v.

12.   d°   Rapports du jury international — Paris,
imprimerie nationale (1891-1892) in-4°, 18 v.

13. **Exposition universelle** internationale de Lyon en 1894.— Rapport général par Caubert — Lyon, Rey (1896) in-8°.

14. **Exposition universelle** de Chicago en 1893 — Rapports par C. Krantz — Paris, impr. Nationale (1894) in-4°.

15. **Figuier** (Louis) — Les merveilles de la science ou description populaire des inventions modernes — Paris, Furne, Jouvet et Cie (1870) in-4°, 4 v.

16. d° Les merveilles de l'industrie ou description des principales industries modernes — Industries chimiques — Paris, Furne, Jouvet et Cie, in-4°, 2 v.

17. d° Le savant du foyer ou notions scientifiques sur les objets usuels de la vie — Paris, Hachette et Cie (1870) in-4°.

18. d° La terre et les mers ou description physique du Globe — Paris, Hachette et Cie (1874) in-4°.

19. d° L'année scientifique et industrielle ou exposé annuel des travaux scientifiques, des inventions et des principales applications de la science à l'industrie et aux arts — Paris, Hachette et Cie (1858 à 1895) in-18, 38 v.

20. d° Les grandes inventions modernes dans les sciences, l'industrie et les arts — Paris, Hachette et Cie (1877) in-18.

21. **Gautier** (Hippolyte) — Les curiosités de l'exposition universelle de 1867 avec six plans — Paris, Delagrave (1867) in-18.

22. **Grove** (G.) — Continents et Océans — Introduction à l'étude de la géographie, traduit de l'anglais par Mlle Tesson — Paris, Germer-Baillière et Cie, in-32.

23. **Humboldt** (A. de) — Cosmos. Essai d'une description physique du Monde — Paris, Gide et Baudry (1855) in-8°, 3 vol.

24. **Mission scientifique** au Mexique et dans l'Amérique Centrale, par une société de savants — Paris, Imp. Impériale (1869) in-f°, 17 vol.

25. **Parville** (H. de) — Brewer et Moigno — La clef de la science, explication des phénomènes de tous les jours — Paris, Renouard-Laurens (1889) in-4°.

26.   d°   Causeries scientifiques, découvertes et inventions — progrès de la Science et de l'Industrie (années 1887-1888) — Paris, Rothschild (1888-1890) 2 vol. in-18.

27.   d°   L'Exposition universelle. Lettre-préface par Alphand — Paris, Rothschild (1890) in-18.

28. **Reclus** (Elisée) — La Terre, description des phénomènes de la vie du globe — Paris, Hachette et Cie (1872) in-4°, 2 vol.

29. **Saint-Ellier** (de) — L'ordre du monde physique et sa cause première, d'après la science moderne — Paris (1893) in-4°.

B.— Sciences Mathématiques

V. — Mélanges.

1. **Annales** du Baccalauréat ès-sciences, années 1888 à 1893, recueil de questions d'examen — Paris, Nony, in-32, 6 vol.

2. **Bouant** — Problèmes de Baccalauréat (mécanique, physique et chimie — Paris, Nony (1887) in-8°.

3. **Cours complet** d'études à l'usage des écoles régimentaires du 2e degré — Paris, J. Dumaine (1872) in-18, 2 vol.

4. **Girod** (Félicien) et **Canonville** (Thomy) — Cours de mathématiques appliquées, à l'usage des écoles normales primaires professionnelles et de l'enseignement spécial — Paris, André Guedon (1880) in-8°.

5. **Jullien et Leyssenne** — Problèmes de mathématiques, de physique et de chimie — Paris, Delagrave, in-18°.

6. **Labosne** (A.) — Problèmes de mathématiques et de physique — Paris, Desobry et Cie (1857) in-18.

7. **Laplace** — Œuvres — Paris, Imp. Royale (1847) in-4°, 7 vol.

8. **Memento** du Baccalauréat ès-sciences ou Résumé des connaissances demandées pour l'examen — Paris, Hachette (1877-1878) in-18, 2 vol.

9. **Rebière** — Mathématiques et Mathématiciens — Pensées et curiosités — Paris, Nony et Cie (1889) in-8°.

10. **Riou** — Les bons livres — Recueil factice de sciences mathématiques et physiques — in-18, 4 vol.

11. **Sciences** Mathématiques—Congrès international tenu à l'exposition universelle en 1889 — Paris, Imp. Nationale (1889), in-8°.

VI.— Arithmétique

---

1. **Bourdon** — Eléments d'arithmétique — Paris, Bachelier (1843) in-8°.

4. **Deplanque** (Louis) — La ténue des livres en partie simple et en partie double, mise à la portée de toutes les intelligences pour être apprise sans maître; cours complet de contentieux commercial — Paris, Dutertre (1859) in-8°.

3. **Fabre** (père et fils) — Le régulateur des comptes-courants et autres ou tableau général de comptabilité de finances, etc. — Toulouse, Chaurein (1864) in-8°.

4. **George** (L.J.) — Cours d'arithmétique, théorique et pratique — Paris, Hachette (1831) in-8°.

5. **Godard** — Cours élémentaire d'arithmétique ou de la science des nombres — Paris, Chamerot-Renard (1839) in-8°.

6. **Gossin** Louis — Arithmétique élémentaire de l'enseignement classique agricole — Paris, Blériot (1868) in-18.

7. **Lemale** (Guislain) — Monnaies, poids, mesures et usages commerciaux de tous les états du monde — Paris, Hachette et Cie (1875) in-4°

8. **Martin** (C.F.) — Les tables de Martin ou le régulateur universel des calculs en partie double, précédé d'une instruction générale et suivi de tableaux — Paris (1817) in-8°.

9. **Rion** (A.) — Nouvelle arithmétique élémentaire à l'usage des institutions, des écoles primaires et régimentaires et des commerçants — in-18.

10. **Ritt** — Arithmétique des écoles primaires — Théorie et pratique du calcul. Applications — Paris, Hachette et Cie. (1851) in-18.

11. **Saigey** — Problèmes d'Arithmétique et exercices de calcul sur les questions ordinaires de la vie — Paris, Hachette (1841) in-32.

      d°   Edition 1846 — Paris, Hachette (1846) in-32.

12. **Sonnet** — Solutions raisonnées des problèmes d'Arithmétique et exercices de calcul de M. Saigey — Paris, Hachette (1844) in-32.

13. **Thévenet** (P.) — Barême de l'Agriculture et du Commerçant — Charolles, Vve Lambert, in-32.

14. **Tissot** (A.) — Leçons d'Arithmétique suivies de notes et exercices résolus — Paris, G. Masson (1877) in-8°.

VII. — Géométrie, Géométrie descriptive et Trigonométrie.

---

1. **Blanchet** (A.) -– Eléments de Géométrie — in-18.

2. **Briot** (Ch.) — Eléments de Géométrie conformes aux programmes de l'enseignement scientifique dans les lycées — Paris, Hachette et Cie (1883) in-8°.

3. **Briot et Vacquant** — Eléments de Géométrie — Applications — Paris, Hachette et Cie (1884) in-8°.

4. **Catalan** — Manuel de trigonométrie et de géométrie descriptive — Paris, Delalain, in-18.

5.   d° — Géométrie, Trigonométrie. Mathématiques appliquées — Paris, Delalain frères (1862) in-18.

6. **Chevillard** (A.) — Leçons nouvelles de perspective — Paris, Gauthier-Villars (1868) in-8°.

7. **Comberousse** (Ch. de) — Trigonométrie rectiligne et sphérique — Paris, Gauthier-Villars (1882) in-8°.

8. **Desboves** — Questions de Trigonométrie rectiligne, précédées d'un recueil des principales formules — Paris, Delagrave (1877) in 8°.

9. **Dupuis** (J.) — Traité de Géométrie appliquée, d'arpentage et de dessin linéaire, contenant les énoncés d'un très grand nombre de problèmes numériques gradués — Paris, Delagrave (1878) in-18.

10. **Francœur** (L.B.) — La gométrie ou l'art de tracer sur le papier des angles dont la graduation est connue et d'évaluer le nombre de degrés d'un angle déjà tracé, accompagné d'une table des cordes pour le rayon 10.000 — Paris, Huzard-Courcier (1820) in-8°.

11. **Lagout** (Ed.) — Tachymétrie, géométrie concrète en trois leçons, Equerres, pointus, ronds, tronqués — Paris, Paul Dupont (1877) in-8°.

12. **Lebon** (Ernest) — Traité de géométrie descriptive pour l'enseignement secondaire classique — Paris, Delalain frères (1888) 2 vol., in-4°.

VIII.— Algèbre — Analyse.

1. **Burat** (E.) — Traité d'algèbre élémentaire renfermant un très grand nombre d'exercices, de questions d'examen et de problèmes discutés — Paris, Belin (1876) in-8°.

2. **Callet et Saigey** — Tables portatives de logarithmes contenant les logarithmes des nombres depuis 1 jusqu'à 108.000; les logarithmes des sinus et des tangentes, etc. — Paris, F. Didot, édition stéorotype (1795) tirage 1885, in-4°.

3. **Catalan** (E.) — Arithmétique et Algèbre — Paris, Delalain frères (1862) in-18°.

4. **Dessenon** (Ernest) — Eléments de géométrie analytique — Paris, Hachette et Cⁱᵉ (1887) in-8°.

5. **Duchesne** — 1ʳᵉ année d'Algèbre — Paris, L. Hachette (1842) in-8°.

6. **Du Faÿ**, solutions de problèmes d'Analyse et de Mécanique proposés aux conférences de la Sorbonne — Paris, Gauthier-Villars et fils (1891) in-8°.

7. **Exercices** — Tracés de courbes — in-4°.

8. **Jablonski** (E.) — Compléments d'Algèbre suivis de nombreux exercices — Paris, Delalain frères (1887) in-4°.

9. **La Lande** (de) — Tables de logarithmes pour les nombres et pour les sinus, revues par le baron Reynaud — Paris, Bachelier (1828) in-32.

10.   d°   Tables de logarithmes pour les nombres et pour les sinus, avec les explications et les usages principaux pour l'astronomie, etc. — Paris, F. Didot (1805) — Edition stéréotype (tirage 1844) in-32.

11. **Laplace** — Théorie analytique des probabilités — Paris, imp. Royale (1847) in-4".

12. **Serpieri** (Alessandro) — Traité élémentaire des mesures absolues, mécaniques, électrostatiques et électromagnétiques -- Paris, Gauthier-Villars (1886) in-8°.

13. **Vuibert** (H.) — Problèmes de mathématiques — Paris, Nony (1886) in-8".

IX.— Mécanique

---

1. **Bezout** — Cours de mathématiques à l'usage des gardes du pavillon et de la marine, contenant l'application des principes généraux de la mécanique à différents cas de mouvement et d'équilibre — Avignon, Ve Seguin (an XII) 2 v., in-8°.

2. **Congrès international** de mécanique appliquée, tenu à l'exposition universelle en 1889 — Paris, imp. Nationale (1889) — in-8°.

3. **Dufailly** (J.) — Mécanique — Paris, Delagrave (1874) in-8°.

4. **Deharme** (E.) — Les merveilles de la locomotion — Paris, Hachette et Cie (1878) in-18.

5. **Marey** — La machine animale, locomotion terrestre et aérienne — Paris, Baillière (1873) in-8°.

6. **Schœller** (Ad.) — Les chemins de fer et les tramways — Paris, Baillière et fils (1892) in-18.

7. **With** (Emile) — Les machines, leur histoire, leur description, leurs usages. — Paris, Baudry (1873) — 2 vol., in-8°.

X.— Astronomie

1. **Amiot** (B) — Cours élémentaire de Cosmographie — Paris, J. Delalain (1859) in-8°.

2. **Arago** (François) — Œuvres — Notices biographiques, scientifiques. Voyages scientifiques. Mélanges. Mémoires scientifiques. in-8°, 12 v.

3.   d°   Table des œuvres de François Arago, précédées du discours de M. Flourens aux funérailles le 5 octobre 1853 et d'une notice chronologique sur les œuvres d'Arago par Barral — Paris, Ch. Morgand (1865) in-8°.

4. **Catalan** (Eug.) — Notions d'Astronomie — Paris, Germer-Baillière et Cie, in-32.

5. **Connaissance** des temps ou des mouvements célestes à l'usage des astronomes et des navigateurs pour l'an 1859, publiée par le bureau des longitudes -- Paris, Mallet-Bachelier (1856) in-8°.

6. **Cosmos** (Annuaire 1868) — Notices de Cosmogonie et d'Astronomie physique — Paris, Leiber 1868) in-32.

7. **Etoiles** (les) et la Terre — Considérations sur le temps, l'espace et l'éternité, tirées des principes les plus vulgaires de l'astronomie. Traduction de l'anglais. — Bruxelles, Schilders et Bouvroy, in-8°.

8. **Flammarion** (C.) — La pluralité des mondes habités, étude où l'on expose les conditions d'habitabilité des terres célestes, discutées au point de vue de l'Astronomie, de la physiologie et de la philosophie naturelle — Paris, Didier et Cie — Gauthiers-Villars (1864) in-18".

9.   d° Les mondes imaginaires et les mondes réels, voyage astronomique pittoresque dans le ciel et revue critique des théories humaines scientifiques et romanesques, anciennes et modernes sur les habitants des astres — Paris, Didier et Cie (1865) in-8°.

10.   d° Annuaire Astronomique et Météorologique pour 1893 avec notices scientifiques — Paris, Flammarion (1893) in-32.

11.   d° Les merveilles célestes — Paris, Hachette et Cie (1878) in-18.

12.   d° L'Astronomie — Paris, Gauthier-Villars (1874) 3 vol., in-18.

13. **Guillemin** (A.) — La Lune — Paris, Hachette et Cie (1866) in-18.

14.   d° Le Soleil — Paris, Hachette et Cie (1866) in-18.

15. **Herschell** (J.W.) — Traité d'Astronomie, traduit de l'anglais et augmenté d'un chapitre sur la théorie des chances à la série des orbites des comètes, par Cournot — Paris, Paulin (1836) in-18.

16. **Kaiser** (F.) — Le Firmament, traduit par le Baron de Dambenoy — Paris, Feret (1850) in-8°.

17. **Laplace** — Mécanique céleste — Paris, Imp. Royale (1845) in-4°, 5 vol.

18.   d°   Exposition du système du Monde — Paris, Imp. Royale (1847) in-4°.

19. **Lecouturier** — Panorama des Mondes, astronomie planétaire — Paris, Claye (1858) in-8°.

20. **Lehon** (H.) — Périodicité des grands déluges résultant du mouvement graduel de la ligne des apsides de la terre — Théorie prouvée par les faits géologiques — Paris, Dalmont (1858) in-8".

21. **Liais** (E.) — L'Espace céleste et la nature tropicale, description physique de l'univers, d'après des observations personnelles faites dans les deux hémisphères — Paris, Garnier frères — in-4°.

22. **Longitudes** (Annuaire du Bureau des), avec des notices scientifiques — Années 1842, 62, 64 et 1867 à 1897 — Paris, Gauthier-Villars — 34 v., in-32.

23. **Parville** (H. de) — Un habitant de la planète Mars — Paris, Hetzel — in-18.

24. **Reynaud** — Note sur la gravitation — in-18.

25. **Secchi** (le pére) — Le Soleil, exposé des principales découvertes modernes sur la structure de cet astre, son influence dans l'univers et ses relations avec les autres corps célestes — Paris, Gauthier-Villars (1870) in-8°.

26. **Vinot** — *Journal du Ciel*, almanach astronomique pour 1874, avec notices — in-32.

27. **Chronométrie** (Congrès international de) tenu à l'Exposition universelle en 1889 — Paris, Imp. Nationale (1889) in-8°.

———————

C.— Sciences Physiques et Chimiques

XI.— Traités

1. **Baume et Poirier** — Leçons élémentaires de physique accompagnées de notions pratiques sur la Chimie, à l'usage des maisons d'éducation de demoiselles — Paris, Lyon, Perisse frères (1839) in-18.

2.   d°   Abrégé des leçons élémentaires de Physique — Paris, Jacques Lecoffre et Cie (1857) in-32.

3. **Cazin** (Ach.) — La chaleur — Paris, Hachette et Cie (1868) in-18.

4. **Deherain** et **Tissandier** — Eléments de chimie — Paris, Hachette et Cie (1870) in-18.

5. **Drion** et **Fernet** — Traité de physique élémentaire — — Paris, Masson (1883) in-18.

6. **Francolin** (G^{ve}) — Physique — Paris (1878), 2 v. in-32.

7. **Ganot** (A.) — Traité élémentaire de Physique expérimentale et appliquée et de Météorologie — Paris, Ganot (1854) in-18.

8. **Gossin** (H.) — Cours élémentaire de Physique — Paris, Hachette et Cie (1872-75) 2 vol. in-18.

9. **Guillemin** (Amédée) — La Lumière, les Couleurs — Paris, Hachette et Cie (1874) in-18.

10. **Haraucourt** (C.) — Cours élémentaire de physique contenant de nombreux exercices physiques résolus et à résoudre — Paris, André Guédon (1887) in-8°.

11. **Langlebert** (J.) — Chimie — Paris, Delalain frères (1861-1882) 2 vol. in-18.

12. **Marié-Davy** — Notions préliminaires de physique — Paris, Hachette et Cie, Masson et fils (1866) in-18.

13. **Marion** (Fulgence) — L'Optique — Paris, Hachette et Cie (1869) in-18.

14. **Marzy** (E.) — L'Hydraulique — Paris, Hachette et Cie (1871) in-18.

15. **Moitessier** — La Lumière — Paris, Hachette et Cie (1876) — in-18.

16. **Morand** (J.) — Introduction à l'étude des sciences physiques — Paris, Germer-Baillière et Cie, in-32.

17. **Pouillet** — Notions générales de physique et de météorologie — Paris, Bechet, jeune (1850) in-18.

18. **Radau** (R.) — Le magnétisme — Paris, Hachette et Cie (1875) — in-18.

19.   d°   L'acoustique ou les phénomèmes du son — Paris, Hachette et Cie (1870) in-18.

20. **Regodt** (Honoré) — Notions de physique applicables aux usages de la vie — Paris, Delalain (1872) in-18.

XII.— Electricité

---

1. **Cazin** (A.) — L'étincelle électrique — Paris, Hachette et Cie (1876) in-18.

2. **Congrès International** d'électricité, tenu à l'exposition universelle en 1889 — Paris, imp. Nationale (1889) in-8°.

3. **Dary** (Georges) — L'électricité et la défense des côtes — Paris, Grelot (1894) — in-18.

4.   d°   L'électricité dans la nature — Paris, G. Carré (1892) — in-18.

5. **Fontaine** (Hippolyte) — Eclairage à l'électricité, renseignements pratiques — Paris, Baudry et Cie (1888) in-4°.

6. **Fonvielle** (Wilfrid de) — Eclairs et tonnerres — Paris, Hachette et Cie (1874) in-18.

7. **Lucas** (Félix) — Traité pratique d'électricité à l'usage des ingénieurs et des constructeurs — Traité mécanique du magnétisme et de l'électricité — Mesures électriques, piles, accumulateurs, machines, énergie électrique, sa transformation, son utilisation — Paris, Baudry et Cie (1892) in-4°.

8. **Moncel** (du) — Le téléphone, le microphone et le phonographe — Paris, Hachette et Cie (1880).

9. **Palmieri** (Luigi) Lois et origines de l'électricité atmosphérique—Traduit de l'italien par Marcillac et Brunet — Paris, Gauthier-Villars (1885) in-8°.

10. **Planté** (Gaston) — Recherches sur l'électricité (1883) in-8°.

11. **Ternant** (A. L.) — Les Téléphones — Agencement des bureaux, Appareils, Auditions musicales, Fanfare Ader — Marseille, Lafitte (1884) in-8°.

12. **Weiller** et **Vivarez** — Traité général des lignes et transmissions électriques—Paris, Masson(1892)in-4°.

XIII. — Météorologie.

---

1. **Boscowitz** (Arnold) — Les Volcans et les Tremblements de terre — Paris, Ducrocq — in-4°.

2. **Bouant** (Emile) — Les grands froids — Paris, Hachette et Cie (1880) in-18.

3. **Congrès international** de Météorologie, tenu à l'Exposition universelle de 1889 — Paris, Imp. Nationale (1889) in-8°.

4. **Coulvier-Gravier** — Recherches sur les météores et sur les lois qui les régissent — Paris, Plon (1866) in-8°.

5. **Flammarion** (C.) — L'Atmosphère, Météorologie populaire — Paris, Hachette et Cie (1888) in-4°.

6. **Guldberg** et **Mohn** — Etude sur les mouvements de l'atmosphère — Christiania, Brogger (1876) in-4°.

7. **Mathieu** (de la Drôme) — Annuaires de 1865 à 1893, Indicateur du temps — Paris, Plon, Nourrit et Cie — 28 vol., in-32.

8. **Secretan** — Calendrier météorologique pour les années 1880-81-82-83 — Paris, Gauthier-Villars, 4 v., in-4°.

9. **Vaudremer** (d^r) et **Pinatel** — Annuaire météorologique de Cannes — Saison 1896-1897 — Cannes, Figère et Guiglion (1897) — in-8° .

10. **Zurcher** et **Margollé** — Trombes et cyclones — Paris, Hachette et Cie (1876) in-18.

11.   d°   Les météores — Paris, Hachette et Cie (1875) in-18.

12.   d°   La prévision du temps — Paris, Bellaire, in-32.

XIV.— Chimie

---

1. **Berthelot** — La révolution chimique — Lavoisier, ouvrage suivi de notices et extraits des registres inédits du laboratoire de Lavoisier — Paris, Félix Alcan (1870) in-8°.

2. **Congrès International** de chimie, tenu à l'exposition universelle en 1889 — Paris, imp. Nationale (1889) in-8°.

3. **Faraday** — Histoire d'une chandelle. avec une notice biographique et des notes complémentaires par Ste-Claire Deville, traduit par W. Hughes — Paris, Hetzel, in-18.

4. **Gaudin** (M.A.) — L'architecture du monde des atomes dévoilant la structure des composés chimiques et leur cristallogénie — Paris, Gauthier-Villars (1873) in-18.

5. **Instruction** sur la fabrication du salpêtre, publiée par le Comité consultatif institué près de la direction générale du service des poudres et salpêtres de France — Paris, imp. Royale (1820) in-4°

6. **Lefebvre** (E.) — Les aliments — Paris, Hachette et Cie (1882) in-8°.

7.   d°   Un morceau de sucre — Paris, Hachette et Cie (1884) in-32.

8. **Liebig** (Justus) — Lettres sur la chimie et ses applications à l'Industrie, à la Physiologie et à l'Agriculture — Paris, Charpentier — Fortin-Masson et Cie (1845) in-18.

9. **Macé** (J.) — Histoire d'une bouchée de pain — Lettres à une petite fille sur la vie de l'homme et des animaux — Paris, Dentu, in-18.

10.   d°   Les serviteurs de l'estomac, pour faire suite à l'histoire d'une bouchée de pain — Paris, Hetzel et Cie, in-18.

11. **Mulder** (G.J.) — De la Bière. Sa composition chimique, sa fabrication, son emploi comme boisson, traduit du hollandais par Delondre — Paris, Baillière et fils (1861) in-18.

12. **Payen** — L'Eclairage au Gaz -- Paris, Hachette et Cie (1867) in-32.

13. **Sanson** (André) — Les principaux faits de la Chimie — Paris, Germer Baillière et Cie, in-32.

14. **Tissandier** (G.) — L'Eau — Paris, Hachette et Cie (1869) in-18.

XV. — Mélanges.

1. **Aéronautique** —Congrès International tenu à l'Exposition universelle en 1889 — Paris, Imp. Nationale (1889) in-8°.

2. **Castillon** (A.) — Récréations physiques — Paris, Hachette et Cie (1881) in-18.

3. **Dupuy de Lôme** — Note sur l'aérostat à hélice construit pour le compte de l'Etat, sur les plans et sous la direction de M. Dupuy de Lôme —Paris, Gauthier-Villars (1872) in-4°.

4. **Gay** (Jules) — Lectures Scientifiques — Physique et Chimie —Paris, Hachette et Cie (1891) in-18.

5. **Godard** -- 25 ascensions en Orient — Paris (1893) in-8°.

6. **Lanoye** (F. de) — Les grandes scènes de la Nature, d'après la description de voyageurs et d'écrivains célèbres — Paris, Hachette et Cie (1878) in-18.

7. **Laurent** (A.) — Histoire des baromètres et manomètres anéroïdes — Biographie de Lucien Vidié, inventeur — Paris, Dentu (1867) in 4°.

8. **Levy** (A.) — Les nouveautés de la Science — Paris, Hachette et Cie (1883) in-18.

9. **Mangin** (A.) — Voyage scientifique autour de ma chambre — Paris, Delagrave (1886) in-4°.

10. **Marion** (F.) — Les Ballons et les Voyages aériens — Paris, Hachette et Cie (1867) in-18.

11. **Maury** (L. L. D.) — Géographie physique de la Mer, traduit par Terquem — Paris, Corréard (1861) in-8°.

12. **Maxime** (Hélène) — Les Galeries souterraines — Paris, Hachette et Cie (1876) in-18.

13. **Moitessier** (A.)—L'Air—Paris, Hachette et Cie, in-18.

14. **Renard** (Léon) — Les Phares — Paris, Hachette et Cie (1871) in-18.

15. **Zurcher** et **Margollé** — Télescope et Microscope — Paris, Germer-Baillière et Cie, in-32.

16.   d°   Les Ascensions célèbres aux plus hautes montagnes du globe — Paris, Hachette et Cie (1874) in-18.

XVI.— Photographie

----

1. **Abney** — Cours de photographie — in-8°.

2. **Balagny** (G.) — Hydroquinone et potasse, nouvelle méthode de développement — Paris, Gauthier-Villars (1891) — in-18.

3. **Barreswill** et **Davanne** — Chimie photographique, contenant les éléments de chimie, les procédés de photographie, etc. — Paris, Gauthier-Villars (1864) in-8°.

4. **Fabre** — Aide mémoire de photographie 1881 à 1892 — Paris, Gauthier-Villars (1892) 8 v., in-32.

5 . **Fleury, Hermagis et Rossignol** — Traité des excursions photographiques — Paris, Rongier et Cie (1890) in-18.

6 . **Hutinet** — La photographie simplifiée, suivie de la méthode Hutinet — Paris, Hutinet (1885) in-32.

7 . **Le Gros** (V.) — Photogrammétrie — Paris (1891) in-18.

8 . **Lefevre** (J.) — La photographie et ses applications aux sciences, aux arts et à l'industrie — Paris, Baillière et fils (1888) in-18.

9 . **Londe** (A.) — La photographie instantanée — Paris, Gauthier-Villars (1886) in-18.

10 .   d° La photographie dans les arts, les sciences et l'industrie — Paris, Gauthier-Villars et fils (1888) in-18.

11 .   d° Aide mémoire pratique de photographie — Paris, Baillière et fils (1893) in-18.

12 . **Mathet** (L.) — Leçons élémentaires de chimie photographique — Paris, Dupont (1890) in-18.

13 . **Monckhoven** — Traité général de photographie — Paris, Masson (1880) in-4°.

14 . **Poitevin** — Traité des impressions photographiques — Paris, Gauthier-Villars (1883) in-18.

15 . **Vogel** (H.) — La photographie et la chimie de la lumière — Paris, Germer Baillière et Cie (1880) in-8°.

16 . **Congrès international** de photographie, tenu à l'exposition universelle en 1889 — Paris, imp. Nationale (1889) in-8°.

17 .   d° de photographie céleste — Paris, imp. Nationale (1889) in-8°.

D. — Sciences Naturelles

XVII.— Traités généraux et généralités

1. **Aubert** (E.) — Histoire naturelle des êtres vivants. Cours d'anatomie et physiologie animales et végétales — Classifications — Paris, André fils (1894) in-8° 3 vol.

2. **Boitard** — Nouveau manuel du Naturaliste-préparateur ou l'art d'empailler les animaux, de conserver les végétaux et les minéraux, suivi d'un traité des embaumements — Paris, Roret (1839) in-32.

3. **Buffon** — Œuvres complètes mises en ordre par M. le comte de Lacépéde, enrichies par ce savant d'une vue générale des progrès des sciences naturelles, édition augmentée d'un précis des découvertes nouvellement faites dans l'histoire naturelle — Paris, Eymery, Fruger et Cie (1829) in-8°, 26 vol.

4. **Chenu** — Encyclopédie d'histoire naturelle ou traité complet de cette science d'après les travaux des naturalistes les plus éminents de tous les pays et de toutes les époques — Paris, Marescq et Cie, in-4°, 24 v.

5. **Couvreur** (E.) — Les merveilles du Corps Humain, sa structure et son fonctionnement — Paris, Baillière et fils (1892) in-18.

6. **Flourens** — Histoire des travaux de Georges Cuvier — Paris, Garnier frères (1858) in-18.

7. **Fermond** (Ch.) Etudes sur la symétrie considérée dans les trois règnes de la nature — Paris, Napoléon Chaix et Cie (1855) in-8°.

8. **Fonvielle** (de) — Les merveilles du monde invisible — Paris, Hachette et Cie (1874) in-18.

9. **Humboldt** — Tableaux de la Nature. Traduction de Hoefer — Paris, F. Didot frères (1851) in-8°, 2 vol.

10. **Huxley** (Th.) Les Sciences naturelles et l'Education — Paris, Baillière et fils (1891) in-18.

11. **Langlebert** (J.) — Histoire naturelle, augmentée d'un résumé général des classifications zoologique, botanique et géologique — Paris, Delalain frères (1889) in-18.

12. **Locard** (A.) Guide aux Collections de Zoologie, Géologie et Minéralogie du Museum de Lyon — Lyon, Pitrat aîné (1875) in-18.

13. **Milne Edwards et Achille Comte** — Cahiers d'histoire naturelle à l'usage des Collèges et des Ecoles Normales primaires — Botanique et Géologie (6e cahier) (3) -- Paris, Crochard (1835) in-18.

14. **Regodt** (Henri) — Notions d'histoire naturelle applicables aux usages de la vie — Paris, Delalain (1870) in-18.

15. **Risso** (A.) — Histoire naturelle des principales productions de l'Europe méridionale et particulièrement de celles des environs de Nice et des Alpes-Maritimes — Paris, Levrault (1826) in-8°, 5 vol.

16. **Rochet** (Charles) — Le Prototype humain donnant les lois naturelles des proportions dans les deux sexes — Paris, Plon, Nourrit et Cie (1884) in-18.

17. **Teulières** (Paulin) — Histoire Naturelle dans ses applications géographiques, historiques et industrielles — Paris, Louis Colas (1843) in-18.

18. **Trouessart** (E.L.) — Au bord de la Mer, géologie, faune et flore des côtes de France, de Dunkerque à Biarritz — Paris, Baillière et fils (1893) in-18.

XVIII.— Physiologie

1. **Bernard** (Claude) — De la physiologie générale — Paris, Baillière et fils (1872) in-18.

2. **Bernstein** (J.) — Les sens — Paris, Germer Baillière et Cie (1880) in-8°.

3. **Blanchard** (E.) — La vie des êtres animés ; les conditions de la vie ; l'origine des êtres — Paris, Masson (1888) in-18.

4. **Bocquillon** (H.) — La vie des plantes — Paris, Hachette et Cie (1871) in-18.

5. **Chatelain** — La folie de J. J. Rousseau — Paris, Fischbacher (1890) in-18.

6. **Darwin** (Ch.) — De l'origine des espèces par la sélection naturelle ou des lois de transformation des êtres organisés. Traduction avec notes par Clémence Royer.

   Paris { Guillaumin et Cie / Victor Masson et fils } 1866) in-8°.

7. **Flourens** (P.) — De l'instinct et de l'intelligence des animaux — Paris, Garnier frères (1870) in-18.

8.   d°   Ontologie naturelle ou étude philosophique des êtres — Paris, Garnier frères (1864) in-18.

9.   d°   De l'unité de composition et du débat entre Cuvier et Geoffroy St-Hilaire — Paris, Garnier frères (1865) in-18.

10.   d°   De la longévité humaine et de la quantité de vie sur le globe — Paris, Garnier frères (1860) in-18.

11. **Fredericq** (Léon) — La lutte pour l'existence chez les animaux marins — Recherches de physiologie comparée exécutées aux laboratoires de Roscoff et de Banyuls — Paris, Baillière et fils (1889) in-18.

12. **Girod** (Paul) — Les sociétés chez les animaux — Paris, Baillière et fils (1891) in-18.

13. **Joly** (Henri) — L'Imagination. Etude psychologique Paris, Hachette et Cie (1877) in-18.

14. **Jourdan** (E.) — Les sens chez les animaux inférieurs — Paris, Baillière et fils (1889) in-18.

15. **Lecoq** (Henri) — La vie des fleurs — Paris, Hachette et Cie (1861) in-18.

16. **Marey** (E.J.) — Du mouvement dans les fonctions de la vie — Paris, Baillière (1868) in-8°.

17. **Menault** (E.) — L'intelligence des animaux — Paris, Hachette et Cie (1868) in-18.

18. **Quatrefages** (A. de) — Physiologie comparée. Les métamorphoses (4) — Paris, Claye (1877) in-4°.

19. **Rambosson** (J.) — Les lois de la vie et l'art de prolonger ses jours — Paris, Firmin Didot (1872) in-8°.

20. **Rouquairol** (St-Romain) — Le globe terrestre reconnu vivant ou physiologie de la terre — Paris, Carilian Gœury et V. Dalmont (1848) in-8°.

21. **Robert** (E.) — Excellence de la création, tirée de la forme extérieure des corps — Paris, Walder (1867) in-8°.

22. **Vauchez** (E) — La terre. Evolution de la vie à sa surface. Son passé, son présent, son avenir — Paris, Reinwald et Cie (1893) in-8°, 2 v.

XIX. — Botanique : Traités et Généralités.

---

1. **Chenu** — (Encyclopédie) — Botanique, avec la collaboration de Dupuis — Paris, Didot (1868) in-4°, 2 vol.

2. **Delalande-Lebouidre** — Traité élémentaire de physiologie végétale — Paris, Martin (1845) in-8°.

3. **Duchartre** (F.)—Eléments de botanique, comprenant l'anatomie, l'organographie, la physiologie des plantes, les familles naturelles et la géographie botanique — Paris, Baillière et fils (1867) in-8".

4. **Eléments de botanique** — Classification et usages des plantes — Paris, Hachette et Cie (1868) in 18.

5. **Figuier** (Louis)—Histoire des plantes—Paris,Hachette et Cie (1874) in-4°.

6. **Gervais** (P.) — Nouvelles planches murales d'histoire naturelle, Botanique — Paris, Masson, in-32.

7. **Jaubert** (Comte)—Sur l'enseignement de la botanique à Paris 1853-1857 — Paris, Martinet (1857) in-8°.

8. **Humboldt** (A. de) — De distributione geographicà plantarum secundum Cœli temperiem et altitudinem montium — Lutetiæ parisiorum (1817) in-8°.

9. **Lanessan** (de) — La Botanique — Paris, Reinwald (1883) in-18.

10. **Lecoq** (Henri) — Etudes sur la géographie botanique de l'Europe et en particulier sur la végétation du plateau central de la France -- Paris, Baillière et fils (1858) in-4°, 9 vol.

11. **Lemaout et Decaisne** — Traité général de botanique descriptive et analytique, organographie, anatomie, physiologie, iconographie — Description et histoire des familles — Paris, F. Didot frères, fils et Cie (1868) in-f°.

12. **Marion** (F.) — Les Merveilles de la Végétation — Paris, Hachette et Cie (1868) in-18.

13. **Richard** (Achille)— Nouveaux éléments de botanique et de physiologie végétale — Paris (1846) in-8°.

14. **Rousseau** (J.J.) — Lettres sur la botanique précédées d'un traité élémentaire de cette science par Girault — Paris (1835) in-32.

XX. — Flores Spéciales.

1. **Bonnier** (G.) et **De Layens** (G.) — La Végétation de la France — Tableaux synoptiques des plantes vasculaires de la flore de la France — 5289 figures représentant les caractères de toutes les espèces qui sont décrites sans mots techniques et une carte des régions de la France — Paris, Paul Dupont, in-8⁰.

2. **Brébisson** (A.de) — Flore de la Normandie — Caen, Hardel (1836). Paris, Lance (1836) in-32.

3. **Brown** (Robertus) — Prodromus florœ novœ hollandiœ et Insulœ, van diemen exhibens characteres plantarum quas annis 1802-1805, per oras utrius que insulœ collegit et descripsit, Robertus Brown — Norimbergœ, Schrag (1827) in-8⁰.

4. **Crépin** (Fr.) — Manuel de la Flore de Belgique ou description des familles et des genres accompagnée de tableaux analytiques — Bruxelles, Tarlier (1860) in-18.

5. **Durande** — Flore de Bourgogne ou catalogue des Plantes naturelles à cette province et de celles qu'on y cultive le plus communément — Dijon, Frantin (1782) in-8°.

6. **Fée** (A.L.A.) — Flore de Virgile ou catalogue raisonné des plantes citées dans ses ouvrages, composée pour la collection des classiques latins — Paris, F. Didot (1823) in-8⁰.

7. **Gillet** et **Magne** — Nouvelle flore française, descriptions succinctes et rangées par tableaux dichotomiques des plantes qui croissent spontanément en France et de celles qu'on y cultive en grand, suivi d'une table générale des espèces et de leurs synonymes — Paris, Garnier frères (1889) in-18.

8. **Lamarck** (C.) — Flore française ou description succinte de toutes les plantes qui croissent naturellement en France, disposée selon une nouvelle méthode d'analyse et à laquelle on a joint la citation de leurs vertus les moins équivoques en médecine et de leur utilité dans les arts — Paris, H. Agasse, l'an III de la République, in-18, 3 v.

9. **Mutel** (A.) — Flore du Dauphiné ou description succincte des plantes, précédée d'un précis de botanique, de l'analyse des genres et de leur tableau, d'après le système de Linnée — Grenoble, Prudhomme (1830) in-18.

10. **Seynes** (J. de) — Essai d'une flore mycologique de la région de Montpellier et du Gard. Observations sur les Agaricinés, suivies d'une énumération méthodique — Paris, Baillière et fils (1863) in-4°.

11. **Spenner** — Flora friburgensis et regionum proximè adjacentium — Friburgi Brisgoviæ Wagner (1825) in-32.

XXI.— Monographies et Traités spéciaux.

---

1. **Burnat et Gremli** —Catalogue raisonné des hieracium des Alpes-Maritimes. Etudes sur la chaîne des Alpes et le département français de ce nom (93) — Lyon, Genève et Bâle, Georg (1883) in-8°.

2.   d°   Genre Rosa. Revision des groupes des Orientales. Etudes sur les cinq espèces qui composent ce groupe dans le *Flora Orientalis*, de Boissier (4) — Genève, Georg (1887) in-4°.

3. **Carrière** (E.A.) — Traité général des conifères ou description de toutes les espèces et variétés de ce

genre, aujourd'hui connues ; avec leur synonymie, l'indication des procédés de culture et de multiplication qu'il convient de leur appliquer — Paris, Lainé et Havard (1867) in-8°, 2 v.

4. **Cooke** (M. C.) — Les Champignons (sous la direction de M. J. Berkeley) — Paris, Germer-Baillière (1875) in-8°.

5. **Cordier** (F.S.) — Les Champignons de la France — Histoire, description, cultures, usage des espèces comestibles, vénéneuses, suspectes, employées dans les arts, l'industrie, l'économie domestique et la Médecine — Paris, J. Rothschild (1870) in-4°, 2 vol.

6. **Kutzing** — Species Algarum — Lipsiæ Brockaus (1849) in-8°.

7. **Lefevre** (André) — Les Parcs et les Jardins — Paris, Hachette et Cie (1867) in-18.

8. **Marchais** — Les Jardins dans la région de l'Oranger — in-8°.

9. **Miquel** — Epicrisis systematis Cycadearum — in-8°.

10. **Moll-flet et Pijp** — Rapport sur quelques cultures de Papaveracées faites dans le jardin botanique de Groningue — Bois-le-Duc, Robyns et Cie (1894) in-8°.

11. **Risso et Poiteau** — Histoire et culture des Orangers — Recherches sur la patrie et les migrations des orangers les plus anciennement cultivés — Classification, description. Genres appartenant à la famille des orangers. Culture dans le Midi de l'Europe et en Algérie — Paris, Plon-Masson (1872) in-f°.

12. **Saint-Simon** (A. de) — Description d'espèces nouvelles de pomatias. Observations anatomiques sur quelques pomatias du Midi de la France — Paris, Bouchard-Huzard (1869) in-8°, 2 vol.

13. **Seynes** (J. de) — Recherches pour servir à l'histoire naturelle des végétaux inférieurs : des fistulines — Paris, Savy — Masson (1874) in-4°.

14. **Vilmorin** (Ph. L. de) — Les fleurs à Paris. Culture et Commerce — Introduction par Henri de Vilmorin — Paris, Baillière et fils (1892) in-18.

XXII. — Zoologie : Traités et généralités.

------

1. **Aristote** — Traités des parties des animaux et de la marche des animaux, traduits en francais par Barthélemy St-Hilaire — Paris, Hachette et Cie (1885) in-4°, 2 vol.

2.   d°   Traité de la génération des animaux, traduit en français avec notes par Barthélemy St-Hilaire — Paris, Hachette et Cie (1887) in-4°, 2 vol.

3. **Beneden** (P.J. Van) — Les commensaux et les parasites dans le règne animal — Paris, Germer-Baillière (1875) in-8°.

4. **Besson** — Leçons d'anatomie et de physiologie animales suivies d'un exposé des principes de la classification avec préface de Dastre (S.) — Paris, Delagrave (1890) in-8°.

5. **Bert** (Paul) — Lectures sur l'histoire naturelle des animaux suivies d'un vocabulaire des mots techniques employés dans l'ouvrage — Paris, Hachette et Cie (1883) in-18.

6. **Chenu** — Encyclopédie d'histoire naturelle, avec tables alphabétiques des noms vulgaires et scientifiques de la Zoologie — Paris, Marescq et Cie, 2 vol., in-4°.

7. **Claus** (C.) — Traité de Zoologie conforme à l'état présent de la Science. Traduit de l'allemand et annoté par Moquin-Tandon — Paris, Savy (1878) in-4°.

8. **Duval** (Mathias) — Précis d'anatomie à l'usage des artistes — Paris, Quantin, in-8°.

9. **Folin** (de) — Pêches et chasses zoologiques — Paris, Baillière et fils (1893) in-18.

10.   d° Sous les Mers, campagne d'exploration du « Travailleur » et du « Talisman » — Paris, Baillière et fils (1887) in-18.

11. **Gervais** (Paul) — Nouvelles planches murales d'histoire naturelle : Zoologie — Paris, Masson (1880) in-18.

12.   d° Eléments de Zoologie, comprenant l'anatomie, la physiologie, la classification et l'histoire naturelle des animaux — Paris, Hachette et Cie (1871) in-8°.

13. **Landrin** (A.) — Les plages de la France — Paris, Hachette et Cie (1868) in-18.

14. **Meunier** (V.) — Les grandes pêches — Paris, Hachette et Cie (1868) in-18.

15. **Millet** — La culture de l'eau — Tours, Mame et fils (1870) in-8°.

16.   d° Les merveilles des fleuves et des ruisseaux — Paris, Hachette et Cie (1875) in-18.

17. **Sonrel** (L.) — Le fond de la mer — Paris, Hachette et Cie (1870) in-18.

18. **Trouessart** — La Géographie zoologique — Paris, Baillière et fils (1890) in-18.

19. **Zaborowski** — Les migrations des animaux et le pigeon voyageur (8) — Paris, Germer Baillière et Cie, in-32.

20. **Zoologie** (Congrès international de) tenu à l'Exposition universelle en 1889 — Paris, imp. Nationale (1889) in-8°.

XXIII.— Embranchements des vertébrés :

Mammifères, oiseaux, reptiles, batraciens et poissons.

1. **Bert** (Paul) — Catalogue méthodique des animaux vertébrés qui vivent à l'état sauvage dans le département de l'Yonne, avec la clef des espèces et leur diagnose (94) — Paris, Masson et fils (1864) in-8°.

2. **Brevans** (A. de) — La migration des oiseaux — Paris, Hachette et Cie (1878) in-18.

3. **Chenu** et **Desmarest** — Carnassiers — Paris, Marescq et Cie (1853) in-4°, 2 vol.

4.   d°   Quadrumanes — Paris, Marescq et Cie, in-4°

5.   d°   Rongeurs et Pachydermes — Paris, F. Didot père et fils (1867) in-4°.

6.   d°   Pachydermes, ruminants, édentés, cétacés, marsupiaux et monotrèmes — Paris, Marescq et Cie, in-4°.

7. **Chenu** et **O des Murs** — Oiseaux — Paris, F. Didot frères, fils et Cie. in-4°, 6 vol.

8. **Chenu** et **Desmarest** — Reptiles et poissons.

Paris { Marescq et Cie / Gustave Howard } 1856, in-4°.

9. **Commission de pisciculture** — Travaux et rapports (1850), 2 vol. in-4°.

10. **Dabry de Thiersant** — La pisciculture et la pêche en Chine, ouvrage composé de 51 planches représentant les principaux instruments de pisciculture et engins de pêche employés par les Chinois et quelques nouvelles espèces de poissons recueillies en Chine — Paris, Masson (1872) in-f°.

11. **Degland** et **Gerbe** — Ornithologie européenne ou Catalogue descriptif, analytique et raisonné des oiseaux observés en Europe — Paris, Baillière et fils (1867) 2 vol. in-8°.

12. **Figuier** (L.) — Les Mammifères — Paris, Hachette et Cie (1873) in-4°.

13.   d°   Les Poissons, les Reptiles et les Oiseaux — Paris, Hachette et Cie (1869) in-4°.

14. **Gratiolet** (L. P.) — Recherches sur l'anatomie de l'hippopotame, publiées par les soins du docteur E. Alix — Paris, V. Masson et fils (1867) in-f°.

15. **Hamonville** — La vie des oiseaux, scènes d'après nature — Paris, Baillière et fils (1890) in-18.

16. **Landrin** — Les monstres marins — Paris, Hachette et Cie (1877) — in-18.

17. **Mission** scientifique au Mexique et dans l'Amérique centrale. Etude des batraciens de l'Amérique centrale par Brocchi — Paris, imp. Nationale (1883) in-f°.

18. **Mission** scientique au Mexique et dans l'Amérique centrale. Etude sur les poissons de la région centrale de l'Amérique, par Vaillant et Bocourt — Paris, imp. Nationale (1874) in-f°.

19. **Mission** scientifique au Mexique et dans l'Amérique centrale. Etude sur les reptiles et les batraciens, par Dumeril et Bocourt — Paris, imp. Nationale (1870) 2 v., in-f°.

20 **Moreau** (Em.) — Histoire naturelle des poissons de la France — Paris, G. Masson (1881) 4 v., in-4°.

21. **Schimper** (W.Ph.) — Synopsis Muscorum Europœarum premissâ introductione de clementis bryologius tractante — Stuttgartiæ Schweizerbart (1860) in-8°.

22. **Sonnini** — Histoire naturelle générale et particulière
des poissons. Ouvrage faisant suite à l'histoire naturelle générale et particulière, composée par Leclerc
de Buffon et mise dans un nouvel ordre avec des notes
et des additions — Paris, Dufart, an XI, 2 v., in-8°.

23. **Wolf** (Jean) et **Dr Bernard Meyer** — Histoire naturelle des oiseaux de l'Allemagne, représentés d'après
nature et décrits — Nuremberg I. F. Frauenholz
(1818) in-f°.

XXIV.

Embranchements des Annelés et des Rayonnés :

Insectes, Myriapodes, Crustacés, etc.

---

1. **Boitard** — Nouveau Manuel complet d'entomologie ou
histoire naturelle des insectes et des myriapodes —
Paris, Roret (1843) 3 vol., in-32.

2. **Chenu** — Encyclopédie d'histoire naturelle, Papillons.
— avec la collaboration de H. Lucas — Paris,
F. Didot frères, fils et Cie (1869) in-4°.

3.   d° Coléoptères — avec la collaboration de M.
E. Desmarest — Paris, F. Didot frères, fils et
Cie (1870) 3 vol., in-4°.

4.   d° Papillons nocturnes — avec la collaboration
de M. E. Desmarest — in-4°.

5.   d° Annelés — avec la collaboration de Demarest
— Paris, Marescq et Cie — Gustave Havard
(1859) in-4°.

6. **Figuier** (Louis) — Les Insectes — Paris, Hachette et
Cie (1875) in-4°.

7. **Foudras** (C.) — Altisides — Extrait de l'Histoire Naturelle des Coléoptères de France par E. Mulsant — Paris, Magnin, Blanchard et Cie (1859-60) in-4°.

8. **Geoffroy** — Histoire abrégée des insectes — Paris, Calixte Volant — Remont an VII, 2 vol., in-4°.

9. **Girard** (Maurice) — Les Métamorphoses des insectes Paris, Hachette et Cie (1870) in-18.

10.   d°   Les Métamorphoses des insectes — Edition 1874, in-18.

11. **Janet** (Ch.) — Etudes sur les fourmis, sur l'anatomie du pétiole de Myrmica, Rubra L. — Paris (1894) in-8°.

12.   d°   Histoire d'un nid de vespa-cabro L. depuis son origine (93) — Paris (1895) in-8°.

13.   d°   Etude sur les fourmis, les guêpes et les abeilles — structure des membranes articulaires, des tendons et des muscles — Myrmica, Camponotus, Vespa, Apis — Limoges, Ducourtieux (1895) in-8°.

14.   d°   Le lasius mixtus, l'antennophorus ulhmanni — Limoges, Ducourtieux (1897) in-8°.

15.   d°   Les fourmis (Etude) — Paris (1896) in-8°.

16.   d°   Sur les rapports du discopoma Comata berlese avec le lasius mixtus Nylander — Sur les rapports de l'antennophorus Uhlmanni haller avec le lasius mixtus Nylander — Paris, Académie des Sciences (1897) in-4°.

17.   d°   Etude sur les fourmis, les guêpes et les abeilles. Sur vespa medica, silvestris, saxonica. Sur l'organe du nettoyage tibio-tarsien de myrmica, rubra, race Levinodis (94) — Beauvais, père (1895) 2 v., in-8°.

18. **Janet** (Ch.) — Etudes sur les fourmis, les guêpes et les abeilles (93) — Etude sur vespa germanica et V. Vulgaris — in-8°.

19.   d° Etude sur les fourmis. Peladera des glandes pharyngiennes de formica rufa — Paris (1894) in-8".

20.   d° Etude sur les fourmis — Morphologie du squelette des segments post-thoraciques chez les myrmicides (myrmica rubra femelle) Beauvais, père (1894) in-8".

21.   d° Sur le système glandulaire des fourmis ; sur les nerfs de l'antenne et les organes chordotonaux chez les fourmis — 2 b., in-4°.

22.   d° Etudes sur les frelons, sur la vespa crabro — 3 b., in-4°.

23.   d° Note sur un echinocorys carinatus, présentant neuf pores génitaux (6) — 1890, in-4°.

24. **Janet** (Ch.) et **Cuenot** (L.) — Note sur les orifices génitaux multiples ; sur l'extension des pores madreporiques hors du madreporite et sur la terminologie de l'appareil apical chez les oursins (1891 (6) in-4".

25. **Millière** (P.) — Iconographie et description des chenilles et lepidoptéres inédits — Paris, F. Savy (1869) 3 v., in-4°.

26. **Mission** scientifique au Mexique et dans l'Amérique centrale — Etudes sur les orthoptères, par de Saussure — Paris, imp. Nationale (1870) in-f°.

27. **Mission** scientifique au Mexique et dans l'Amérique centrale. Etudes sur les myriapodes par Saussure et Humbert (Aloïs) Paris, imp. Nationale (1870) in-f°.

28. **Siebke** — Enumeratio insectorum Norvegicorum Christianiœ-brœgger (1877), 3 vol. in-8°.

29. **Ysabeau** (M.A.) — Entretiens familiers d'un instituteur avec ses élèves sur les insectes utiles
— Paris, Desobry, Magdeleine et Cie (1860)
in-18.

30.　　dº　Entretiens familiers d'un instituteur avec ses
élèves sur les insectes nuisibles aux récoltes,
aux jardins, aux fruits, aux provisions, aux
vêtements, aux meubles, aux animaux et
aux hommes — Paris, Dezobry, Magdeleine
et Cie (1860) 2 vol. in-18.

31. **Verneuil** (de) **Collomb** et **Triger** — Note sur une
partie du pays basque espagnol, suivie d'une description de quelques échinodermes par Cotteau —
Paris, Martinet (1860) in-8º.

32. **Robert** (Eug.) — Mœurs des divers insectes Xylophages — Paris, Bachelier (1848) in-4º.

XXV. — Embranchement des Mollusques

et Zoophytes

---

1. **Baudon** (Aug.) — Essai monographique sur les pisi-
dées françaises — Paris, Baillière et fils (1857)
in-8º.

2.　　dº　Monographie des succinées françaises (94)
Paris, Bouchard, Huzard (1877) in-8º.

3.　　dº　Nouveau Catalogue des Mollusques du département de l'Oise (Beauvais) Dujardin
(1862) in-8º.

4. **Blainville** (Ducrotay de) — Manuel de Malacologie et
de Conchyologie (planches) — Paris, Levrault (1827)
in-8º.

5. **Bourguignat** (J.R.) — Malacologie de l'Algérie ou Histoire naturelle des animaux mollusques terrestres et fluviatiles recueillis jusqu'à ce jour dans nos possessions du Nord de l'Afrique — Alger, Bastide — Oran, Vi!lett, in f°.

6.   d° Les Spicilèges Malacologiques — Paris, Baillière et fils (1862) in-4°.

7.   d° Monographie du nouveau genre français Moitessaria (4) — Paris, Savy (1863) in-4°.

8.   d° Lettres Malacologiques (4) — in-4°.

9.   d° Description de deux nouveaux genres Algériens suivies d'une classification des familles et des genres de Mollusques du système européen (4) — Toulouse, Douladoure (1877) in-4°.

10.   d° Malacologie de la Grande-Chartreuse (11) — Paris, Savy (1864) in-4°.

11.   d° Malacologie d'Aix-les-Bains (11) — Paris, Savy (1864) in-4°.

12.   d° Mollusques de San Julia de Loria (12) — Paris, Baillière et fils (1863) in-4°.

13.   d° Malacologie du nouveau genre français — Paladilha (12) — Paris, Baillière (1860) in-4".

14.   d° Malacologie du Lac des quatre cantons et de ses environs (12) Paris, Baillière et fils (1862) in-4°.

15.   d° Malacologie terrestre de l'Ile du Château d'If près de Marseille (12) — Paris, Baillière (1860) in-4°.

16.   d° Malacologie terrestre et fluviatile de la Bretagne, de St-Nazaire à Herbignac par le Croisic et Guérande (Loire-Inférieure) (12) — Paris, Baillière (1860) in-4°.

17. **Bourguignat** (J. R.) — Aperçu sur la faune Malacologique du bas Danube (12) — Paris, Bail-
lière, in-4°.

18.   d°   Aperçu sur les espèces françaises du genre
Succinea (12) — Paris, Vve Bouchard-Huzard
(1877) in-4°.

19.   d°   Etude synonymique sur les mollusques des
Alpes-Maritimes, publiés par Risso en 1826
(93) — Paris, Baillière (1861) in-8°.

20. **Briquel** (C.) — Note sur l'Artenia Salina — Nancy.
Crepin-Leblond (1879) in-8°.

21. **Chenu** — Encyclopédie d'histoire naturelle — Crustacés, mollusques, zoophytes ; avec la collaboration de Desmarest — Paris, Marescq et Cie
(1858) in-4°.

22.   d°   Conchyliologie — Paris, Dubochet, Lechevalier et Cie (1847) in-4°.

23.   d°   Manuel de conchyliologie et de paleontologie
conchyliologique — Paris, Masson (1862)
2 vol., in-4°.

24. **Drouet** (Henri) — Mollusques terrestres et fluviatiles
de la Côte d'Or (94) — Paris, Baillière et fils (1867)
in-8°.

25. **Dutailly** (Gustave) — Description de quelques espèces
du groupe de l'helix raspaili — in-8°.

26. **Figuier** (Louis) — La vie et les mœurs des animaux,
zoophytes et mollusques — Paris, Hachette et Cie
(1866) in-4°.

27. **Gras** (Albin) — Description des mollusques fluviatiles
et terrestres de la France et plus particulièrement du
département de l'Isère, précédée de notions élémentaires sur la conchyliologie — Grenoble, Prudhomme
(1846) in-8°.

28. **Grateloup** (de) — Distribution géographique de la famille des limaciens — Bordeaux, Lafargue (1855) in-8°.

29. **Kiener** (L.C.) — Species général et Iconographie des coquilles vivantes, comprenant la collection du museum d'histoire naturelle de Paris, la collection Lamarck, celle du prince Masséna et les découvertes récentes des voyageurs — Paris, Rousseau, 11 v., in-8°.

30. **Lallemant** (Ch.) et **Servain** (G.) — Catalogue des mollusques terrestres et fluviatiles, observés aux environs de Jaulgonne (Aisne) — Paris, Bouchard-Huzard (1869) in-4°.

31. **Letourneux** — Catalogue des mollusques terrestres et fluviatiles, recueillis dans le département de la Vendée et particulièrement dans l'arr^t de Fontenay le Comte — Paris, Vve Bouchard-Huzard (1869) in-8°.

32. **L'Hopital** (Alph. de) — Catalogue des mollusques terrestres et fluviatiles des environs de Caen, observés à l'état vivant — Caen, Hardel (1871) 2 b., in-8°.

33. **Liesville** (de) — Catalogue des mollusques vivants aux environs d'Alençon — Paris, Walder (1856) in-8°.

34. **Mabille** (Jules) — Archives malacologiques — Le genre geomalacus en France — Paris, Bouchard-Huzard, in 8°.

35. **Macé** (J.A.) — Essai d'un catalogue des mollusques marins, terrestres et fluviatiles, vivant dans les environs de Cherbourg et de Valognes — Cherbourg, Monchet (1860) in-8°.

36. **Michaud** (A.S.G.) — Complément de l'histoire naturelle des mollusques terrestres et fluviatiles de la France, de J. Draparnaud — Verdun, Lippmann (1831) in-4°,

37. **Mission scientifique** au Mexique et dans l'Amérique Centrale — Etudes sur les mollusques terrestres et fluviatiles par Fischer et Crosse — Paris, Imp. Nationale (1890) 3 vol, in-f°.

38.   d°   Etudes sur les xiphosures et les crustacés podophthalmaires de la région mexicaine, par Milne - Edwards — Paris, Imp. Nationale (1880) 2 vol. in-f°

39. **Moquin-Tandon** (A.) — Histoire naturelle des Mollusques terrestres et fluviatiles de France, contenant des études générales sur leur anatomie et leur physiologie et la description particulière des genres, des espèces et des variétés — Paris, Baillière (1855) 3 vol., in-4°.

40. **Paladilhe** (A.) — Mollusques du nouveau genre Asiatique Francesia — Mer Rouge et pays des Bogos, environ d'Aden — Genova (1872) in-8°.

31.   d°   Monographie du nouveau genre Peringia, suivie de descriptions d'espèces nouvelles de paludinidées françaises — in-8°.

42.   d°   Nouvelles miscellanées malacologiques — Paris, Savy (1869) in-8°.

43.   d°   Prodrome à l'histoire malacologique de la France — Etude monographique sur les paludinidées françaises — Mollusca Gasteropoda — Paris (1870) 2 vol, in-8°.

44. **Payraudeau** (B. C.) — Catalogue descriptif et méthodique des annelides et des mollusques de l'île de Corse — Paris, Tastu (1826) in-8°.

45. **Petit de la Saussaye** — Instruction sur la recherche des coquilles marines, terrestres et fluviatiles — Paris (1851) in-8°.

46.   d°   Catalogue des mollusques testacés des mers d'Europe — Paris, Savy (1869) in-4°.

47. **Rang** (Sander) — Manuel de l'Histoire naturelle des Mollusques et de leurs coquilles, ayant pour base de classifications celle de M. le baron Cuvier — Paris, Roret (1829) 2 vol. in-32.

48. **Schlœfli** (Al.) — Coquilles terrestres et fluviatiles recueillies dans l'Orient — Paris, Bouchard-Huzard (1874) in-4º.

49. **Servain** (G.) Malacologie des environs d'Ems et de la vallée de la Lahn — Paris, Vᵛᵉ Bouchard-Huzard (1870) in-8º.

50. dº Annales de Malacologie (tome Iᵉʳ) — Paris, Bouchard-Huzard (1870) in-8º.

51. **Woodward** (S.) — Manuel de Conchyliologie ou histoire naturelle des mollusques vivants et fossiles augmenté d'un appendice par Ralph Tate — traduit de l'anglais par Alois Humbert — Paris, Savy (1870) in-8º.

XXVI.— Anthropologie — Ethnologie

1. **Aubertin Le Bret** — Instructions ethnologiques pour le Mexique — in-8º.

2. **Bertrand** (Alexandre) — Nos origines — La Gaule avant les Gaulois, d'après les monuments et les textes — Paris, E. Leroux (1891) — in-8º.

3. **Bertrand** (A.) et **Reinach** — Les Celtes dans les vallées du Pô et du Danube — Paris, Leroux, éditeur, in-8º.

4. **Boisjolin** (de) — Les peuples de la France — Ethnographie nationale — Paris, Didier et Cⁱᵉ (1878) in-18.

5. **Chenu** — Encyclopédie d'histoire naturelle. Notions générales sur les races humaines — Paris, Marescq et Cⁱᵉ (1860) in-4º.

6. **Cortambert** (Richard) — Mœurs et caractères des peuples (Europe-Afrique) — Paris, Hachette et Cie (1884) — in-8°.

7. **Figuier** — L'homme primitif. Gravures d'Emile Bayard — Paris, Hachette et Cie (1876) in-8°.

8. **Hamy** — Mission scientifique au Mexique et dans l'Amérique centrale. Anthropologie du Mexique — Paris, imp. Nationale (1890-91) in-f°.

9. **Joly** (N.) — L'homme avant les métaux — Paris, Hachette et Cie — in-8".

10. **Lanoye** (Ferdinand de) — L'homme sauvage — Paris, Hachette et Cie (1873) in-18.

11. **Lemire** (Jules) — Découverte d'une station lacustre de l'âge de la pierre, dans le lac de Clairvaux — Besançon, Dodivers (1872) in-18.

12. **Le Pileur** (A.) — Le corps humain — Paris, Hachette et Cie (1877) in-18.

13. **Mortillet** (de) — Contribution à l'histoire des superstitions — Amulettes gauloises et gallo-romaines — in-8°.

14. **Nadaillac** (Marquis de) — L'ancienneté de l'homme — Paris, Franck (1870) in-18.

15. **Noël des Vergers** — L'Etrurie et les Etrusques ou dix ans de fouilles dans les Marennes Toscanes — Paris, Firmin-Didot frères, fils et Cie (1862-64) in-4°, 3 v.

16. **Quatrefages** (A. de) — L'espèce humaine — Paris, Baillière et Cie (1877) in-8°.

17. **Rivière** (Emile) — Découverte d'un squelette humain de l'époque paleolithique dans les Cavernes de Baoussé-Roussé, grottes de Menton — Paris, J. B. Baillière et fils (1873) in-4°.

18. **Rivière** (Emile) — Paleœthnologie de l'antiquité de
l'homme dans les Alpes-Maritimes. Ouvrage
couronné par l'Académie des Sciences —
Paris, Baillière et fils (1878-1886) in-f°.

19. **Rougemont** (Frédéric de) — L'Age de bronze ou les
Sémites en Occident, Matériaux pour servir à l'histoire de la haute antiquité — Paris, Didier et Cie
(1866) in-8".

20. **Troyon** (F.)—L'homme fossile ou résumé des études
sur les plus anciennes traces de l'existence de l'homme — Lausanne, Bridel (1867) in-8".

———

XXVII.— Géologie et Minéralogie.

Traités et généralités.

———

1. **Adhémar** (J.) — Révolution de la mer — Paris,
Bachelier (1842) in-8°.

2. **Beaumont** (Elie de) — Leçons de géologie pratique,
professées au Collège de France, pendant
l'année scolaire 1843-1844 — Paris, Baillière et fils (1849) in-8°, 2 v.

3.   d°   Rapport sur les progrès de la stratigraphie
avec tableau d'assemblage des six feuilles
de la Carte géologique de France — Paris,
imp. Impériale (1869) in-4°.

4. **Beudant** — Minéralogie — Paris, Langlois et Leclercq
(1851) in-18.

5.   d°   Géologie — Paris, Langlois et Leclercq
(1851) in-18.

6. **Boubée** (Nérée) — Géologie élémentaire à la portée de
tout le monde, appliquée à l'agriculture et à l'industrie, avec un dictionnaire des termes géologiques —
Paris (1833-1838) 1re et 3me éd^on, in-32, 2 v.

7. **Cuvier** (baron) — Discours sur les révolutions de la surface du Globe et sur les changements qu'elles ont produits dans le règne animal — Paris, d'Ocagne (1830) in-8°.

8. **Causes** des révolutions du Globe, d'après le baron Cuvier, Brongniard, etc., etc. — Paris, Rion, in-32.

9. **Dufrenoy** (A.) — Traité de minéralogie, avec Atlas — Paris, Carilian-Gœury et V. Dalmont (1845) in-8°, 4 v.

10. **Dufrenoy** et **E. de Beaumont** — Carte géologique de la France — Paris, imp. Royale (1841) Texte in-4°, 2 v. — Cartes sur toiles, 6.

11. **Francq** (F. de) — Note sur la formation des reliefs terrestres — Paris, Martinet (1853) in-8°.

12. **Gautier** (A.) -- Introduction philosophique à l'étude de la Géologie — Paris, Masson (1853) in-8°.

13. **Geikie** (A.) La Géologie. Traduit par Gravez — Paris, Baillière et Cie (1880) in-32.

14. d° La Géographie physique. Traduit par Gravez (10) — Paris, Germer-Baillière et Cie (1879) in-32.

15. **Hebert** (Edm.) — Notions générales de Géologie (3) — Paris, Masson (1884) in-18.

16. **Lyell** (Ch.) — Eléments de Géologie ou changements anciens de la terre et de ses habitants, tels qu'ils sont représentés par les monuments géologiques, traduit de l'anglais par Ginestou — Paris, Garnier frères, in-8°, 2 vol.

17. d° Principes de Géologie ou illustrations de cette science empruntées aux changements modernes que la terre et ses habitants ont subis. Traduction par Mme Moulin — Paris, Langlois et Leclercq (1848) in-18, 4 vol.

18. **Meunier** (St.) — Le Ciel géologique, prodrome de géologie comparée — Paris, F. Didot frères, fils et Cie (1871) in-8°.

19. **Raulin** (V.) — Eléments de Géologie — Paris, Hachette et Cie (1874) in-18.

20. **Vivarez** (H.) — Le commencement et la fin des mondes selon la science — Etude de géologie terrestre et sidérale — Paris, Delsaux (1878) in-8°.

XXVIII.— Variétés géologiques

1. **Chambrun de Rosemont** — Considérations sur le delta du Var suivies des études géologiques sur le Var et le Rhône, pendant les périodes tertiaires et quaternaires — Nice, Caisson et Mignon, 1873 (90) in-8°.

2. d° Etudes géologiques sur le Var et le Rhône ; leurs deltas ; la période pluvieuse ; le déluge (périodes tertiaire et quaternaire) — Nice, Caisson et Mignon (1873) in-4°.

3. **Gaudry** (A.) — Des lumières que la géologie peut jeter sur quelques points de l'histoire ancienne des Athéniens — Paris, Savy (1867) in-8°.

4. **Janet** (Ch.) — Note sur les conditions dans lesquelles s'est effectué le dépôt de la craie dans le bassin anglo-parisien (1891) in-4°.

5. **Janet** et **Bergeron** — Excursions géologiques aux environs de Beauvais — Beauvais père (1883) in-4°.

6. **Le Brun** (J.F.) — Mémoire sur l'âge des roches des Vosges — Epinal, Collot, in-8°.

7. **Meunier** (Mme Stanislas) — L'Ecorce terrestre — Paris, Hachette et Cie (1882) in-18.

8. **Mission** scientifique au Mexique. Voyage géologique au Guatemala et à Salvador, par Dollfus et de Montserrat — Paris, imp. Nationale (1868) 1 vol. in-f°.

9.   d°   Description des anciennes possessions Mexicaines du nord, par Guillemin Tarayre — Paris, imp. Nationale (1871) 1 vol. in-f°.

10. **Mortillet** (G. de) — Géologie du tunnel de Fréjus ou percée du Mont-Cenis — Annecy, Perrissin et Cie (1872) in-8°.

11. **Robert** (Eugène) — Physionomie de nos contrées et particulièrement du bassin de Paris, avant et pendant la 1re apparition de l'homme, in-8°.

12.   d°   Préservation de la pierre de l'action dégradante des cryptogames par l'emploi du deutoxyde ou des sels de cuivre — Paris, Walder (1869) in-8°.

13.   d°   Quelques mots sur la question glaciaire — Reims, J. Justinart (1880) in-8°.

14.   d°   Rapprochement géologique entre le Vésuve et l'Hékla — Sézanne (1881) in-8°.

15.   d°   Recueil factice d'études et recherches géologique, in-8°.

16.   d°   Topographie et géologie du canton de Sézanne. Sezame Patoux 1876 / Vitry-le-Français, Pessez 1879 } in-8°, 2 b.

17.   d°   Observations critiques sur l'âge de la pierre in-8°.

18.   d°   Recueil factice de travaux géologiques : action des cryptogames sur les pierres ; expédition scientifique dans le Nord ; traces de la mer à la surface des continents en Europe — in-4°.

19. **Sainte-Claire Deville** — Mémoire sur la nature et la distribution des fumerolles dans l'éruption du Vésuve du 1er Mai 1855 — Paris, Martinet (1856) in-4°.

20.   d° Sur les émanations volcaniques — Paris, Bachelier (1857) in-4°.

21. **Surell** (A.) — Etude sur les torrents des Hautes-Alpes ; avec une suite par Ernest Cézanne — Paris, Dunod (1870) in-8°, 2 vol.

22. **Tyndall** (J.) — Les glaciers et les transformations de l'eau ; suivis d'une Conférence sur le même sujet par M. Helmhotz avec la réponse de M. Tyndall — Paris, Baillière et Cie (1880) in-8°.

23. **Zurcher** et **Margollé** — Volcans et tremblements de terre — Paris, Hachette et Cie (1868) in-18.

XXIX.— Variétés minéralogiques

1. **Badin** (Ad.) -- Grottes et Cavernes — Paris, Hachette et Cie (1870) in-18.

2. **Coquand** (H.) — Sur la convenance d'établir un nouvel étage dans le groupe de la craie moyenne entre les étages angoumien et provencien — Marseille, Arnaud, in-8°.

3.   d° Gisements asphaltiques en Sicile — Gisements bituminifères et pétrolifères (Albanie et ile de Zante) — Gites de pétrole (Valachie et Moldavie) — 1867-68) 3 b., in-8°.

4.   d° Géologie — Montferrat, Narbonne, Ganges (1868) 3 b., in-8°.

5.   d° Géologie — Midi de la France, Vallée d'Ossau (1869) 2 b., in-8°.

6. **Coquand** (H.) — Géologie — Alpines, Var et Alpes-Maritimes (1871) 2 b., in 8°.

7. **Dieulafait** (L.) — Diamants et pierres précieuses — Paris, Hachette et Cie (1874) in-18.

8. **Garnier** (Jules) — Le fer — Paris, Hachette et Cie (1874) in-18.

9. **Henwood** (W. Jory) — Remarques sur les gisements métallifères du Cornwall, traduction par Morineau, in-8°.

10.   d° Edition revue par Moissenet, in-8°.

11. **Moissenet** — Etudes sur les filons du Cornouailles, parties riches des filons. Structure de ces parties et leur relation avec les directions des systèmes stratigraphiques — Paris, Gauthier-Villars (1873) in-4°.

12.   d° Mémoire sur un nouveau fluophosphate trouvé dans le gite d'étain de Montebras (Creuse) — Paris, Dunod (1871) in-8°.

13. **Reynaud** (J.) — Histoire élémentaire des minéraux usuels — Paris, Hachette et Cie (1869) in-18.

14. **Simonin** (L.) — Les merveilles du monde souterrain — Paris, Hachette et Cie (1878) in-18.

15.   d° L'or et l'argent — Paris, Hachette et Cie (1877) in-18.

16. **Tisseydre** — Merveilles de l'intérieur de la terre — Paris, Rion, in-32.

___

XXX. — Paleontologie — Fossiles.

___

1. **Agassiz** (L.) — Iconographie des coquilles tertiaires réputées identiques avec les espèces vivantes ou dans différents terrains de l'époque tertiaire, accompagnée de la description des espèces nouvelles — Neufchatel, Wolfrath (1845) in f°.

2. **Astier** (J.M.) — Catalogue descriptif des Ancylocéras, appartenant à l'étage neocomien d'Escragnolles et des Basses-Alpes — Lyon, Barret (1851) in-8°.

3. **Bourguignat** (J.R.) — Catalogue des mollusques terrestres et fluviatiles des environs de Paris à l'époque quaternaire — in-f°.

   d°   Recherche sur les ossements de Canidœ pendant la période quaternaire — Paris, Masson (1875) in-4°.

4. **Coquand** (H.) — Note sur l'étage géologique auquel appartient le Cidaris Glandifera Goldf (1868) in-8°.

5. **Cosmann** — Description d'espèces inédites du terrain parisien, in-8°.

6. **Duval-Jouve** — Belemnites des terrains crétacés inférieurs des environs de Castellane (Basses-Alpes) considérées géologiquement et zoologiquement, avec la description de ces terrains — Paris, Masson et Cie (1841) in-4°.

7. **Figuier** (L.) — La Terre avant le déluge. Ouvrage contenant 25 vues idéales de paysages de l'ancien monde — Paris, Hachette et Cie (1874) in-4°.

8. **Gaudry** (A.) — Animaux fossiles aux environs d'Athènes — Paris, Germer-Baillière (1866) in-8°.

9. **Janet** (Ch.) — Transformation artificielle en Gypse du calcaire friable des fossiles des sables de Bordeaux — Paris (1894) in-8°.

10.   d°   Note sur trois nouvelles belemnites senoniennes (6) (1891) in-4°.

11. **Lartet** — Note sur une portion de crâne d'ovibos musqué — O. Moschatus, Stainville — Trouvé dans le diluvium de Precy (Oise) par le docteur Robert — Paris, Racon et Cie — in-8°.

12. **Lartet** — Note sur deux têtes de carnassiers fossiles (ursus et felis) et sur quelques débris de rhinocéros — Paris, Martinet, in-8º.

13. dº Note sur deux têtes de carnassiers fossiles — Paris, Racon et Cⁱᵉ, in-8º.

14. **Lartet** et **Christy** — Cavernes du Périgord — in-8º.

15. **Mortillet** (G. de) — Etude sur les zonites de l'Italie septentrionale — Grenoble, Prudhomme (1862) in-8º.

16. **Mousson** (Albert)—Coquilles recueillies dans la Russie Méridionale et Asiatique — Paris, Bouchard-Huzard. in-8º.

17. **Orbigny** (Alcide d') — Cours élémentaire de paleontologie et de géologie stratigraphique — — Paris, Masson (1849) in-18, 3 vol.

18. dº Paleontologie française ; description des mollusques et rayonnés fossiles — Paris, V. Masson (1842-1849) in-8º, 8 vol.

19. **Paladilhe** --- Description de quelques nouvelles espèces de coquilles fossiles provenant des Marnes pleistocènes d'estuaire des environs d'Oran (14) in-8º.

20. dº Etude sur les coquilles fossiles contenues dans les marnes pliocènes lacustres des environs de Montpellier (14) — Montpellier, Boehm et fils, in-8º.

21. dº Sur la découverte d'un Cœcilianella fossile (14) — Frontignan (Hérault) in-8º.

22. **Piette** (Ed.) — Vestiges de la période de transition dans la grotte du mas d'Azil — Beaugency-Laffray (1895) in-8º.

23. **Priem** (Fernand) — L'Evolution des formes animales avant l'apparition de l'homme — Paris, Baillière et fils (1891) in-18.

24. **Riviere** (Emile) — Rapport sur une mission scientifique en Italie — Paléontologie — Paris, imp. Nationale (1883) in-8°.

25. **Rudolphus** (Amandus) — Enumeratio molluscorum
cum viventium tum in tellure tertiaria fossilium que
in itinere suo observavit — Bero lini sumptibus
schroppii (1836) — Halis saxorum sumptibus Anton
(1844) in-4°, 2 v.

26. **Tissandier** (G.) — Les fossiles — Paris, Hachette et
Cie (1875) in-18.

27. **Ubaghs** (Casimir) — Description géologique et
paléontologique du sol de Limbourg avec catalogue
général des fossiles, etc., etc. (4) — Ruremonde,
Romen et fils (1879) — in-4°.

28. **Van den Broeck** — Esquisse géologique et paléontologique des dépots pliocènes des environs d'Anvers.
Les sables inférieurs d'Anvers (4) — Paris, Baillière
et fils (1876) in-4°.

XXXI— Archéologie préhistorique

----

1. **Bonnejoy** — Les pierres à broyer les grains chez les
Celtes et les Romains, objets trouvés à Chars-en-
Vexin — Paris, Berthier (1882) in-18.

2. **Bourguignat** — Histoire des monuments megalithi-
ques de Roknia, près d'Hamman-Meskhoustin —
Paris, Challamel (1868) in-folio.

3. **Brasseur de Bourbourg** — Monuments anciens du
Mexique, Palenqué et autres ruines de l'ancienne
civilisation du Mexique — Paris, Arthur Bertrand
(1866) in-f°.

4. **Chapelain** — Esquisse préhistorique sur le département de la Haute-Saône — Vesoul, Suchaux (1879) in-8°.

5. **Exposition universelle** de 1889 — Congrès d'anthropologie et d'archéologie préhistoriques, tenu à Paris — Paris, imp. Nationale (1889) in-8°.

6. **Guérin** (Raoul) — Les objets antehistoriques du musée Lorrain — Nancy, Lepage (1868) in-8°.

7. **Lartet** et **Christy** — Objets gravés et sculptés des temps préhistoriques, dans les cavernes de Périgord — Paris, Didier et Cie (1864) in-8°.

8. **Martin** (H.) — Etudes d'archéologie Celtique — Paris, Didier et Cie (1872) in-8°.

9. **Mortillet** (G. de) — Classement des diverses périodes de l'âge de la pierre — in-8°.

10. **Rivière** — Note sur des instruments en Obsidienne, trouvés en Grèce — Paris, Lahure (1879) in-8°.

11. **Robert** (Eugène) — Recueil factice de travaux de paléontologie et d'archéologie préhistorique — Paris, Walder, 17 b., in-8°.

12.   d°   Recueil factice de travaux de paléontologie et d'archéologie préhistorique —Paris, Mallet-Bachelier, 9 b., in-4°.

13.   d°   Interprétation naturelle des pierres et des os — in-8°.

14.   d°   Rapprochement entre les monticules de Ninive et les Tumuli — in-8°.

15.   d°   Sézanne au point de vue préhistorique — in-8°.

16.   d°   Sézanne au point de vue paléontologique — in-8°.

17.   d°   Nouvelles recherches sur les Celtes — in-8°.

18.   d°   Destinations principales des monuments Celtiques — in-8°.

19.   d°   Sur les figures d'hommes et d'animaux des poteries rougeâtres antiques, in-8°.

20.   d°   Recueil factice de travaux de paléontologie et d'archéologie préhistorique — in-8°, 28 b.

21. **Rougemont** (Frédéric de) — L'âge du bronze ou les Semites en Occident — Paris, Didier et Cie (1866) in-8°.

22. **Serres** — Sur les monuments et les ossements Celtiques découverts à Meudon, en juillet 1845 — Paris, Bachelier, in-4°.

23. **Verneau** (D^r) — L'enfance de l'humanité, l'âge de la pierre — Paris, Hachette et Cie (1890) in-18.

XXXII.— Cartes géologiques

---

1. **Chantre** (E.), **Falconnet** et **Erhard** — Carte de la distribution géographique des produits de l'Industrie métallurgique en France et en Suisse avec l'indication de leur mode de gisement, dressée sur le fond de la carte oro-hydrographique de la Gaule publiée en 1876 sous les auspices du ministère de l'Instruction publique — Recherches sur l'origine de la Métallurgie en France — Lyon (1876) Echelle $\frac{1}{1\,600.000}$

2. **Dufrenoy** et **Elie de Beaumont** — Carte géologique de la France, 6 feuilles.

3.   d°   Carte géolologique de la région des Alpes

4.   d°   d°   de la région des Pyrénées (extraites de la Carte géologique de la France)

5. **Elie de Beaumont** — Tableau d'assemblage des 6 feuilles de la Carte géologique de la France, avec les cercles du réseau pentagonal.

6. **Gruner** (L.) — Carte générale du bassin houiller de la Loire. Echelle $\frac{1}{40000}$ (1881)

7.   d°   Coupe du bassin houiller de la Loire, échelle de 1 centimètre pour 400 mètres.

8. **Potier** — Carte géologique d'Antibes, d'après la carte topographique de l'état-major. Echelle $\frac{1}{80000}$

9. **Vuillemin** — Carte géologique du monde d'après Jules Marcou, pl. 2ᵉ.

E. — Agriculture et Horticulture.

XXXIII. — Traités et Manuels.

---

1. **Antoine** — Manuel du bon jardinier, donnant les principes élémentaires du jardinage, l'organisation des plantes, les agents de la végétation, la préparation du sol, etc. — Paris, Renault et Cⁱᵉ (1866) in-18.

2. **Bailly, Bixio** et **Malpeyre** — Maison rustique du 19ᵉ siècle, encyclopédie d'agriculture pratique terminée par des tables méthodiques et alphabétiques — 2500 gravures — Paris, Dusacq, 4 vol., in-4°.

3. **Bobierre** (Adolphe) — Leçons de chimie agricole — Etudes sur l'atmosphère, le sol et les engrais, avec une introduction par M. J. Rieffel — Paris, Masson (1872) in-8°.

4. **Culture** des plantes potagères, des principaux arbres fruitiers, des plantes d'agrément — Culture et propriétés des principales plantes méridionales — Classification des plantes suivant leur hauteur, leurs couleurs et l'époque de leur floraison — in-18.

5. **Decaisne** et **Naudin** — Manuel de l'amateur des jardins. Traité général d'horticulture — Paris, F. Didot frères, fils et Cie, 4 vol., in-18.

6. **Ernouf** (Baron). — L'art des Jardins. Histoire, théorie, pratique de la composition des jardins, parcs, squares Paris, Rothschild (1868) 2 vol., in-32.

7. **Moll** (L.) — Manuel d'agriculture ou traité élémentaire de la science agricole — Nancy, George-Grimblot, in-18.

8. **Naudin** et **Muller** — Manuel de l'acclimateur ou choix de plantes recommandées pour l'agriculture, l'industrie et la médecine et adaptées aux divers climats de l'Europe et des pays tropicaux — Paris-Antibes (1887) in-4°.

9. **Olivier de Serres** (seigneur du Pradel) — Le théâtre d'agriculture et Mesnage des champs, seconde édition revue et augmentée par l'auteur — Paris, Saugrain. à l'enseigne des deux vipères (1603) in-4°.

10. **Saffray** (D^r) — La chimie des champs — Paris, Hachette et Cie (1880) in-32.

11. **Vitard** (A.) — Essai d'agriculture élémentaire — Paris, Bouchard-Huzard (1862) in-32.

XXXIV.— Généralités

1. **Analyse** des lois, décrets, arrêtés et circulaires, tendant au développement de l'Agriculture et dont l'initiative appartient à la 3me République, 1874 à 1889 — Paris, imp. Nationale (1889) in-8°.

2. **Arnould** — Au sujet de l'enquête sur la situation de l'agriculture en France en 1879 — Paris, J. Tremblay (1879) in-8°.

3. **Barral** — Enquête sur la situation de l'Agriculture en France en 1879 — Paris, J. Tremblay (1880) in-8°.

4. **Butenval** (le Baron de) — Rapport présenté au Sénat relatif à l'agriculture — Paris, Panckoucke et Cie, in-18.

5. **Destremx de St-Christol** — Agriculture méridionale, le Gard et l'Ardèche — Paris (1867) in-8°.

6. **Dru** (Léon) et **Levasseur** (E.) — La récolte de 1891 en Russie et l'Exposition française de Moscou — Paris, Chamerot et Renouard (1892) in-18.

7. **Dumas** (A.) — Enquête officielle sur les engrais — Résumé des dépositions. Rapport à l'Empereur. Projet de loi — Paris, Rothschild (1866) in-32.

8.   d°   La culture maraîchère, traité pratique pour le midi de la France et pour l'Algérie — Paris, J. Rothschild (1880) in-18.

9. **Enquête** sur la situation de l'Agriculture en France en 1879 — Paris, Tremblay (1880) 5 v., in-8°.

10. **Fontenay** (de) — Voyage agricole en Russie — Paris, Goin (1870) in-18.

11. **Gaudais** — Sur l'agriculture et l'horticulture de Nice — Nice, Gauthier et Cie (1868) — in-8°.

12. **Gaudry** (Albert) — Recherches scientifiques en Orient, entreprises par les ordres du gouvernement pendant les années 1853-1854 — Partie agricole — Paris, imp. Nationale (1855) in-4°.

13. **Grandeau** (L.) — Etudes agronomiques, 1885 à 1890 — Paris, Hachette et Cie, 4 v., in-18.

14. **Grandeau (L.)** — La production du blé en France. Ce qu'elle est, ce qu'elle devrait être — Paris (1888) in-8°.

15. **Heuzé (Gustave)** — L'Agriculture de l'Italie septentrionale — Paris, Hachette et Cie (1864) in-8°.

16. **Lavergne (L. de)** — Economie rurale de la France depuis 1789 — Paris, Guillaume et Cie (1866) in-18.

17.   d°   Essai sur l'économie rurale de l'Angleterre, de l'Ecosse et de l'Irlande — Paris, Guillaumin (1863) in-18.

18. **Lecouteux (Ed.)** — Principes économiques de la culture améliorante — Paris, Guillaumin et Cie (1855) in-18.

19. **Levasseur (E.)** — Note sur la valeur de la production brute agricole de la France et discussion relative à la valeur de cette production — Paris, Chamerot et Renouard (1891) in-8°.

20. **Maffre** — Culture des jardins maraîchers du Midi de la France — Paris, Vve Bouchard-Huzard (1844) in-8°.

21. **Niel (Désiré)** — L'Agriculture physique, économique, technique et industrielle des Etats Sardes — Turin, Speirani et Tortone (1856) in-8°.

22. **Ramakers** — Sinistres de navigation occasionnés par la crue des cours d'eau. Moyens de les prévenir et de diminuer la fréquence des morts par immersion — Lyon (1867) in-8°.

23. **Rousset (Ant.)** — Réflexions et conseils sur l'Agriculture — Nice, Cauvin et Cie (1874) in-8°.

24. **Topographie Agricole** — Etat de l'Agriculture algérienne — Alger, Cursach et Cie (1877) 10 fasc., in-8°.

25. **Vitard** — Manuel populaire de drainage — Paris, Bouchard-Huzard (1855) in-18.

26. **Zolla** (Daniel) —L'Agriculture et le Socialisme — Paris (1895) in-18.

XXXV. — Variétés Monographiques.

1. **Bargagli** (Pierre) — Insectes comestibles — Nice, Malvano-Mignon (1882) in-8°.

2. **Bompard** — Culture du blé en raies — ·Draguignan, P. Gimbert (1857) in-8°.

3. **Bossin** — Semis, plantation et culture des asperges — Paris, Aug. Goin, in-18.

4. **Bourneville**— L'utilisation agricole des eaux d'égouts de Paris et l'assainissement de la Seine — Paris, A. Quantin (1887) in-4°.

5. **Courtois-Gérard** — Du choix et de la culture des pommes de terre — Paris, Donnaud, in-32.

6. **Cueillette** (la) et la sèche des figues — in-8°.

7. **Espanet** (Alexis) — De l'éducation du lapin domestique — Paris, Goin, in-18.

8. **Eymard** (Paul) — Chasse aux petits oiseaux — Lyon, Pitrat aîné (1867) in-8°.

9. **Gauthier** (Emile) — Une révolution agricole — Paris, Lecène, Oudin et Cie (1892) in-18.

10. **Giraud** — La crise oléicole dans l'arrondissement de Grasse et les moyens de la combattre — Cannes, Robaudy (1894) in-18.

11. **Goureau** (Ch.) — Les insectes utiles à l'homme — Paris, Masson et fils (1873) in-8°.

12. **Grandvoimet** (J.A.) — Constructions rurales, les bergeries, dispositions diverses, constructions, Matériel meublant — Paris (1869) in-18.

13. **Huzard** (J.B.) — Manuel du petit éleveur de poulains dans le Perche et spécialement dans le Perche d'Eure-et-Loir — Paris, Vve Bouchard-Huzard, in-18.

14. **Jacque** (Ch.) — Le poulailler — Monographie des poules indigènes et exotiques. Aménagements. Croisements. Elevage. Hygiène. Maladies, etc. — Paris (1863) in-18.

15. **Jourdeuil** (E.) — La culture du Houblon — Paris, Delagrave et Cie (1868) — in-18.

16. **Juge et Guien** — Petit traité sur les oiseaux — Nice, Cauvin (1879) in-18.

17. **Lavalard** (E.) — Le Cheval dans ses rapports avec l'économie rurale et les industries de transport — Paris, F. Didot et Cie (1894) 2 v., in-8°.

18. **Peragallo** — Le Schinus molle ou faux poivrier — La chenille sericaria (bombyx dispar) et le parasite de cette chenille (blepharipa scutellata) — Nice, Malvano-Mignon (1888) in-8°.

19.   d° — L'Olivier — Son histoire. sa culture, ses ennemis, ses maladies et ses amis — Le Frelon (vespra cabra) et son nid — Nice, Cauvin Empereur (1881) in-8°.

20.   d° — Etude sur les insectes nuisibles à l'agriculture — Nice, Malvano-Mignon (1885) in-8°.

21. **Robert** (E.) — Insectes Aylophages, mesanges, araignées, moineaux, hannetons, taupes, en agriculture. Orages à grêle — Paris, Bouchard-Huzard (1867) in-8°.

22. **Rôle des femmes** (du) dans l'agriculture — Esquisse d'un Institut rural féminin — Paris (1869) in-18.

23. **Wulf** (de) — Les engrais chimiques et leur application aux cultures de la région — Cannes, Figère et Guiglion (1893) in 8°.

24.   d°   Du rôle des microbes dans la nutrition azotée des plantes — Nice, J. Ventre et Cie (1890) in-8°.

25. **Ysabeau** (A.) — Entretiens familiers d'un instituteur avec ses élèves sur les insectes — Paris, Dezobry, Madeleine (1860) in-18.

26.   d°   Entretiens familiers d'un instituteur avec ses élèves sur les insectes nuisibles — Paris, Dezobry, Madeleine (1860) 2 v., in-18.

XXXVI. — Arboriculture.

------

1. **Bernadeau** — Note sur la décortication des arbres malades des Champs-Elysées, à Paris — St-Nicolas, Prosper Trenel (1858) in-8°.

2. **Bompard** — Abrégé sur la culture de l'olivier, suivi de la description et des moyens de détruire les insectes qui dévorent cet arbre et d'un tableau synoptique indiquant la culture particulière de 111 variétés — Draguignan, Bernard (1842) in-4°.

3. **Brullé** (R.) — Influence des engrais sur l'olivier — Nice, Ventre et Cie (1890) in-32.

4. **Descars** (A.) — L'élagage des arbres, traité pratique de l'art de diriger les arbres forestiers et d'alignement — Paris, Rothschild (1867) in-32.

5. **Du Breuil** — Cours élémentaire théorique et pratique d'arboriculture — Paris, Masson, Langlois et Leclercq (1850) in-18.

6. **Gimbert** — L'Eucalyptus globulus, son importance en agriculture, en hygiène et en médecine — Paris, Delahaye (1870) in-8°.

7. **Gosse** (L.A.) — Notice sur le marronnier d'Inde et son emploi dans la médecine, l'économie domestique, etc. — in 8°.

8. **Goureau** (Ch.) — Les insectes nuisibles aux arbres fruitiers, aux plantes potagères, aux céréales et aux plantes fourragères — Paris, V. Masson et fils (1862) in-8°.

9.   d°   Les insectes nuisibles aux forêts et aux arbres d'avenues — Paris, V. Masson et fils (1867) in-o".

10.   d°   Les insectes nuisibles aux arbustes et aux plantes de parterre — Paris, Masson et fils (1869) in-8".

11. **Laure** (H.) — Régénération des oliviers atteints par la gelée, suivi d'une relation du froid de 1709 — Toulon, Magdelain (1820) in-18.

12. **Martin** (Félix) — L'Eucalyptus et ses applications industrielles — Paris, Dunod (1877) in-8".

13. **Martinenq** — Rapports sur les insectes rongeurs de l'olivier — Nice, Cauvin (1863-1864) 2 b., in-8".

14. **Robert** (E.) — Guérison du noir de l'olivier et de l'oranger par l'emploi du soufre sublimé — br. in-8".

15.   d°   Action destructive des limaces dans les années très humides — br. in-8°.

16.   d°   Le poirier à bouquet de la Chine est-il un véritable poirier ? — br. in-8°.

17.   d°   Le traitement des arbres affectés d'insectes xylophages — br. in-8°.

18.   d°   Rôle du sol à l'égard des engrais naturels ou artificiels — br. in-8°.

19. **Robert** (E.) — Lombrics ou vers de terre ; leur action sur les feuilles qui jonchent la terre à la fin de l'automne — br. in-8".

20,   d°   Cossus. Question d'arboriculture — br. in-8°.

21.   d°   Procédé (phloioplastie) propre à arrêter les ravages des insectes qui font périr les ormes, les pommiers, les frênes, etc., et à régénérer l'écorce des arbres souffrants — Paris, Vve Bouchard-Huzard (1845) in-8°.

22.   d°   Recherches sur les mœurs et les ravages de quelques insectes xylophages, notamment de la famille des scolytaires dans les arbres forestiers et fruitiers et sur les altérations des statues et monuments en pierre — Paris, Vve Bouchard-Huzard (1846) in-8°.

23. **Tassy** (L.) — Etudes sur l'aménagement des forêts — Paris, Rothschild (1872) in-8".

24. **Vidal** (J.) — Conseils pratiques aux propriétaires de chênes-liège et particulièrement à ceux de l'arrondissement de Grasse — Grasse, Foucard (1864) in-8°.

XXXVII.— Viticulture

---

1. **Cahuzac** et **Lemarchand** — La greffe en écusson appliquée à la reconstitution du vignoble et guide pratique pour l'exécution du greffage de la vigne en écusson. Introduction par F. Gos — Marseille 1895, in-32.

2. **Commission** supérieure du phylloxéra — Compte-rendu et pièces annexes. Sessions 1878-79 — Paris, imp. Nationale (1880) 2 vol. in-4°.

3. **Danguy** et **Aubertin** — Les grands vins de Bourgogne (la Côte d'Or). Etude et classement par ordre de
mérite — Nomenclature des clos et des propriétaires
— Dijon, H. Armand (1892) in-8°.

4. **Foex** et de **Wulf**—De l'adaptation des cépages améri-
cains aux diverses natures de terrains et notamment
aux terrains calcaires. Les engrais chimiques et leurs
applications aux cultures de la région — Cannes,
Figère et Guiglion (1893) in-8ᵘ.

5. **Heuzé** (G.) — La pyrale ou ver de la vigne — Instruction sur les moyens de détruire cet insecte
— Paris, imp. Nationale (1879) in-18°.

6.   dᵒ   L'écrivain ou gribouri de la vigne. Instruction sur les moyens de détruire cet insecte.
— Paris, imp. Nationale (1879) in-18.

7. **Guyot** (Jules) — Sur la viticulture et la vinification du
département du Puy-de-Dôme (1863) in-4ᵘ.

8.   dᵘ   id. du centre Sud de la France (1865) in-4°.

9.   dᵒ   id. du Nord (1866) in-4ᵘ.

10.   dᵒ   id. de l'Ouest (1866) in-4ᵘ.

11.   dᵒ   id. du Nord-Ouest (1867) in-4ᵘ.

12.   dᵒ   id. du canton d'Evian (Haute-Savoie) 1868,
in-4ᵐ.

13.   dᵘ   Etude des vignobles de France pour servir à
l'enseignement mutuel de la Viticulture et
de la Vinification française — Paris, imp.
Impériale (1868) 3 vol. in-4ᵘ·

14. **Marion** (A.F.) — Expériences faites pour combattre
le phylloxera. Rapport du Comité régional — Marseille, M. Olive (1876) in-4°.

15. **Nardy** père — Les plaines sableuses de l'Alemtejo (Portugal) — Les grands revenus qu'y donnerait la culture de la vigne — Hyères, Bloch et Reau (1890) in-8°.

16. **Roustan** (Lucien) — De l'oïdium et du phylloxera — Nice, Berna (1879) in-8°.

17. **Schnyder** — La découverte la plus importante pour la France : vraie cause du phylloxera, sa nature. Prophylaxie infaillible — Sion, Kleindiest et Schmid (1894) in-18.

18. **Signoret** (Victor) — Phylloxera vastatrix — Cause prétendue de la maladie actuelle de la vigne — Paris, Malteste et Cie (1870) in-8°.

19. **Tisserand** — Rapport sur les travaux administratifs entrepris contre le phylloxera et sur la situation des vignobles en France et en Algérie pendant les années 1888 et 1889 — Paris, imp. Nationale (1890) in-4°.

20. **Vermorel et Danguy** — Les vins du Beaujolais, du Mâconnais, etc. — Étude et classement par ordre de mérite, nomenclature des clos et des propriétaires — Dijon, Armand, in-18.

***

XXXVIII. — Apiculture — Sériciculture.

***

1. **Bastian** (F.) — Les Abeilles. Traité théorique et pratique d'apiculture rationnelle.

2. **Cabanis** (F.) — Le Mûrier, ses avantages et son utilité dans l'Industrie — Paris, Donnaud (1866) in-18.

3. **Chavannes de la Giraudière** — Conseils aux magnaniers — Installation et conduite des magnaneries — Grainage cellulaire, procédé Pasteur suivi d'instructions sur l'emploi du microscope par M. de Lachaclenède — Paris, Masson, in-4°.

4. **Esprit** — Moyen d'obtenir la graine de vers-à-soie acclimatée, régénérée et exempte de tout embryon malade — Nîmes, Clavel, Ballivet et Cie (1863) in-8°.

5.   d° Graines de vers-à-soie — Procédés pour reconnaître sur des échantillons la quantité de graines malades sophistiquées, avariées — Nîmes, Peyrot-Tinel, in-32.

6. **Eymard** (Paul) — Histoire du métier Jacquard — Lyon, Barret (1863) in-8°.

7. **Gagnat** — Les vers-à-soie en 1867 — Paris, Goin ; Montpellier, Gras (1867) — in-8°.

8. **Malpighi** — Mémoires et documents sur la Sériciculture — Traité du ver-à-soie, traduction et notes par Maillot — Montpellier, C. Coulet (1878) in-f°.

9. **Masquard** (Eugène de) — Les maladies des vers-à-soie — Causes, nature et moyen de les prévenir ou d'en diminuer considérablement les ravages — Culture du mûrier — Magnaneries — Education et grainage — — Paris (1868) — in-8°.

10. **Mauzan** (A.) — Guide des éducateurs de vers-à-soie — Sisteron, Bourlès (1868) in-18.

11. **Pasteur** (L.) — Etudes sur la maladie des vers-à-soie — Moyen assuré pratique de la combattre et d'en prévenir le retour — Paris, Gauthier-Villars (1870) 2 vol., in-8°.

12.   d° Nouvelles études sur la maladie des vers-à-soie — Paris, Gauthier-Villars (1866) in-4°.

13. **Pitaro** (A.) — La science de la Sétifère ou l'art de produire la soie avec avantage et sûreté — Paris, Roret (1828) in-8°.

14. **Sira-Kawa de Sendaï** (Osyou) Traduction de Rosny (Léon) — Traité de l'éducation des vers-à-soie au Japon — Paris, imp. Impériale (1868) in-8°.

15. **Sirand** — Etude sur la maladie des vers-à-soie et pratique du grainage suivant le procédé Pasteur — Grenoble, Prudhomme (1868) in-8°.

16. **Susani** (Guido) — La confection industrielle de la graine cellulaire des vers-à-soie. Application des principes de M. L. Pasteur — Paris, imp. Nationale (1872) in-4°.

XXXIX.— Concours et Congrès

1. **Concours** de Machines à moissonner tenu à l'école d'agriculture de Grignan en 1873 — Rapport par Barral (J.A.) — Paris, G. Masson (1873) in-4°.

2. **Concours** d'animaux reproducteurs, d'instruments et de produits agricoles en 1856. Concours régionaux et Concours agricole universel de Paris — Paris, imp. Impériale (1857) 2 vol. in-4°.

3. **Concours** régionaux de 1865 -- Primes d'honneur — Paris, imp. Nationale (1876) 2 vol., in-4°.

4. d° des années 1871-72 -- Primes d'honneur— Paris, imp. Nationale (1878) in-4°.

5. **Concours** d'animaux de boucherie (compte-rendu des opérations des Concours et du rendement des animaux primés (1850 à 1862) — Paris, imp. Nationale 13 vol. in-4°.

6. **Concours** régionaux, généraux, nationaux, universels, d'animaux reproducteurs, d'instruments, machines, ustensiles, ou appareils à l'usage de l'industrie agricole et des divers produits de l'agriculture ou des différentes industries agricoles, années 1851, 1853, 1855, 1858, Paris, imp. Impériale, 5 vol. in-4°.

7. **Concours** d'animaux reproducteurs mâles, d'instruments, machines, ustensiles ou appareils à l'usage de

l'industrie agricole et des divers produits de l'Agriculture ou des différentes industries agricoles en 1850. Paris, imp. Nationale (1851) in-4°.

8. **Congrès** international d'Agriculture tenu à l'Exposition universelle de 1889 — Paris, imp. Nationale (1889) in-8°.

F.— Guerre et Marine

XL.— Histoire, Règlements, Organisation.

1. **Armée** (l') Allemande, son histoire, son organisation actuelle — Paris et Limoges, Lavauzelle, in-32.

2. **Armée** (l') française en 1867 — Paris, Amyot (1867) in-8°.

3. **Artigues** — L'Armée. Son hygiène morale, son recrutement — Paris, Tanera (1868) in-8°.

4. **Cartouches** (les) et le caisson d'infanterie — Paris, Limoges, Lavauzelle, in-32.

5. **Code manuel** des réquisitions militaires. Textes officiels annotés et mis à jour à l'aide de documents publiés jusqu'au 1er octobre 1887 — Paris, Limoges, Lavauzelle (1888) 3 v., in-32.

6. **Dally** (A.) — Les armées étrangères en campagne, Leur formation, leur organisation, leurs effectifs et leurs uniformes — Paris. Noizette (1885) in-18.

7. **Durostu et Joly** — Règlement du 16 mai 1872 pour l'instruction tactique de l'infanterie italienne. Traduit de l'italien — Paris, Dumaine (1873) in-18.

8. **Etude** sur le tir des armes portatives en France et à l'Etranger — Méthodes d'instruction pratique du tir. Tir de guerre (9) — Paris, Limoges, Lavauzelle, in-32.

9. **Fix** (C.) Guide de l'officier et du sous-officier en reconnaissance — Paris, Dumaine (1879) in-32.

10. **Gardes nationaux** de France — Nouveau manuel complet adopté par le Général en chef, suivi de l'ordonnance sur l'exercice et les manœuvres de l'infanterie, du 4 mars 1831 — Paris, Roret (1849) in-32.

11. **Hoff** (le sergent) — Service de nuit. Mesures de sûreté d'un détachement devant l'ennemi — Paris, Dumaine (1880) in-32.

12. **Instruction** pratique de la Cie d'infanterie sur le service en campagne et les opérations du soldat — Paris, Dumaine (1877) in-18.

13. **Instruction** du 17 avril 1862 sur l'exercice et les manœuvres de l'infanterie — Paris, J. Dumaine (1862) in-8°.

14. **Instructions** en cas de troubles, d'après les règlements — Paris, Baudoin et Cie (1883) in-32.

15. **Manœuvres** de l'infanterie — Règlement du 29 juillet 1884 sur les batteries et les sonneries (9) — Paris, Imp. Nationale (1888) in-32.

16. **Notions** sur la viande fraiche destinée à la troupe — Paris, Limoges, Lavauzelle, 2 vol., in-32.

17. **Outils** (les) du pionnier d'infanterie, d'après l'instruction ministérielle du 8 août 1860 — Paris, Limoges, Lavauzelle, in-32.

18. **Papillon** (Jules) — Manuel français-anglais sur les reconnaissances — in-32.

19. **Riencourt** — Les militaires blessés et invalides, leur histoire, leur situation en France et à l'Etranger — Paris, Dumaine (1875) in-8°, 2 vol.

20. **Service** des armées en campagne — Règlements militaires étrangers du 23 mai 1887, Allemagne — Paris, Lavauzelle (1888) in-32.

21. **Speckel** (Ch.) et **Foliot** (G.) — L'armée allemande (avec illustrations de Fleuri) — Paris, Berger, Levrault et Cie (1897) in-8°.

22. **Timmerhans** — Des exercices pratiques du service en campagne et du combat, mis en rapport avec les règlements militaires belges — Paris, Dumaine ; Bruxelles, Spineux (1888) in-18.

XLI.— Enseignement — Tactique — Stratégie.

-----

1. **Baratieri** (Colonel O.) — Traduit de l'italien par Astolfi — La défense des Alpes par l'Italie (93) — Paris, Baudoin et Cie (1883) in-8°.

2. **Borson** — Etude sur la frontière du Sud-Est depuis l'annexion à la France de la Savoie et du comté de Nice (9) — Paris, Dumaine (1870) in-32.

3. **Clerc** (Ch.) — Savoie et Dauphiné — Esquisse orographique (92) — Paris, Dumaine (1880) in-8°.

4. **Cugnac** (de) — Défense d'un plateau (92) Paris, Baudoin (1893) in-8°.

    d°   Attaque d'un plateau (92) — Paris, Baudoin (1891) in-8°.

5. **Cours** préparatoire. Fortifications de campagne (écoles régimentaires) — Paris, Lavauzelle, in-18.

6. **Défense** de l'Italie contre une invasion française (92) Paris, Baudoin et Cie (1882) in-8°.

7. **Derrecagaix** (V.) — La guerre moderne. Stratégie, tactique — avec atlas — Paris, L. Baudoin et Cie (1885) avec l'atlas : 3 vol. in-8°.

8. **Devaureix** — Cinquante problèmes-tactiques discutés et traités sur la carte de Rethel. Application de nos règlements sur la tactique combinée des différentes armes au stationnement, dans les marches, au combat et dans les petites opérations — Paris, Berger-Levrault et Cie (1892) in-8°.

9. **Durand** (P.) — Considérations sur le combat offensif d'infanterie (92) — Paris, Baudoin et Cie (1887) in-8°.

10. **Ferron** (g^al) — Quelques indications pour le combat (92) — Paris, Baudoin (1892) in-8°.

11. **Favé** (le général) — Cours d'art militaire à l'école polytechnique — Paris, Dumaine (1877) in-18.

12. **Formations** à prendre pour marcher sous le feu de l'artillerie ou de l'infanterie, par un officier supérieur d'infanterie (92) — Paris, Baudoin (1892) in-8°.

13. **Fortification** et défense de la frontière franco-italienne par un officier français (92) — Paris, L. Westhauser (1888) in-8°.

14. **Hellfeld** (von) — La patrouille d'infanterie. Traduit par Thomas (92) — Paris, Baudoin et Cie (1890) in-8°.

15. **Hennebert** — Les armées modernes — Paris (1886) in-18.

16. **Lacombe** — Les armes et les armures — Paris, Hachette et Cie (1877) in-18.

17. **Laplaiche** — Cours de topographie à l'usage des officiers et sous-officiers de toutes armes — Paris, Limoges, Lavauzelle, 2 vol., in-32.

18. **Luzeux** (Général) — Etudes de tactique et examen des conséquences de l'adoption des armes de petit calibre à tir rapide et de la poudre sans fumée (92) Paris, Baudoin et Cie (1890) in-8°.

19. **Manuel** de guerre — Le combat, par un lieutenant-colonel de l'armée active — Paris, Baudoin et Cie (1889) in-32.

20. **Manuel** pour l'exécution des travaux de fortification de campagne par les troupes d'infanterie et de cavalerie — Paris, Baudoin et Cie (1889) in-18.

21. **Manuel** de connaissances militaires pratiques destiné à MM. les officiers et sous-officiers — Topographie, fortification, législation, hygiène, tir, troupes, recrutement, etc. — Paris, Baudoin et Cie (1884) in-18.

22. **Monbrison** (J. de) — Etude de tactique à l'usage des officiers de réserve et de l'armée territoriale (9) — Marches, avant-postes et combat de l'infanterie — Paris, Baudoin (1891) in-32.

23. **Question** des avant-postes, observations sur l'instruction pratique du 4 octobre 1875 (92) — Paris, Dumaine (1878) in-8°.

24. **Robert** (Colonel) — Trois conférences sur la tactique (92) — Paris, Lavauzelle (1890) in-8°.

25. **Romagny et Piales d'Axtrez** — Etude sommaire des batailles d'un siècle — Paris, L. Baudoin et Cie (1890) Texte et atlas, 2 vol., in-4°.

26. **Tactique** de la compagnie en ordre dispersé (92) — Paris, Baudoin et Cie (1887) in-8°.

27. **Topographie** — Ecoles régimentaires. Cours préparatoire — Paris, imp. Nationale (1884) in-18.

28. **Topographie** (Cours élémentaire de) à l'usage des officiers de l'armée — Paris, Dumaine (1873) in-18.

29. **Travaux** de campagne — Guide théorique et pratique du pionnier d'infanterie — Paris, Limoges, Lavauzelle, in-32.

30. **Vergnaud** — Nouveau manuel complet d'art militaire à l'usage des militaires de toutes les armes — Paris, Roret (1840) in-32.

31. **Vermeil de Conchard** — Etude sur la tactique de l'infanterie (92) — Paris, L. Baudoin et Cie (1887) in-8°.

32. **Verneuil** (de) — Etude historique et militaire sur le passage du Rhône et des Alpes, par Annibal et tracé de son itinéraire par la vallée de l'Isère, la Maurienne et le Mont Cenis (92) — Paris, Dumaine (1873) in-8°.

33. **Voulquin** (G.) — Guide-poche de nos forts et places fortes, avec 4 cartes inédites, une lettre du général Gay et une préface du lieut.-col^{el} Dally — Paris, Levy et Cie (1888) in-18.

34. **Wescher** (C.) — Poliorcétique des Grecs — Traité théorique. Récits historiques. Textes restitués d'après les manuscrits, augmentés de fragments inédits et accompagnés d'un commentaire paleographique et critique. Avant-propos et notice en français — Paris, Imp. Impériale (1867) in-4°.

XLII.— Cartes militaires

---

1. **Théâtre de la Guerre** (1871) échelle $\frac{1}{80000}$.
   n° 1 Armée de la Loire. Opérations. Bataille du Mans.
   n° 2 Bataille de Coulmiers et de Loigny.
   n° 3 Batailles de Vendome, de Villarceau.
   n° 4 Bataille du Mans. Chanzy et Frédéric-Charles.
   n° 5 Cartes d'ensemble des régions occupées par les 2 armées au Nord et au Sud de la Loire, pendant l'armistice (mois de février 1871).

2. **Carte** des grandes manœuvres de 1892 dans la Vienne et la Haute-Vienne.

3. **Carte** planimétrique de la Moselle. Réductions. Figuré du relief au pinceau, lumière oblique.

4. **Cartes** des montagnes françaises (chaîne des Vosges) échelle $\frac{1}{80000}$ — Réduction photographique du plan relief à surface continue dessiné topographiquement. Feuilles de Colmar, Guebwiller, St-Amarin, St-Dié, Schelestadt, Gerardmer — 7 cartes.

5. **Dépôt** de la Guerre — Atlas de la frontière de Calais à Nice, par le Nord et l'Est, comprenant les départements frontières et les anciens départements du Haut et du Bas-Rhin et de la Moselle, soit 75 cartes dressées par les officiers du Corps d'état-major à partir de l'an 1833, avec les révisions dernières de 1884 à 1885 — Échelle au $\frac{1}{80000}$.

6. **Dépôt** de la Guerre — La frontière du Sud-Est — 13 cartes sur toile, extraits de la carte de France publiée par le dépôt de la guerre, échelle $\frac{1}{80000}$

7. d° 27 cartes, extraits de la carte de France, publiée par le dépôt de la guerre, échelle $\frac{1}{80000}$ — Melun, Fontainebleau, Chartres, Château-dun, Beauvais, Lisieux, Evreux, Rouen.

8. **Service** géographique militaire d'Italie — 3 cartes, Molières, Vinadio, Ventimiglia, extraits de la carte publiée par le ministère de la guerre d'Italie — Echelle $\frac{1}{50000}$

9. **Service** géographique de l'armée — 8 cartes, extraits de la carte de France au $\frac{1}{200000}$ — Antibes, Digne, Gap, Grenoble, Larche, Marseille, Nice, Tignes.

XLIII.— Marine

1. **Bouguer** —Traité du Navire, de sa construction et de
   ses mouvements — Paris, Acad^ie royale des Sciences
   (1745) in-4°.

2. **Bourdé-Villehuet** — Le Manœuvrier ou essai sur la
   théorie et la pratique des mouvements du navire et
   des évolutions navales — Paris, an XII de la R. F.—
   in-8°.

3. **Congrès** international tenu à l'Exposition universelle
   en 1889. Travaux maritimes — Paris, imp. Nationale (1889) in-8°.

4. **Daussy, Darondeau** et de la **Roche-Poncié**—Connaissance des temps. Table des positions géographiques
   des principaux lieux du Globe, continuée par le vice-
   amiral Cloué — Paris, Gauthier-Villars (1887) in-8°.

5. **Dépôt** des cartes et plans de la marine. Catalogue des
   cartes, plans, vue de côtes, mémoires, instructions
   nautiques qui composent l'hydrographie française —
   Paris, imp. Paul Dupont (1869) in-8°.

6. **Dubus** (F. J.) — Ephémerides maritimes à l'usage des
   marins de commerce pour l'année 1858 — St-Brieuc,
   Prudhomme (1856) in-18.

7. **Folin** (Mis de) — Bateaux et Navires. Progrès de la
   construction navale à tous les âges et dans tous les
   pays — Paris. Baillière et fils (1892) in-18.

8. **Le Gras** (A.) — Phares de la Méditerranée, de la mer
   Noire et de la mer d'Azof, corrigés en mai 1868 —
   Paris, Paul Dupont (1868), in-8°.

9. **Ministère** des travaux publics — Ports maritimes de
   la France — Tome 5.: de St-Nazaire à Ars en Ré
   — Tome 6.: de la Rochelle à Hendaye — Paris, imp.
   Nationale (1883-1887) in-4°, 2 vol.

10. **Recueil** de documents relatifs aux capitaines du commerce, contenant les programmes d'examen — Paris, Challamel aîné (1883) in-8°.

11. **Renard** (Léon) — L'art naval — Paris, Hachette et Cie (1868) in-18.

XLIV. — Cartes Marines

1. **Dépôt** général de la marine, 1843 — Plan du Golfe-Jouan, du port de Cannes et de ses environs, levé en 1840 et dressé en 1842 par Le Bourguignon Duperré, Begat, Lieusson et Delamarche ; révisé en 1872 par Germain, Hatt et Bouillet — Sondes du Golfe-Jouan et du passage entre Ste-Marguerite et la Croisette refaites par Bouillet en 1878.

2. **Plan** de la Côte d'Afrique depuis le 13e degré de latitude jusqu'au 22e (180 lieues marines), avec les sondes faites en 1784 par le Bailli de Latour-du-Pin, lorsqu'il commandait la frégate *La Blonde*.

3. **Carte** marine du Cap Camarat-St-Tropez.

4. **Carte** marine de la Méditerranée et de l'Adriatique, sur parchemin.

Ce document, don à la Bibliothèque de S.A.R. le comte de Caserta, provient du Cabinet de Ferdinand II, roi des Deux-Siciles, père du donateur.

G.— Sciences Accessoires

XLV.— Jeux.

1. **Basterot** (le Cte de) —- Traité élémentaire du Jeu des échecs avec cent parties des joueurs les plus célèbres, précédé de mélanges historiques, anecdotiques et littéraires — Paris, Allouard (1863) in-8°.

2 . **Becq de Fouquières** (L.) — Les Jeux des anciens ; leur description, leur origine, leurs rapports avec la religion, l'histoire, les arts et les mœurs. Ouvrage accompagné de gravures sur bois d'après l'antique, dessinées et gravées par Léon Le Meurs — Paris, Reinwald (1869) in-8°.

3 . **Damiano** — Livre pour apprendre à jouer au Jeu des échecs. Traduction nouvelle par C. Sanson, augmentée de notes, de variantes et illustrée de 90 diagrammes (2) — Paris (1869) in-18.

4 . **Deschapelles** — Traité du Whist. Législation — Paris, Furne et Cie (1839) in-18.

5 . **Durand** (abbé), **Louis Metton** et **Jean Preti** — Stratégie raisonnée des ouvertures du Jeu d'échecs, illustrée de nombreux diagrammes — Paris, J. Preti (1867-1868) 2 v., in-8°.

6 . **Durand** (abbé) et **Jean Preti** — Stratégie raisonnée des fins de partie du Jeu d'échecs — Rois et pions. Rois, pièces et pions — Paris, Preti (1873) 2 v., in-8°.

7 . **Grégoire** (G.) — Guide manuel illustré du Jeu de dames ; règles, principes et instructions pour le bien jouer — Paris, Passard, in-18.

8 . **Manuel** complet de la Bouillotte, publié par le nouveau Cercle de la rue de Grammont — Paris (1840) in-32.

9 . **Merlin** (R.) — Origine des cartes à jouer. Recherches nouvelles sur les naïbis, les tarots et sur les autres espèces de cartes — Paris (1859) in-4°.

10 . **Philidor** — Analyse du jeu des échecs, à laquelle on a joint la règle du jeu, l'explication des termes qui lui sont propres, etc. — Paris, Delarue, in-18.

11 . **Poirson-Prugneaux** — Encyclopédie du jeu de dames comprenant une nouvelle notation et la bibliographie complète du jeu de tric-trac — Paris, Cabasse (1855) in-8°.

12. **Preti** (Jean) — Parties d'échecs. Choix des parties les plus remarquables jouées par Paul Morphy, annotées par lui-même et d'autres célébrités — Paris (1859) in-8°.

13.   d°   A B C des échecs ou introduction à l'étude de la stratégie raisonnée des échecs, complété par une série de plus de cent problèmes inédits et gradués des meilleurs auteurs -- Paris (1868) in-8°.

14. **Quinola** (Jean) — Nouvelle académie des Jeux, contenant un dictionnaire des jeux anciens, le nouveau jeu de croquet, le besigue chinois et une étude sur les jeux et paris de courses — Paris, Garnier frères (1876) in-18.

15. **Traité** théorique et pratique du jeu des échecs, rédigé par une société d'amateurs sur les ouvrages des auteurs célèbres — Paris, Delarue, in-18.

16. **Whist** (le) rendu facile, suivi de traités du whist de Gand, du boston de Fontainebleau et du boston russe, par un amateur — Paris, Garnier frères (1855) in-18.

XLVI.— Sports

-----

1. **Angerstein** et **Eckler** — La gymnastique des demoiselles (2) — Paris, Baillière et fils (1892) in-18°.

2. **Augé de Lassus** (L.) — Les spectacles antiques — Paris, Hachette et Cie (1888) in-18.

3. **Berthillot** (F.) — Manuel pratique de Natation (1) — Lyon, Georg (1889) in-8°.

4. **Congrès** Intern^al tenu à l'Exposition Universelle en 1889. Exercices physiques dans l'éducation — Paris, imp. Nationale (1889) in-8°.

Congrès international tenu à l'Exposition universelle en 1889 — Les Colombophiles — Paris, imp. Nationale (1889) in-8°.

5. **Depping** (Guillaume) — Merveilles de la force et de l'adresse. Les exercices du corps chez les anciens et chez les modernes — Paris, Hachette et Cie (1869) in-18.

6. **Gérard** (Jules) — La Chasse au Lion — Paris, Michel Lévy (1874) in-18.

7. **Margueritte** (le général) — Chasses de l'Algérie — Paris, Jouvet et Cie (1884) in-18.

8. **Mariassy** (F. W.) — Le Golf en Angleterre. Les golf-clubs de France — Robaudy, Cannes (1895) in-32.

9. **Musany** (F.) — Traité d'équitation — Paris, Baudoin et Cie (1888) in-8°.

10. **Oppien de Cilicie** — Les Halieutiques, poème en cinq chants sur la pêche maritime. Traduction entièrement nouvelle avec une préface et des notes par Bourquin — Coulommiers, Ponsot et Brodard (1877) in-8°.

11. **Oppien de Syrie** — Les Cynégétiques, poème en quatre chants sur la chasse des quadrupèdes. Traduction entièrement nouvelle avec une préface et des notes par Bourquin — Coulommiers, Ponsot et Brodard (1877) in-8°.

12. **Orléans** (le Prince Henri d') — Six mois aux Indes. Chasse au tigre — Paris, Calmann Levy (1889) in-18.

13. **Prevost** (Camille) — Théorie pratique de l'Escrime avec préface et notice par E. Legouvé et la biographie de Prévost père par A. Tavernier — Paris, de Brunhoff (1886) in-4°.

14. **Roblot** — Principes d'anatomie et de physiologie appliquées à la gymnastique — Paris, Rongier et Cie in-32.

15. **Saffroy** (Henri) — Manuel d'équitation militaire. Eléments d'équitation, harnachement, etc. (9) — in-32.

16. **Schreber** — Gymnastique de chambre (5) — Paris, Masson (1890) in-8°.

17. **Tavernier** (Ad.) — L'art du duel, préface par Aurélien Scholl — Paris, Marpon et Flammarion (1884) in-8°.

18. **Meunier** (V.) — Les grandes chasses — Paris, Hachette et Cie (1877) in-18.

XLVII.— Sciences Occultes.

1. **Allan-Kardec** — Le livre des esprits, contenant les principes de la doctrine spirite, selon l'enseignement donné par les esprits supérieurs à l'aide de divers mediums — Paris, Didier et Cie (1869) in-18.

2. do Le livre des mediums ; spiritisme expérimental ou guide des médiums et des évocateurs, pour faire suite au livre des esprits — Paris, Didier et Cie (1867) in-18.

3. do Le ciel et l'enfer ou la Justice divine selon le spiritisme, suivi de nombreux exemples sur la situation réelle de l'âme avant et après la mort — Paris, Le Doyen, Dentu (1865) in-18.

4. do L'évangile selon le spiritisme, contenant l'explication des maximes morales du Christ, leur concordance avec le spiritisme et leur application aux diverses positions de la vie — Paris, Dentu (1868) in-18.

5. do La genèse, les miracles et les prédictions, selon le spiritisme — Paris, Lacroix, Verboeckhoven et Cie (1868) in-18.

6. **Gasparin** (Ag. de) — Les tables tournantes — Paris, Calmann, Levy (1888) in-18.

7. **Grand** interprête (le) des Songes — Guide infaillible pour l'explication des songes, rêves, visions, etc., par le dernier descendant de Cagliastro — Paris, Blot, in-18.

8. **Maury** (Alf.) — La magie et l'astrologie dans l'antiquité et au moyen-âge, ou étude sur les superstitions païennes, qui se sont perpétuées jusqu'à nos jours — Paris, Didier et Cie (1860) in-18.

9. **Mengus** (Hyeronymus) — Flagellum Dœmonum exorcimos terribiles, potentissimos et efficaces remediag probatissima ac doctrinam singularem ad malignos spiritus expellendos, facturas que et maleficia fuganda de obsessis corporibus complectens, etc., etc. — Lugduni apud Franciscum Arnoullet (1608) in-18.

10. **Nus** (E.) — Choses de l'autre monde — Paris, Rougier et Cie, in-18.

XLVIII. — Spécialités.

---

1. **Conen de Prépéan** — Sténographie exacte ou l'art d'écrire aussi vite que l'on parle — Paris, Brunot-l'Abbé (1815) in-8°.

2. **Congrès** International de sténographie, tenu à l'Exposition universelle en 1889 — Paris, Imp. Nationale (1889) in-8°.

3. **Choix gradué** de 50 sortes d'écritures pour exercer à la lecture des manuscrits — Paris, L. Hachette (1842) in-8°.

4. **Deneuville** (J. B.) — Nouveau trésor des familles, ou guide journalier du français, véritable encyclopédie renfermant tout ce que l'homme et la femme ont de plus précieux à connaître — Laon, Guillaume (1867) in-8º.

5. **Henschel** (C. A.) — Le système de mesures et de poids le plus commode, basé sur le pas naturel de l'homme et projeté d'après l'analogie du système métrique et en rapport avec ce système — Cassel, Bertram (1855) in-8ⁿ.

6. **Pluche** — Histoire du Ciel, où l'on recherche l'origine de l'idolâtrie et les mépris de la philosophie sur la formation des corps célestes de toute la nature — Paris, les frères Estienne, à la Vertu (1788) in-18, 2 vol.

7.   dº   Le spectacle de la Nature ou entretiens sur les particularités de l'histoire naturelle — Paris, les frères Estienne — Guillaume (1780) in-18, 6 vol.

8. **Taiclet** — Citographie, nouvelle méthode d'écriture prompte et facile — in-18.

9. **Thiollet** — L'art de lever les plans ; arpentage, nivellement et lavis des plans enseignés en 20 leçons sans le secours des mathématiques — Paris, Maison (1848) in-8º.

H. — Sciences appliquées.

XLIX. — Arts et Métiers

---

1. **Audot** — La cuisinière de la campagne et de la ville ou la nouvelle cuisine économique — Paris, Audot (1883) in-18.

2. **Caquet** (F.) — Le vade-mecum du forestier à l'usage des propriétaires de bois, industriels, etc. — in-18.

3. **Cardelli, Lionnet, Clemandot**, etc. — Nouveau manuel complet du glacier, du chocolatier et du confiseur — Paris, Roret (1845) in-32.

4. **Congrès** international tenu à l'Exposition universelle en 1889 — Architectes — in-8°.

5.   d°   Mines et métallurgie — Paris, Imp. Nationale (1889) in-8°.

6.   d°   Sapeurs-pompiers — Paris, Imp. Nationale (1889) in-8°.

7.   d°   Sauvetage — Paris, Imp. Nationale (1889) in-8°.

8. **Deloncle** — Manuel des contributions directes à l'usage des contribuables — Paris, Roret (1828) in-32.

9. **Hermant** (Achille) — Rapport au ministre de l'Instruction publique et des Beaux-Arts sur l'exercice de la profession d'architecte en Italie — Paris, G. Delarue (1892) in-4°.

10. **Landrin** (H.) — Nouveau manuel complet du maître de forges ou traité théorique et pratique de l'art de travailler le fer, la fonte et l'acier — Paris, Roret (1859) — 2 vol., in-32.

11. **Lejeune** (Emile) — Traité pratique de la coupe des pierres précédé de toute la partie de la géométrie descriptive qui trouve son application dans la coupe des pierres, à l'usage des architectes, etc.— Paris, J. Baudry. Texte et atlas, 2 vol., in-4°-in-8°.

12. **Nosban** — Nouveau manuel du menuisier, de l'ébéniste et du layetier — Paris, Roret (1839) 2 vol., in-32.

13. **Paulin** (G.) — Théorie sur l'extinction des incendies ou nouveau manuel du sapeur-pompier, précédé de l'historique du corps des sapeurs-pompiers de la Ville de Paris — Paris, Bachelier (1837) in-32.

14. **Rambourg** — Manuel de l'employé d'octroi — Mézières, Lelaurin (1867) in-18.

15. **Rothschild** — Manuel du négociant. Traité théorique et pratique des Sciences commerciales, traduit de l'allemand par Van Lee — Bruxelles et Leipzig, Schnée — in-8°.

16. **Saint-Léon** — Manuel pratique des chemins de fer — Paris, Imprimeurs unis (1845) in-32.

17. **Serrurier** (nouveau manuel complet du) ou traité simplifié de cet art — Paris, Roret (1845) in-32.

18. **Tarbé** — Nouveau petit manuel des poids et mesures à l'usage des ouvriers et des écoles — Paris, Roret (1840) in-32.

19. **Thomas** (Ernest) — Manuel des Halles et Marchés en gros — Paris, Berthoud frères (1872) in-18.

L.— Applications industrielles.

---

1. **Annales** des mines ou recueil de mémoires sur l'exploitation des mines et sur les sciences et les arts qui s'y rapportent — Paris, Dunod (1887) in-8°.

2. **Assainissement** par l'électricité. système Hermite (91) — Paris, Chaix, in-8°.

3. **Berthaud** (Max) — Canal et port St-Louis et jonction du Rhône à la Méditerranée — Paris, Baudry (1870) in-8°.

4. **Bouquet de la Grye** — Paris port de mer (10) — Paris, Gauthiers-Villars et fils (1892) in-4°.

5. **Canal** et port St-Louis à l'embouchure du Rhône — Avantages généraux résultant de cette création avec pièces justificatives et 4 cartes et plans (10) — Paris, Dentu (1864) in-4°.

6. **Chemins** de fer P.L.M. — Classification et numérotage général des machines, tenders, voitures et wagons — Paris, Vve Ethiou, Perou et fils (1891) in-8°.

7. **Dague** — Etude d'un réseau d'égouts ; dimensions à donner aux réservoirs de chasse (90) — Cannes, Figère et Guiglion (1891) in-8°.

8. **Decauville** (Paul) — Réponse à M. Lagrange de Langres, sur les inconvénients des chemins de fer à voie de 0^{m}60 — Corbeil, Crété (1892) in-8°.

9. **Decauville** et **Level** — La voie de 0^{m}60, système Decauville, suivi de l'exploitation de la garantie d'intérêt système Level — in-8°.

10. **Defoug** (Frank) — Création de bains populaires, école de natation permanente et lavoirs hygiéniques à service rapide — Lyon (1893) in-4°.

11. **Dumont** (Aristide) — Note sur mon projet d'élévation et de distribution des eaux, naturellement filtrées de la Koura, pour l'alimentation de la ville de Bakou (Caucase) (91) — Cannes, Figère et Guiglion (1894) in-8°.

12. **Eymard** (Paul) — De l'influence du façonné sur les fabriques de Lyon (90) — Lyon, Storck (1867) in-8°.

13. **Favier** — Nouvelle industrie de la Ramie (90) — Avignon, Gros — Paris, Lacroix et Cie (1886) in-8°.

14. **Joly** (Ch.) — Traité pratique du chauffage, de la ventilation et de la distribution des eaux dans les habitations particulières, à l'usage des architectes, des entrepreneurs et des propriétaires — Paris, Baudry (1869) in-8°.

15. **Gastinel** — Les Egouts de Paris (90) — Paris, Jouve (1894) in-8°.

16. **Graffigny** (de) — Le Liège et ses applications — Paris, Jouvet et Cie — Furne (1888) in-18.

17. **Guillemin** — Les Chemins de fer — Paris, Hachette et Cie (1876) in-18.

18. **Moisy** (J.) — Les Lavoirs de Paris. Ouvrage orné de gravures sur bois avec extrait du règlement et la loi sur les chaudières, et des instructions sur les mesures de précaution habituelles à observer dans l'emploi des chaudières à vapeur — Paris, Sausset (1884) in-4°.

19. **Perrody** — Voie de Télégraphie électrique souterraine Genève, Pfeffer (1880) in-32.

20. **Pont** sur la Manche — Second mémoire justificatif de la demande en concession d'un pont sur la Manche — Paris, Chaix (1891) in-4°.

21. **Popp-Conti** — Tramways pneumatiques Popp-Conti Etude et devis d'installation — Paris, Chaix (1896) in-8°.

22. **Popp** (V^{or}) — Documents relatifs à un réseau de tramways municipaux à établir dans Paris — Paris, Chaix (1896) in-4°.

23. **Richard** frères — Instruments de précision, de mesure et de contrôle. Description sommaire et Catalogue général (1895) in-4°.

24. **Schneider et Cie** — Usines du Creusot — Locomotives. Album de 74 types — Creusot, Temporal, in-4°

25. **Turgan** — Les grandes usines de Turgan — Société anonyme des établissements Decauville aîné, à Petit-bourg — Paris, Berger et Cie (1892) in-4° et 2 atlas.

26. **Ulmann** — Système de rideau métallique et mécanisme servant à le manœuvrer pour isoler la scène de la salle dans les théâtres, et autres applications similaires.

LI.— Applications Artistiques.

---

1. **Arts décoratifs** -- Congrès tenu en 1894 à Paris — Paris, A. Warmont (1894) in-8°.

2. **Audiat** (Louis) — Les oubliés, Bernard Palissy — Saintes, Fontanier (1864) in-18.

3. **Augé** — Voyage aux 7 merveilles du monde. Gravures de Barclay — Paris, Hachette et Cie (1878) in-18.

4. **Biais** (Th.) — L'Exposition de broderies à Londres — Paris, Claye (1874) in-4°.

5. **Delisle** (Léopold) — Documents sur les fabriques de faïence de Rouen, recueillis par Haillet de Couronne et publiés par Delisle — Valognes, G. Martin (1865) in-18.

6. **Eymard** (Paul) — La Bible de St-Théodule du Puy en Velay et les étoffes qu'elle contient — Lyon, Pitrat aîné (1877) -- in-4°.

7. **Flamm** (P.) — Le verrier du XIXme siècle ou enseignement théorique et pratique de l'Art de la vitrification, tel qu'il est pratiqué de nos jours, traitant de la peinture sur verre, des émaux, du soufflage à la lampe d'émailleur, etc. — Paris, Lacroix (1863) in-8°.

8. **Gerspach** — Les tapisseries Cophtes — Paris, Quantin (1890) in-4°.

9. **Jacquemart** (A.) — Les merveilles de la céramique ou l'art de façonner et décorer les vases en terre

cuite, faïences, grés et porcelaine, depuis les temps antiques jusqu'à nos jours — Paris, Hachette et Cie (1871) in-18.

10. **Jacquemart** (A.) et **Leblant** (Edm.) — Histoire artistique, industrielle et commerciale de la porcelaine, accompagnée de recherches sur les sujets et emblêmes qui la décorent, les marques et inscriptions qui font reconnaître les fabriques d'où elle sort, les variations de prix qu'ont obtenus les principaux objets connus et les collections où ils sont conservés aujourd'hui, enrichie de vingt-six planches, gravée à l'eau forte par Jules Jacquemart — Paris, J. Techener (1862) in-f°, 3 v.

11. **Marryat** — Histoire des poteries, faïences et porcelaines, etc. — Paris, Vve J. Renouard (1866) in-8°, 2 v.

12. **Merveilles** de l'art et de l'industrie ; antiquité, moyenâge, temps modernes — Les arts industriels à l'Exposition de l'Union Centrale en 1869 — Paris, Maison Christofle, in-4°.

13. **Meyer** (Alf.) — L'art de l'émail de Limoges, traité pratique et scientifique — Paris (1895) in-18.

14. **Moynet** (J.) — L'envers du théâtre. Machines et décorations — Paris, Hachette et Cie (1874) in-18.

15. **Pillet** (Jules) — Les industries d'art de la Tunisie — Paris, Gauthier-Villars et fils (1896) in-8°.

16. **Saglio** — Rapport relatif à l'enseignement en Autriche des arts appliqués à l'industrie — Paris, Imp. Nationale (1890) in-8°.

17. **Teinturier** (A.) — Les terres émaillées de Bernard Palissy, inventeur des rustiques figulines. Etude sur les travaux du maître et de ses continuateurs, suivie du catalogue de leur œuvre — Paris, V. Didron — Vve J. Renouard (1863) in-8°.

18. **Vachon** (Marius) -- Rapport sur les musées et les écoles d'art industriel en Angleterre — Paris, Imp. Nationale (1889) in-f°.

19.   d°   Rapport sur les musées et les écoles d'art industriel et sur la situation des industries artistiques en Danemark, Suède et Norwège — Paris, Quantin (1889) in-f°.

20.   d°   Rapport sur les musées et les écoles d'art industriel et sur la situation des industries artistiques en Suisse et Prusse Rhénane — Paris, Quantin (1886) in-f°.

21. **Valton** (E.) — Histoire du Meuble — Paris, Librairie de l'Art (1893) in-32, 2 vol.

LII.— Mélanges des Sciences appliquées

1. **Bernard** (Aug.) — Histoire de l'Imprimerie royale du Louvre — Paris, imp. Impériale (1867) in-8°.

2. **Brucke** (E.) — Principes scientifiques des beaux-arts. Essais et fragments de théorie, suivie de l'optique et la peinture par H. Helmhotz — Paris, Baillière et Cie (1881) in-8°.

3. **Escodeca** (de) **de Boisse** — Quelques détails sur les produits de l'imprimerie Impériale de France — Paris, imp. Impériale, in-18.

4. **Histoire** d'un savant par un ignorant — M. Pasteur — Paris, Hetzel et Cie, in-18.

5. **Jacob** (Ferdinand) — Memorandum historique, littéraire, scientifique et artistique, perpétuel — N.-D. Lérins, Bernard (1889) in-8°.

6. **Keller** (Alfred) — Eléments de botanique ornementale — Paris, Librairie de l'Art, in-18.

7. **Maxime du Camp** — La Croix-Rouge de France. Société de secours aux blessés militaires de terre et de mer — Paris, Hachette et Cⁱᵉ (1889) in-18.

8.   dᵒ   Paris, ses organes, ses fonctions et sa vie, dans la seconde moitié du XIXᵐᵉ siècle — Paris, Hachette et Cⁱᵉ (1875) in-8ᵒ, 6 vol.

9. **Radu** — Instruction élémentaire — Paris (1863) in-8ᵒ.

10. **Tirant** — L'Exposition Universelle de 1889. Réponse à M. Georges Berger — Cannes, Figère et Guiglion (1885) in-18.

11. **Voguë (le Vᵗᵉ Emm. de)** — Remarques sur l'Exposition du Centenaire — Paris, Plon (1889) in-18.

K.— Revues et Périodiques

LIII.— Sciences Mathématiques, Physiques, Naturelles.

---

1. **Astronomie** populaire (revue d') de météorologie et de physique du Globe, exposant les progrès de la Science, par Flammarion — Année 1891. Paris, Gauthier-Villars et fils, in-4ᵒ.

2. **Astronomie** populaire (revue mensuelle) donnant le tableau permanent des découvertes et des progrès réalisés dans la connaissance de l'Univers — Années 1893-1894, 2 v., in-4ᵒ.

3. **Cosmos (Le)** — Revue des sciences et de leurs applications — Années 1891 à 1897, 21 v., in-4ᵒ.

4. **Electricité** (l') — Revue scientifique et illustrée — Années 1893-1894. Paris, Noni, 2 v., in-4°.

5. **Etincelle** électrique (l') — Journal élémentaire d'électricité, à l'usage des amateurs, des praticiens et des consommateurs d'électricité — Années 1894-1895. Paris, Alcan Levy, 2 v., in-4°.

6. **Feuille** des Jeunes Naturalistes — Années 1870 à 1886 — 1891, avec table des matières décennales. in-8° (17 années).

7. **Journal** de Mathématiques élémentaires — Années 1888 à 1897. Paris, Nony et Cie (10 années) in-4°.

8. **Matériaux** pour servir à l'histoire primitive et naturelle de l'homme — Revue mensuelle illustrée. Années 1874 à 1879 — Nîmes, Clavet Ballivet et Cie, in-8°, 6 vol.

9. **Nature** (la) — Revue des sciences et de leurs applications aux Arts et à l'Industrie — Années 1873 à 1897 — Paris, Masson, 38 v., in-4°.

10. **Revue Scientifique**, Directeur Ch. Richet — Années 1863 à 1897, in-4°, 60 v.

11. **Sciences et de l'Industrie** (Annales des) du Midi de la France — 10 vol., in-8°.

12. **Science et Nature** — Revue internationale des progrès de la Science et de l'Industrie (années 1883-84) — Paris, Baillière et fils, 2 vol., in-4°.

13. **Sciences populaires** (les) — Revue mensuelle de météorologie et d'astronomie — année 1896, in-8°.

14. **Travaux Scientifiques** (Revue des), publiée sous la direction du Comité des travaux historiques et scientifiques — (Section des Sciences : M. Milne Edwards, président : M. Berthelot) — (de l'année 1881 à 1897 inclusivement) — Paris, Imp. Nationale, 32 vol., in-8°.

15. **Journal** de Conchyliologie, sous la direction de Petit
de la Saussaye (années 1850 à 1853) — Paris,
Malteste et Cie. in-8°, 4 années.

16.   d°   Sous la direction de Fischer et Bernardi
(années 1854 à 1877) — Paris, Malteste et
Cie, in-8°, 21 vol.

17. **Revue** d'Ethnographie, par le Dr Hamy — Paris, Ernest
Leroux (1882) in-8°, 8 vol.

LIV. — Science Agricole

1. **Agriculture** (Journal de l'), par Barral (années 1867 à
1879) — Journal de la ferme et de la maison de campagne, de l'horticulture, de l'économie rurale et des
intérêts de la propriété — 42 vol., in-8°.

2. **Agriculture pratique** (Journal d') — Moniteur des
Comices, des propriétaires et des fermiers, par
Lecouteux (années 1879-90-91) — 3 années, in-4°.

3. **Agriculture progressive** (Journal d'), par Vianne
(incomplet) 1 année.

4. **Almanach** de la Société des agriculteurs de France
pour 1891 (avec notices) — Paris, Delagrave, in-32.

5. **Calendrier** horticole — in-18.

6. **Hautefeuille** — Annuaire des Syndicats agricoles et
de l'agriculture française pour l'année 1894-1895,
avec notices sur l'agriculture de chaque département.
Modèles et types de statuts, règlements, etc.— in-8°.

7. **Horticole** (Revue), journal d'agriculture pratique, par
Carrière et Bourguignan (année 1879) in-8°.

8. **Stations agronomiques** (Journal des) et du professo-
rat agricole, par A. Gassend — Melun, Michelin (1886)
in-8°.

LV. — Art Militaire.

1. **Réserve** (l'armée de), journal d'instruction militaire (années 1893-94) — 2 années, in-8°.

2. **Réunion** des Officiers (années 1872-73-85-86-87-89-90) — 7 années, in-8°.

3. **Revue** Militaire de l'Etranger (1885-1886) — 4 vol., in-8°.

4. **Sciences** Militaires (Journal des), revue militaire française (années 1889 à 1894) — 24 vol., in-8°.

M.— Congrès, Académies et Sociétés savantes.

LVI. — Congrès Polyscientifiques.

1. **Aix-en-Provence** — Congrès scientifique de France du mois de Décembre 1866 — Aix, Remondet-Aubin (1867) in-8°.

2.   d° Congrès scientifique de France (33ᵉ session) Aix, Remondet-Aubin (1868) in-8°.

3. **Besançon** — 22ᵉ session de l'Association française pour l'avancement des sciences, tenue en 1893 — Paris, G. Masson (1894) in-8°.

4. **Blois** — 13ᵉ session de l'Association française pour l'avancement des sciences, tenue en 1884 — in-8°.

5. **Cherbourg** — Congrès scientifique de France, tenu à Cherbourg en 1860 — Cherbourg, Mouchel, in-8°.

6. **Grenoble** — 14e session de l'Association française pour l'avancement des sciences en 1885 — 2 v., in-8°.

7. **Hâvre** (le) — Souvenirs du Congrès scientifique du Hâvre, par Quin (Charles) — Le Hâvre, Lepelletier (1877) in-32.

8. **La Rochelle** — 11e session de l'Association française pour l'avancement des sciences, en 1882 — in-8°.

9. **Limoges** — 19e session de l'Association française, etc. en 1890, 2 v., in-8°.

10. **Marseille** — 20e session de l'Association, etc., en 1891, 2 v., in-8°.

11.   d°   Sciences, Lettres, Arts, Commerce, Industrie de Marseille (20e session de l'Association, etc.) — Marseille, Barlatier et Barthelet (1891) in-4°.

12. **Montpellier** — Congrès scientifique de France, tenu à Montpellier, le 1er Décembre 1868 — Montpellier, Boehn et fils, in-8°.

13. **Nancy** — 15e session, tenue en 1886, de l'Association française pour l'avancement des sciences — 2 v., in-4°.

14. **Nice** — Congrès international et régional d'architectes et d'ingénieurs, tenu en 1884. — Nice, Malvano-Mignon (1885) in-8°.

15.   d°   Congrès scientifique de France, tenu à Nice en 1866 — Nice, E. Gauthier et Cie (1867) in-8°.

16. **Oran** — 17e session, tenue en 1888, de l'Association française pour l'avancement des sciences — 2 v., in-8°.

17. **Paris** — Discours prononcés à la séance générale du Congrès des Sociétés savantes, le samedi 29 Avril 1895, par MM. Moissan et Poincarré — Paris, imp. Nationale, in-4°.

18.   d°   18ᵉ session, tenue en 1889, de l'Association, etc. — 2 v., in-8°.

19.   d°   Congrès des Sociétés savantes de Paris et des départements, tenu à la Sorbonne en 1896 — Paris, imp. Nationale, in-4°.

20. **Pau** — 21ᵉ session, tenue en 1892, de l'Association, etc. — 2 v., in-8°.

21.   d°   Congrès scientifique de France, 31 mars 1873 — Pau, Veronese (1873) in-4°.

22. **Rouen** — 12ᵉ session, tenue en 1883, de l'Association française pour l'avancement des sciences — in-8°.

23. **Toulouse** — 16ᵉ session, tenue en 1887, de l'Association, etc. — 2 v., in-8°.

24. **Séance générale** du Congrès de 1896 des Sociétés savantes, tenu à Paris. Discours prononcés par MM. Grandidier et Guieysse — Paris, imp. Nationale (1896) in-4°.

———

LVII. — Sociétés polyscientifiques.

———

1. **Abbeville** — Société d'Emulation (années 1869 à 1876, 1873 à 1878) — Abbeville, Paillart, 14 années, in-8°.

2. **Allier** (département de l') — Société d'émulation, (années 1876 à 1880) — Moulins, Desrosiers, 5 années, in-8°.

3. **Amiens** — Académie des Sciences, belles-lettres et arts (années 1869 à 1879), 11 années, in-8°.

4. **Apt** (Vaucluse) — Société littéraire, scientifique et artistique (années 1863 à 1871 et 1872, 1874) — Apt, Jean, 11 années, in-8°.

5. **Ardèche** — Société des sciences naturelles et historiques (années 1861-62-66-67-68-72-73) — Privas, Roure fils, 7 années, in-8°.

6. **Angers** — Société d'études scientifiques (années 1872 à 1877) — Angers, Barassé, 6 années, in-8°.

7. **Agen** — Société d'agriculture, sciences et arts (années 1875, 1877) — Agen, Prosper Noubei, 2 années, in-8°.

8. **Alger** — Sciences physiques, naturelles et climatologiques (années 1875 à 1879) — Alger, Aillaud, 5 années, in-8°.

9. **Algérienne** (Société) des sciences, (années 1872-73-74) — Alger, Aillaud, 3 années, in-8°.

10. **Avallon** — Société d'études (années 1869 à 1877) — Avallon, Odobé, 9 années, in-8°.

11. **Béziers** — Société archéologique, scientifique et littéraire (années 1872 à 1878) — Béziers, A. Malinas, 7 années, in-8°.

12. **Bordeaux** — Société des Sciences physiques et naturelles (années 1869 à 1879) — Bordeaux, Chaumas, Gayot, 11 années, in-8°.

13. **Boulogne s/m** — Société académique (années 1874 à 1878) — Boulogne, Ch. Aigre, 5 années, in-8°.

14. d° Société académique (2e série, années 1868 à 1878), 11 années, in-8°.

15. **Caen** — Société des arts, sciences et belles-lettres (années 1872 à 1879) — Caen, Leblanc Hardel, 8 années, in-8°.

16. **Cher** — Société scientifique, artistique, historique et littéraire (année 1878) — Bourges, David — Paris, Dumoulin (1878) in-4°.

17.   d°   2ᵉ série (années 1874-1876) — Bourges, David, Just Bernard, 2 années, in-8°.

18. **Cherbourg** — Société nationale des sciences naturelles et mathématiques (années 1863-64-65-78) — Cherbourg, Syffert, 4 années, in-8°.

19.   d°   Société académique (années 1873-74-75-79) Cherbourg, Lepoitevin et Henry — Caen, Vᵛᵉ Legost, 4 années, in-8°.

20. **Clermont-Ferrand** — Académie des sciences, belles-lettres et arts (années 1873-74) — Clermont-Ferrand, Thibaud, 2 années, in-8°.

21. **Creuse** — Société des sciences naturelles et archéologiques (1891) — Guéret, Amiault, in-8°.

22. **Douai** — Société d'agriculture, sciences et arts (années 1870 à 1876) — Douai, Lucien Crepin, 9 vol., in-4°.

23. **Doubs** — Société d'émulation (années 1870 à 1875) Besançon, Dodivers et Cⁱᵉ, 5 v., in-8°.

24. **Gard** — Académie du Gard (années 1872-75-77) — Nîmes. Clavel-Ballivei, 4 v., in-8°.

25. **Haute-Saône** — Société d'agriculture, sciences et arts (années 1874 à 1880) — Vesoul, Suchaux, 6 v., in-8°.

26. **Hâvre** (Le) — Société havraise d'études diverses (années 1869 à 1889) — Le Hâvre, Lepelletier (1894-1895) Le Hâvre, Nicaux, 16 v., in-8°.

27.   d°   Société des sciences, arts agricoles et horticoles (1879) — Le Hâvre, Leclerc, in-8°.

28. **Laon** — Société académique — Paris, Dumoulin (1875) in-8°.

29. **Loire** — Société d'agriculture, industrie, sciences, arts et belles-lettres (années 1872 à 1878) — Théolier frères, 7 années, in-8°.

30. **Lyon** — Académie des sciences, lettres, arts. Classe des sciences (années 1870 à 1877) — Lyon, Palud, 5 v., in-4°.

31.   d°   Classe des lettres (années 1868 à 1877) 4 v., in-4°.

32. **Lyon** — Société d'études scientifiques (années 1874, 76, 77, 78) -- Lyon et Genève, Georg, 5 vol. in-8°.

33. **Maine-et-Loire** — Société académique (années 1868 à 1878) — Angers, Lachèze, Bellevue et Dolbeau, 8 vol. in-8°.

34. **Manche** — Société d'agriculture, d'archéologie et d'histoire naturelle (années 1864 à 1880) — St-Lô, d'Elie fils, 3 vol. in-8°.

35. **Meaux** — Société d'agriculture, sciences et arts (années 1873, 75, 76) — Meaux, Cochet, 3 vol. in-8°.

36. **Montpellier** — Académie des sciences et des lettres. Section des sciences (années 1872 à 1878) — Montpellier, Boehn et fils, 6 vol. in-4°.

37.   d°   Section des lettres (années 1870 à 1878) — Montpellier, Boehn et fils, 4 vol. in-4°.

38. **Morbihan** — Société polymathique (années 1874 à 1877) — Vannes, Gallés, 4 ann. in-8°.

39. **Nantes** — Société académique (années 1871 à 1878) Nantes, Vve Mellinet, 13 vol. in-8°.

40. **Nevers** — Société Nivernaise des sciences, lettres et arts (Années 1873 à 1879 — Nevers, Michot, 7 ann. in-8°.

41. **Pau** — Société des sciences, lettres et arts (années 1871 à 1879) 9 ann. in-8°.

42. **Poitiers** — Société académique (années 1874. 77, 79) Poitiers, Oudin frères, 3 ann. in-8°.

43. **Poligny** (Jura) — Société d'agriculture, sciences et arts (années 1873 à 1878) — Poligny, Mareschal, 6 ann. in-8°.

44. **Puy** (Le) — Société d'agriculture, sciences, arts et commerce (années 1869, 70, 71, 78, 79) — Le Puy, Marchessou, 4 vol., in-8°.

45. **Rochefort** — Société d'agriculture, belles-lettres, sciences et arts (années 1873, 74, 77, 78) — Rochefort, Thèze, 2 vol., in-8°.

46. **Sarthe** — Société d'agriculture, sciences et arts (années 1879 et 1880) — Le Mans, E. Monnoyer (in-8°.

47. **Savoie** (Académie de la) — (Années 1874 à 1879) — Chambéry, Bottero, 6 vol. in-8°.

48. **Seine-et-Marne** — Société d'archéologie, sciences, lettres et arts (année 1866) — Meaux, Carro (1867) in-4°.

49. **Semur** (Côte d'Or) — Société des sciences historiques et naturelles (années 1874 à 1877 — Semur, Verdot, 4 vol., in-8°.

50. **Société** astronomique de France (années 1895-96) in-8°.

51. **Société** d'encouragement pour l'industrie nationale (années 1866 à 1874) — Paris, Bouchard-Huzard, 9 années, in-4°.

52. **Stanislas** (Académie de), années 1870-71-74-75 — Nancy, Berger-Levrault et Cie, 4 années, in-8°.

53. **Toulouse** — Société des sciences physiques et naturelles (années 1872-73-74) — Paris. Savy, 3 vol.,in-8°.

54. **Valenciennes** — Société d'agriculture, sciences et arts (années 1875 à 1879), 5 années, in-8°.

55. **Vitry-le-Français** — Société des sciences et arts (années 1867 à 1877 — Vitry, Bitsch, 11 années, in-18.

56. **Vosges** — Société d'émulation (années 1871-72-76-75) — Epinal, Collot, 5 vol., in-8°.

57. **Yonne** — Société des sciences historiques et naturelles (années 1871 à 1878) — Paris, Masson et fils — Durand et Pedone-Lauriel, 16 vol., in-8°.

58. **Société** des anciens élèves des Arts et Métiers — Annuaire de 1852 publié par le Comité — Paris, Napoléon Chaix et Cie (1852) in-8°.

59. **Société** Belfortaine d'Emulation (années 1894-95-96) in-8°, 3 vol.

____

LVIII.— Sociétés des Sciences naturelles.

____

1. **Belgique** (Annales de la Société entomologique de) — Paris, Deyrolle ; Bruxelles, Merzbach, années 1873 à 1878, 8 v., in-8°.

2. **Béziers** (Société d'études de sciences naturelles de) — Béziers, Rivière, années 1876 à 1878, in 8°, 3 années.

3. **Bordeaux** (Actes de la Société linnéenne de) — Bordeaux, Cadoret, années 1873 à 1879, in-8°, 7 années.

4. **Calvados** (Mémoires de la Société linéenne de) — Paris, Treuttel et Wurtz, 1825, in-8°.

5. **Colmar** (Société d'histoire naturelle de) — Colmar, V^{re} Camille Decker, 1860 à 1878, in-8°,, 11 v.

6. **Ethnographie** (Société d') — Comptes-rendus des séances, notices, rapports et instructions — Années 1887 à 1889, in-8°, 3 années.

7. **France** (Société entomologique de) — Année 1892, in-8°, 4 br.

8. **d°** (Société zoologique de) — Années 1876-77-78, in-8°, 3 br.

9. **Helvétique** (Société) des sciences naturelles, années 1876-1877 — Lausanne, Corbaz, in-8°.

10. **Lyon** (Annales de la Société linnéenne de) Années 1852 à 1878 — Lyon, Georg, in-8°, 7 v.

11. **Nimes** (Société d'études des sciences naturelles de) Années 1874 à 1879 — Nîmes, Clavel Ballivet et Cie, in-8°, 6 v.

12. **Nord** de la France (Société linnéenne du) Années 1868 à 1878 — Amiens, Lenoel Herouart, in-8°, 11 années.

13. **Normandie** (Société linnéenne de) Années 1874 à 1878 — Caen, Leblanc Hardel, in-8°, 3 v.

14. **Rochelle** (Académie des sciences naturelles de la) Années 1871 à 1878 — La Rochelle, Mareschal et Martin, in-8°, 8 années.

15. **Seine-et-Oise** (Societé des sciences naturelles et médicales de) Années 1865 à 1890 (années 1890 à 1895, mémoires, Aubert 1896, Versailles) Versailles, Vve Aubert (1891) in-8°, 3 v.

16. **Société** impériale zoologique d'acclimatation — Années 1857 à 1873, in-8°, 17 v.

17. **Toulouse** (Société d'histoire naturelle de) Années 1870 à 1879 — Toulouse, Bonnal et Gibrac, in-8°, 10 années.

18. **Société** des sciences naturelles de l'ouest de la France (années 1895-1896) — Paris, Klincksieck, 1896, in-8°, 2 années.

LIX. — Sociétés d'Agriculture et d'Horticulture

---

1. **Alger** (1878-79) — Alger, Aillaud et Cie, 2 années, in-8°.

2. **Coulommiers** (1865 à 1869) — Coulommiers, Moussin, 4 vol., in-8°.

3. **Douai** (1873 à 1878) — Douai, Lucien Crepin, 6 vol., in-8°.

4. **Doubs** (1868 à 1870) — Besançon, Dodivers, 3 années, in-8°.

5. **Epernay** — Société d'Horticulture (1873-74) 2 b., in-8°.

6. **Eure-et-Loir** — Société d'Horticulture (1859 à 1880), 22 années, in-8°.

7. **France** (Société des Agriculteurs de). Session générale du mois de février 1880, in-4°.

8.   d°   (Mémoires d'agriculture, d'économie rurale et domestique publiés par la Société Impériale et Centrale d'Agriculture de), années 1860 à 1872 — Paris, Vve Bouchard-Huzard, 5 vol., in-8°.

9.   d°   (Société Centrale d'Agriculture de), années 1865 à 1880 — Paris, Vve Bouchard-Huzard, 16 vol., in-8°.

10. **Gironde** — Nouvelles annales de la Société d'Horticulture de la Gironde — Bordeaux, Bonisjin, 14 années, in-8°.

11. **Loiret** — Bulletin de la Société horticole du Loiret — Orléans, Ernest Colas (1879) in-8°.

12. **Lyon** — Société Impériale d'Agriculture — Lyon, Barret (1856) in-8°.

13. **Marne** — Société d'Agriculture de la Marne (années 1841 à 1878), 37 années, in-8°.

14. **Maures** (les) — Société forestière des Maures (années 1866-67), 2 années, in-18.

15. **Meaux** — Société d'Horticulture de l'arrondissement de Meaux (années 1868 à 1872) — Meaux, Carro, 4 années, in-8°.

16. **Melun** et **Fontainebleau** — Société d'Horticulture des arrondissements de Melun et Fontainebleau (années 1865 à 1878), 12 bull., in-8°.

17. **Normandie** — Bulletin de la Société d'Horticulture et de botanique du centre de la Normandie (années 1868 à 1877) — Lisieux, Mme Lefevre-Lazage, 10 années, in-4°.

18. **Orange** — Société d'agriculture, sciences et arts, et Comice agricole de l'arrondissement d'Orange — Orange, Raphel fils, 3 années, in-8°.

19. **Orne** — Société d'Horticulture de l'Orne (années 1875 à 1879) — Alençon, de Broisse, 5 années, in-8°.

20. **Société** Nationale d'Agriculture (années 1849 et 1875 à 1881, 8 années, in-8°.

21. **Sud-Est** — Société d'Agriculture de l'Isère (années 1865 à 1879) — Grenoble, Prudhomme Dauphin et Dupont, 15 vol., in-8°.

22. **Vaucluse** — Société d'Agriculture et d'Horticulture de Vaucluse (années 1866 à 1876) — Avignon, Amédée Chaillot, 11 années, in-8°.

N.— Sciences Médicales.

N.-B.— Pour les Dictionnaires, voir: A. § III, page 7.

LX.— Histoire

1. **Beaunis** (H.) — L'Ecole du service de santé militaire de Strasbourg et la faculté de Médecine de Strasbourg, de 1856 à 1870 — Nancy, Berger-Levrault et Cie (1888) in-8°.

   d° De l'organisation du service sanitaire dans les armées en campagne (1870-71) in-8°.

2. **Begin** (E. A.) — Le Buchan français, nouveau traité complet de médecine usuelle et domestique à la portée des gens du monde — Nancy, Vincent et Cie (1839), 2 vol. in-8°.

3. **Bourneville** — L'Année médicale (13me année 1890) Résumé des progrès réalisés dans les sciences médicales — Paris, Lecrosnier et Babé (1891) in-18.

4. **Congrès** international de Thérapeutique et matière médicale tenu à l'Exposition universelle en en 1889 — Paris, imp. Nationale (1889) in-8°.

5. d° de Médecine vétérinaire — Paris, imp. Nationale (1889) in-8°.

6. d° d'Hydrologie et de Climatologie — Paris, imp. Nationale (1889) in-8°.

7. d° d'Hydrologie et de Climatologie. Compte-rendu de la première session. Biarritz 1886. — Paris, O. Doin (1887) in-4°.

8. **Demoget** et **Brossard** -- Etude sur la construction des Ambulances temporaires sous forme de baraquements et Hôpitaux civils permanents, suivi d'un essai sur les hôpitaux civils permanents.— Paris, Cerf (1871) in-8°.

9. **Euzière** (A.) — Aperçu critique sur le passé de l'Art médical — Marseille, Senès (1840) in-8°.

10. **Freind** (J.) — Histoire de la Médecine depuis Galien jusqu'au commencement du seizième siècle, traduite de l'anglais par Etienne Coulet — Leide, Langerak (1727) in-4°.

11. **Gosse** (L. A.) — Rapport sur les questions ethnologiques et médicales relatives au Pérou — Paris, Hennuyer (1861) in-8°.

12. **Guyon-Velpeau** — Discours prononcé à Tours le 30 octobre 1887, — Paris, Chamerot (1887) in-8".

13. **Guardia** (J.M.) — Histoire de la Médecine, d'Hippocrate à Broussais et ses successeurs — Paris, Octave Doin, 1884, in-18.

14. **Larrey** ·— Notice sur M. Montagne — Paris, Rozier (1866) in-8°.

15. **Laure** (F.) — Histoire Médicale de la Marine Française, de 1859 à 1862, pendant les expéditions de Chine et de Cochinchine.

Paris, Baillière et fils.   ⎰ 1864, in-8".
Toulon, Rumèbe.....   ⎱

16. **Mendelssohn** et **Richet** — Archives slaves de biologie — Paris (1886) in-4°.

17. **Molière** (Daniel) — De l'esprit médical de la chirurgie contemporaine — Lyon, Giraud, 1881, in-4°.

18. **Munaret** — Annuaire de l'économie médicale pour 1845 — Droits et devoirs du médecin. Dignité et progrès de la médecine — Paris (1835) in-32.

19. **Portanier** — La rage. Biographie et travaux de Pasteur — Notions générales, législation et police sanitaire — Nice, Viterbo, in-18.

20. **Simpson** — Des médecins attachés aux armées romaines. Traduction et note additionnelle par Buttura (2) — Paris, Thunot, in-8°.

21. **Spitalier** -- Projet d'assistance médicale dans les campagnes — Grasse, Imbert (1883) in-18.

22. **Statistique** médicale de l'armée, 1862 — Paris, Dumaine (1862) in-8".

23. **Statistique** sanitaire des villes de France et d'Algérie. Bulletins mensuels dressés par la direction de l'hygiène et de l'assistance publique (années 1892 à 1897) in-4°.

24. **Trebuchet** (A.) — Rapport général sur les travaux du Conseil d'hygiène publique et de salubrité du département de la Seine, depuis 1849 jusqu'à 1861 — Paris, Boucquin (1861-1864) 2 v., in-4°.

25. **Valcourt** (de) — Les institutions médicales aux Etats-Unis de l'Amérique du Nord — Paris, Delahaye (1869) in-8".

26.   d"   Conditions sanitaires des armées pendant les grandes guerres contemporaines — Paris, Germer-Baillière, in-8".

27. **Verneuil** — Six discours, 6 br., in-8°.

28.   d"   Eloge de C. A. Robert — Paris, Delahaye (1864) in-8°.

LXI.— Médecine Ancienne, jusqu'au XVIIIme siècle inclusivement.

---

1. **Baglivi Georgii** — Doctoris medici et in roman. Archilyc. anatomes profess — De praxi medicâ ad priscam observandi rationem revocanda, libri duo — Lugduni sumptibus Anisson et Joann Posuel (1699) in-8°.

2. **Baglivi Georgii** — Medic. Theoric. in romano Archilyc. prof. soc. reg. Lond. Acad. imp. Leop. socii — Tractatus de fibrâ motrice et morbosâ — Lugduni sumptibus Anisson et Joann. Posuel (1703) in-8°.

3. **Boerhaave** (H.) — De Cognoscendis et Curandis morbis aphorismi una cum ejusdem de materiâ medicâ et remediorum formulis libello ad singulos aphorismos digesto accedit ejusdem authoris tractatus de lue venereâ — Lovanii e Typographiâ academicâ (1765) in-18.

4. **Burnet** (Thomas) — Hippocrates contractus in quo magni hippocratis medicorum principis opera omnia, in brevem epitomen, summa diligentia redacta habentur — Studio et Opera Thomœ Burnet Lugduni Batavorum, Typis Cornelii Haak (1752) — Prostant Lovanii apud Joan. Franc. Van Overbeke sub signo Lampadis Aureœ — in-32.

5. **Caldanio** — Institutiones anatomicœ — Venetiis, sumptibus Jo : Antonii Pezzana (1791) 2 v., in-8°.

6.   d° Institutiones pathologicœ (1786) 2 v., in-8°.

7.   d° Institutiones physiologicœ (1786) 2 v., in-8°.

8. **Crantz** — Materiœ medicœ et chirurgicœ — Juxta systema naturœ digestœ — Vienne, Kraus (1765) 3 v., in-8°.

9. **Gregory** (Jacobo) — Conspectus medicinœ theoreticœ ad usum academicum — Venetiis apud Laurentium Basilicum (1794) 2 v., in-8°.

10. **Heisteri Laurentii** institutiones chirurgicœ in quibus quidquid ad rem chirurgicam pertinet optima et novissima ratione pertractatur, opus quadraginta fere annuorum — Amstelœdami apud Janssonio-Waesbergios cum privilegio ordinum hollandiœ et Westfrisiœ — 2 vol., in-4°.

11. **Lallemand** et **Pappas** — Aphorismes d'Hippocrate, traduits en français avec le texte en regard et des notes — Montpellier, Boehm et Cⁱᵉ (1839) in-32.

12. **Mead** (Richard) — Recueil des œuvres physiques et médicinales publiées en anglais et en latin, traduit en français par Coste-Bouillon (1774) tome 2ᵉ, in-8º.

13. **Mesmer** — Aphorismes. Ouvrage mis au jour par Caullet de Veaumorel — Paris (1785) in-8º.

14. **Mondeville** (Maître Henri de), chirurgien de Philippe-le-Bel, roi de France — Chirurgie composée de 1306 à 1320. Traduction française avec des notes, une introduction et une biographie, publiée sous les auspices du ministère de l'Instruction Publique, par Nicaise, avec la collaboration de St-Lager et Chavannes — Paris, Alcan (1893) in-4º.

15. **Murray** (Andrea) — Apparatus medicaminum tam simplicium quam prœparatorum et compositorum in praxeos adiumentum — Ticini (1787) 6 vol,, in-8º.

16. **Quarin** (Joseph) — Opuscula. Animadversiones practicœ in diversos morbos — Ticini, apud Balthassarem Comini (1792) in-18.

17. **Ramazzini** — Essai sur les maladies des Artisans. Traduit du latin avec des notes et des additions par de Fourcroy — Paris, Moutard (1777) in-18.

18. **Spielmann** Jac. Reinboldi. Institutiones materiœ medicœ prœlectionibus academicis accommodatœ argentorati apud Bauerum et Socium, bibliop. (1774) in-8º.

19. **Torti** Francisci Mutinensis, Therapeutice specialis ad febres quasdam perniciosas inopinato ac repenté Lethales una vero *china china* peculiari methodo ministrata sanabiles — Mûtinœ typis Bartholomœi Soliani impress duc, in-8º.

LXII.— Traités généraux et spéciaux.

1. **Aubert** (E.) — Traité de la science médicale (histoire et dogmes) — Germer-Baillière, Paris (1853) in-8º.

2. **Beaunis** (H.) — Claude Bernard, leçon d'ouverture Cours de physiologie.
Paris { Baillière et fils. / Berger Levrault et Cⁱᵉ. } 1878) in-8º.

3.   dº   Travaux du laboratoire de psychologie physiologique des hautes Etudes (à la Sorbonne) — Paris, Alcan (1893) in-8º.

4.   dº   Les [principes de la physiologie — Paris, Berger Levrault et Cⁱᵉ (1875) in-8º.

5. **Beaunis** et **Bouchard** — Précis d'anatomie et de dissection — Paris, Baillière et fils (1877) in-18.

6.   dº   Nouveaux éléments d'anatomie descriptive et d'embryologie (ouvrage illustré de 557 figures d'après nature et la plupart coloriées) — Paris, Baillière et fils (1894) in-4º.

7. **Bernhein** (H.) — Leçons de clinique médicale —
Paris { Baillière et fils. / Berger Levrault. } 1877) in-8º.

8. **Beyran** — Traité élémentaire de pathologie générale médicale et chirurgicale — Paris, Germer Baillière (1863) in-8º.

9. **Bichat** — Anatomie générale appliquée à la physiologie et à la médecine.
Paris { Brosson. / Gabon. } 1812) 4 v., in-8º.

10. **Bichat** et **Roux** — Traité d'anatomie descriptive —
Paris { Brosson. / Gabon. } 1803) 5 v., in-8º.

11. **Bouchardat** — Manuel de matière médicale, de thérapeutique et de pharmacie — Paris, Baillière (1857) 2 v., in-8°.

12. **Bouchat** (E.) — Traité pratique des maladies des nouveaux-nés et des enfants à la mamelle, précédé d'un précis sur l'hygiène et l'éducation physique des jeunes enfants — Paris, Baillière (1855)

13. **Bourget** — Précis de chirurgie pratique, contenant l'histoire des maladies chirurgicales et la manière le plus en usage de les traiter, avec des observations et remarques critiques sur différents points avec figures en taille douce — Paris, Vincent (1768) 2 v.

14. **Cadiat** — Leçons d'anatomie générale. Embryogénie. Tissus et spermes anatomiques — Paris, Vᵛᵘ Frédéric Henry (1878) in-4°.

15. **Capuron** (J.) — Traité des maladies des enfants jusqu'à la puberté — Paris, Crouillebois (1820) in-8°.

16. **Chaussier** et **Dutertre** — Recueil anatomique à l'usage des jeunes gens qui se destinent à l'étude de la chirurgie, de la médecine, de la peinture et de la sculpture — Paris, Chanson (1820) in-4".

17. **Cloquet** (J.) — Manuel d'anatomie descriptive du corps humain, représentée en planches lithographiées. Texte et planches — Paris, Bechet jeune (1825) 4 v.

18. **Cruveilhier** (J.) — Traité d'anatomie descriptive — Paris, Labé (1845) 4 v.

19. **Cullen** — Physiologie, traduite de l'anglais par M. Bosquillon — Paris, Barrois (1785).

20. **Delafaye** (George) — Principes de chirurgie — Paris, Cavelier, au Lys d'Or (1761).

21. **Delamare** (M.) — Précis de prophylaxie pratique — Paris, Carré (1894).

22. **Duval** (E.) — Traité pratique du pied-bot, avec préface du docteur Pean — Paris, Baillière (1891) in-8°.

23.   d°   Traité pratique et clinique d'hydrothérapie, préface par le professeur Peter — Paris, Baillière et fils (1888) in-8°.

24. **Graves** (R.J.) — Leçons de Clinique médicale précédées d'une introduction de M. le professeur Trousseau. Ouvrage traduit et annoté par le docteur Jaccoud — Paris, Delahaye (1862) 2 vol., in-8°.

25. **Grisolle** (A.) — Traité élémentaire et pratique de pathologie interne — Paris, Masson (1852) 2 vol., in-8°.

26. **Guérin** (A.) — Eléments de chirurgie opératoire ou traité pratique des opérations — Paris, Chamerot et Lauwerein (1869) in-18.

27. **Jaccoud** (S.) — Traité de pathologie interne — Paris, A. Delahaye (1869) 1ᵉʳ vol., in-8°.

28. **Klein** et **Variot** — Nouveaux éléments d'histologie, par Klein, traduits de l'anglais et annotés par Variot et précédés d'une préface de M. le professeur Robin — Paris, Doin (1885) in-18.

29. **Laulanié** — Programme développé du Cours de Physiologie — Paris, Asselin et Houzeau (1887) in-8°.

30. **Lavrand** (H.) — Manuel de propédeutique. Introduction par Desplats — Bruxelles, Manceaux (1889) in-18.

31. **Le Dran** (H. F.) — Traité des opérations de chirurgie — Osmont, Paris (1742) in-8°.

32. **Leudet** (T. E.) — Etudes de pathologie et de clinique médicales — Paris, Steinheil (1891) 3 vol., in-4°.

33. **Masse** — Petit atlas complet d'anatomie descriptive du corps humain — Paris, Mequignon-Marvis (1843) in-18.

34. **Malgaigne** — Traité des fractures et des luxations, avec atlas — Paris, Baillière (1855) 2 vol., in-8°.

35. **Morel et Villemin** — Traité élémentaire d'histologie humaine, normale et pathologique, précédé d'un exposé des moyens d'observer au microscope, accompagné d'un atlas de 34 planches, dessinées d'après nature — Paris, Baillière (1864) in-4".

36. **Mover** — Petit manuel de médecine pratique — Paris, Vermot, in-32.

37. **Moynac** (Léon) — Manuel de pathologie générale et de diagnostic, 3me édition -- Paris, Lauwereins (1883) in-18.

38.   d°   4me édition — Paris, Steinheil (1891) in-18.

39. **Nelaton** (A.) --- Eléments de pathologie chirurgicale — Paris, Baillière (1858) 5 v., in-8".

40. **Preyer** (W.) — Eléments de pathologie générale (traduit de l'allemand, par Soury) — Paris, F. Alcan (1884) in-8°.

41. **Rabuteau** (A.) — Eléments de thérapeutique et de pharmacologie — Paris, Lauwereins (1877) in-8°.

42. **Reis** --- La clef de la science de l'homme ou notions d'anatomie et de physiologie humaines, d'hygiène et de médecine, à l'usage des gens du monde — Paris, Dentu (1865) in-18.

43. **Robin** (Ch.) — Histoire naturelle des végétaux parasites qui croissent sur l'homme et sur les animaux vivants — Paris, Baillière (1853) in-8°.

44. **Sappey** — Manuel d'anatomie descriptive et de préparations anatomiques (Md) — Paris, Masson (1850) 2 v., in-12.

45.   d°   Edition 1855 (Md) in-12.

46. **Sappey** — Traité d'anatomie descriptive, avec figures intercalées dans le texte — Paris, Masson (1852) 2 v., in-18.

47. **Sydenham** — Médecine pratique, avec des notes, ouvrage traduit par Jault — Paris, Barrois le jeune (1784) in-8°.

48. **Tissot** — Œuvres complètes précédées d'un précis historique sur la vie de l'auteur et accompagnées de notes par Hallé — Paris, Allut (1813) 11 v., in-8°.

49. **Trousseau et Pidoux** — Traité de thérapeutique et de matière médicale, 2me édition — Paris, Bechet et Labbé (1841) 2 v., in-8°.

50.   d°   3me édition — Paris, Bechet jeune (1847) 2 v., in-8°.

51.   d°   Traité de thérapeutique et de matière médicale, 4me édition — Paris, Bechet jeune (1851) — 2 v., in-8°.

52. **Zimmermann** — Traité de l'expérience en général et en particulier dans l'art de guérir. Traduit de l'allemand par M. Lefebvre, de V.B. — Montpellier, Vve Picot (1818) 3 v., in8°.

LXIII. — Méthodes spéciales de Thérapeutique.

---

1. **Bachelier** — Exposé critique et méthodique de l'hydropathie ou traitement des maladies par l'eau froide — Pont-à-Mousson, Simon (1843) in-8°.

2. **Barth** et **Roger** — Traité d'auscultation, suivi d'un précis de percussion — Paris, Labé (1850) in-32.

3. **Beaunis** et **Binet** — Travaux du laboratoire de psychologie physiologique des hautes études à la Sorbonne, année 1892 — Paris, Alcan (1893) in-8°.

4. **Becquerel (A.)** — Traité des applications de l'électricité à la thérapeutique médicale et chirurgicale — Paris, Baillière (1857) in-8°.

5. **Bichat (X.)** — Recherches physiologiques sur la vie et la mort — Paris, Brosson (1805) in-8".

6. **Bigel** — Examen théorique et pratique de l'homeopathie. Matière médicale pure du docteur Hahnemann — Varsovie, Glucksberg (1827) 3 vol., in-8°.

7. **Brunner (F.A.)** — La médecine basée sur l'examen des urines, suivie des moyens hygiéniques les plus favorables à la guérison, à la santé et à la prolongation de la vie — Paris, Baillière et fils (1858) in-8°.

8. **Collongues** — Bioscope et Bioscopie — 2 b., in-8°.

9. d° Notice sur la science de la transpiration des mains chaudes — Nice, Gauthier et Cie (1883) in-32.

10. **Drouot** — Médecine positive. Eléments de médecine positive et de thérapeutique rationnelle — Paris, Brière (1871) in-8°.

11. **Durville** — Application de l'aimant au traitement des maladies — Paris (1887) in-8°.

12. **Federici** — L'hydrothérapie — Nice, Gauthier et Cie (1868) in-8°.

13. **Gilles (M.)** — La pratique du massage — in-4°.

14. **Jahr** — Nouveau manuel de médecine homeopathique — Paris, J.-B. Baillière (1855) 4 vol., in-18.

15. **Malgaigne (J. F.)** — Manuel de médecine opératoire fondée sur l'anatomie normale et l'anatomie pathologique — Paris, Baillière (1849) in-18.

16. **Mayer** (J.R.) — Mémoire sur le mouvement organique dans ses rapports avec la nutrition, traduit de l'allemand et suivi d'une note sur l'unité des forces et la définition de l'électricité par Louis Perard — Paris, Masson (1872) in-18.

17. **Paoli** (A.) — Les accidents de l'organisme et leurs soins d'après une nouvelle méthode — Paris, Octave Doin (1884) in-8°.

18. **Paquet** (F.) — Eléments de thérapeutique dosimétrique — Paris, in-4°.

19. **Poggi** (A.) — L'unité des maladies et l'unité des remèdes, étude physiologique, étiologique, thérapeutique et prophylactique — Paris, Masson (1890) in-8°.

20. **Prévost** (J. L.) — Antagonisme physiologique — Genève, Georg (1878) in-8°.

21. **Szapary** (le Comte de) — Magnétisme et magnétothérapie. Le gyro-magnétisme — Paris, Dentu (1854) in-8°.

22. **Verneuil** — La réunion immédiate — Londres, Kolckmann (1881) in-8°.

23. d° La forci-pressure — Paris, Masson (1875) in-8°.

24. **Homeopathie** (Congrès d'), tenu à l'Exposition universelle en 1889 — Paris, Imp. Nationale (1889) in-8°.

LXIV.— Système Osseux et Musculaire.

Dermathologie — Syphiligraphie.

---

1. **Acquérin** — Contribution à l'étude médico-légale de la paralysie générale — Paris, Henri Jouve (1891) in-4°.

2. **Auzias-Turenne** — De la syphilisation ou vaccination syphilitique (H) — Paris, Rignoux (1851) in-8°.

3. **Aribaud** — Considérations sur le Tetanos et son traitement — Lyon, Assoc.ᵒⁿ Typog. (1879) in-8°.

4. **Barazer** (Jean Laurent) — De la mort dans la paralysie générale — Paris, Ollier Henry (1890) in-4°.

5. **Bazin** (E.) — Leçons théoriques et cliniques sur les affections génériques de la peau, rédigées et publiées par Baudot — Paris, Delahaye (1862-1865) 2 v., in 8°.

6. **Bégin** (M.E.) — Du vin dans les différentes formes de l'anémie et dans la goutte atonique — in 8°.

7. **Blocq** (P.) — Des contractures : Contractures en général — La contracture spasmodique — Les pseudo-contractures — Paris, Delahaye et Lecrosnier (1888) in-8°.

8. **Broussais** — Histoire des phlegmasies ou inflammations chroniques, fondée sur de nouvelles observations de clinique et d'anatomie pathologique — Paris, Gabon et Cⁱᵉ (1826) 3 v., in-8°.

9. **Calvy** — Du rhumatisme articulaire aigü — Paris, Mignoux (1845) — in-4°.

10. **Chauveau** (Jean) — Les tics coordonnés avec émission brusque et involontaire de cris et de mots articulés — Rochefort s/m (1888) in-4°.

11. **Collongues** — Le bioscope appliqué à la mesure des fonctions de la sécrétion cutanée ou de l'état hygrométrique de la peau — Paris, Baillière (1876) in-8°.

12. dᵒ Diagnostic des paralysies par l'auscultation des bruits et des sons perçus au bout des doigts — Nice, Malvano et Cⁱᵉ (1877) in-8°.

13. dᵒ Dermoscope et Dermoscopie — 10 b., in-8°.

14. **Decaisne** (Gaston) — Des paralysies corticales du membre supérieur, monoplégies brachiales — Paris, Bai'lière et fils (1879) in-8°.

15. **Depoux** — Cinq observations d'ataxie locomotrice, guérie par les injections de liquide organique d'après la méthode Brown-Sequard — Paris, (1894) in-8°.

16. **Duhamel** (P.L.A) — De l'aphasie au début de la paralysie générale — Paris, Parent (1885) in-8°.

17. **Fabre** — Traité des maladies vénériennes — Paris, Barrois (1872) in-8°.

18. **Fabre de Parrel** — Quelques phénomènes accessoires dans la paralysie générale — Paris, Parent (1879) in-4°.

19. **Fourquet** — Contribution à l'étude de la sciatique reflexe, chez l'homme et chez la femme, dans les organes génitaux — Bordeaux, Imp. du Centre (1890) in-4°.

20. **Garin** (H.) — Du traitement de la chorée, spécialement par l'arsenic et les injections hypodermiques de liqueur de Fowler — Paris, Baillière et fils (1879) in-8°.

21. **Hayem** (G.) — Etudes sur les diverses formes d'encéphalites. Anatomie et physiologie pathologiques — Paris, Delahaye (1868) in-18.

22. **Hunter** (Jean) — Traité des maladies vénériennes, traduit de l'anglais par Audiberti — Paris, Mequignon l'aîné (1787) in-8°.

23. **Lagardelle** (F.) — Des accidents convulsifs dans la paralysie générale progressive — Paris, Maloine (1869) in-8°.

24. **Landouzi** (Louis) — Contribution à l'étude des convulsions et paralysies liées aux meningo-encephalites fronto-pariétales — Paris, Baillière et fils (1876) in-8°.

25. **Lemaitre** (Victor) — Considérations sur la paralysie générale de longue durée — Paris, Parent (1879) in-4°.

26. **Lipkau** — Exposé sommaire du baunscheidtisme ou méthode curative nouvelle basée sur la nature seule sans médication interne ni externe des maladies rhumatismales, etc. (2) — Paris, Lebon (1860) in-8°.

27. **Lober** — Paralysies, contractures, affections douloureuses de cause psychique — in-8°.

28. **Marmonier** — Diagnostic différentiel des myélites, avec de nombreux tableaux synoptiques — Paris, Masson (1880) in-4°.

29. **Mermet** (L. G.) — Du Pemphigus dans les névroses — Paris, Parent (1877) in-4°.

30. **Philip** — Contribution à l'étude des paralysies consécutives aux entorses tibio-tarsiennes — Montpellier, Boehm et fils (1882) in-4°.

31. **Philipeaux** — De la valeur et des indications de la rupture des ankyloses et du rétablissement consécutif des mouvements (2) — Lyon, Vingtrinier (1865) in-8°.

32. **Raynaud** (J. M.) — Du purpura hœmorrhagica idiopathique -- Montpellier, Cristin et Cie (1866) in-4°.

33. **Sibut** — De l'atrophie cérébrale partielle d'origine périphérique — Paris, Baillière et fils (1890) in-8°.

34. **Verneuil** — Laryngopathies syphilitiques graves — Paris, Masson (1876) in-18.

35. d° Sur le traitement de la syphilis — Paris, Doin (1887) in-8°.

36. d° Des éruptions cutanées chirurgicales — Paris, Masson, in-8°.

37. d° Nature et origine du Tétanos — Paris (1888) in-8°.

38. **Dermatologie et Syphiligraphie** (Congrès International de) tenu à l'Exposition universelle en 1889 — Paris, Imp. Nationale (1889) in-8°.

LXV. — Système Nerveux — Magnétisme, Hypnotisme — Maladies mentales.

1. **Abercrombie** (Jean) — Des maladies de l'encéphale et de la moelle épinière — Paris, Germer-Baillière (1835) in-8°.

2. **Amariah Brigham** — Remarques sur l'influence de la culture de l'esprit et de l'excitation mentale sur la santé, avec des notes par Robert Magnish, traduit de l'anglais par Mme la comtesse de Rohaut, avec table indiquant l'âge atteint par les principaux hommes de lettres des temps anciens et modernes — Bruxelles (1888) in-32.

3. **Arthuis** — Traitement des maladies nerveuses, affections rhumatismales, maladies chroniques, par l'électricité statique — Paris, Delahaye (1880) in-8°.

4. **Ballet** (Gilbert) — Recherches anatomiques et cliniques sur le faisceau sensitif et les troubles de la sensibilité dans les lésions du cerveau — Paris, Delahaye et Lecrosnier (1881) in-8°.

5. **Beaunis** (H.) — Recherches expérimentales sur les conditions de l'activité cérébrale et sur la physiologie des nerfs : v. i Secrétion urinaire. v. ii. Somnambulisme provoqué — Paris, Baillière et fils (1884-86) 2 v., in-4°.

6.   d° L'évolution du système nerveux — Paris, Baillière et fils (1890) in-18.

7.   d° Le somnambulisme provoqué, études physiologiques et psychologiques — Paris, Baillière et fils (1887) in-18.

8. **Bernard** (M.) — De la Dysurie symptomatique du système nerveux — Montpellier, Cristin et Cie (1872) in-4°.

9. **Billod (E.)** — Des maladies mentales et nerveuses, pathologie, médecine légale, administration des asiles d'aliénés, etc. — Paris, Masson (1882) 2 vol., in-8°.

10. **Bonnet (Henry)** — Philosophie et physiologie cliniques de l'aliénation mentale — Paris, Masson (1882) in-8°.

11. **Bourdin** — Hallucination, illusions — Paris, de Lamothe (1879) in-8°.

12. **Boyer (H. de)** — Etudes cliniques sur les lésions corticales des hémisphères cérébraux — Paris, Delahaye et Cie (1879) in-8°.

13. **Brierre de Boismont** — Du suicide et de la folie-suicide — Paris, Germer Baillière (1865) in-8".

14. **Calmey** — Traité des maladies inflammatoires du cerveau — Paris, Baillière et fils (1859) 2 vol., in-8".

15. **Carrier (A.)** — Etude sur la localisation dans le cerveau de la faculté du langage articulé — Paris, Germer-Baillière et fils (1859) 2 vol., in-8".

16. **Charpy (A.)** — Cours de splanchnologie. Les centres nerveux — Montauban, Guillau (1889) in-8".

17. **Coste (L.)** — Conférence sur l'hypnotisme — Paris, Baillière et fils (1889) in-8°.

18. **Crosnier** — Des névralgies et de leur traitement par les pilules antinévralgiques (8) — Paris, Levasseur (1864) in-18.

19. **Cullerre (A.)** — Les frontières de la folie — Paris, Baillière et fils (1888) in-18.

20. **Daumas** — Considérations sur le suicide — Paris, Rignaux (1851) in-4°.

21. **Delbœuf (J.)** — De l'origine des effets curatifs de l'hypnotisme — Paris, Alcan (1887) in-8°.

22. **Dujardin-Beaumetz** — Leçons de Clinique thérapeutique des maladies du système nerveux — Paris,
O.Doin (1883) in-8°.

23. **Duval** (Jules) — Gheel ou une colonie d'aliénés vivant
en famille et en liberté ; étude sur le patronage
familial, appliqué au traitement des maladies mentales — Paris, Hachette et Cⁱᵉ (1867) in-18.

24. **Fabret** (Jules) — Les aliénés et les asiles des aliénés.
Assistance, législation et médecine légale —
Paris, Baillière et fils (1890) in-8°.

25.   d° Etudes cliniques sur les maladies mentales
et nerveuses — Paris, Baillière et fils (1890)
in-8°.

26. **Foissac** (F.) — Les localisations cérébrales ou la tête
de Bichat devant la Société anthropologique — Paris,
Baillière et fils (1878) in-8°.

27. **Foville** (A.) — Observations d'hémiplégie coïncidant
avec la paralysie générale des aliénés — Paris,
Asselin et Cⁱᵉ (1879) in-8°.

28. **Fromentel** (H. de) — Les synalgies et les synesthésies,
étude de physiologie nerveuse -·- Paris, Masson
(1888) in-4°.

29. **Gassilloud** — La commotion, la compression et la
contusion du cerveau — Montpellier, Martel aîné
(1830) in-4°.

30. **Gavoy** (E.) — Morphologie du cerveau pour l'étude
des localisations des centres excitomoteurs des
hémisphères et de l'opération du trépan — Alger,
Aillaud et Cⁱᵉ, in-8°,

31. **Hirtz** (Lucien) — Manifestations cérébrales dans
les affections cardiaques — Paris, Parent (1877)
in-4°.

32. **Hugues** — Les lésions traumatiques de l'acephale — Montpellier, Martel aîné (1834) in-4°.

33. **Imbert de la Touche** — Traitement de la neurasthénie par l'action combinée de l'électricité et de la médication hypodermique — Paris, Baillière et fils (1895) in-8°.

34. **Isnard (Ch.)** — De l'arsenic dans la pathologie du système nerveux, étude sur la médication arsenicale — Paris, V. Masson et fils (1865) in-8°.

35. **Lagardelle** — De l'orgueil et de la folie — Paris, Morgand (1869) in-18.

36. **Legrand du Saulle** — Le délire des persécutions — Paris, Plon (1871) in-8°.

37. **Legroux** et de **Brun** — Des troubles de la sensibilité dans l'hémyplégie de cause cérébrale — Paris, Baillière et fils (1884) in-8°.

38. **Luys (J.)** — Leçons cliniques sur les principaux phénomènes de l'hypnotisme dans leurs rapports avec la pathologie mentale — Paris, Carré (1890) in-8°.

39. d° Des obsessions pathologiques dans leurs rapports avec l'activité automatique des éléments nerveux — Paris, Baillière et fils (1883) in-8°.

40. **Magnan (V.)** — Leçons cliniques sur les maladies mentales — Paris, Lecrosnier et Babé (1891) in-8°.

41. **Mathieu (A.)** — Essai sur les indications semeiologiques qu'on peut tirer de la forme des écrits des épileptiques — Lyon, Storck (1890) in-4".

42. **Max-Simon** — Les maladies de l'esprit (c) — Paris, Baillière et fils (1891) in-32.

43. d° Hygiène de l'esprit au point de vue pratique de la préservation des maladies mentales et nerveuses (a) — Paris, Baillière et fils (1881) in-18.

44. **Meynert** (Th.) — Psychiatrie. Clinique des maladies du cerveau antérieur, basée sur sa structure, ses fonctions et sa nutrition, ouvrage traduit par Cousat — Bruxelles, Manceaux (1888) in-4°.

45. **Poincaré** — Leçons sur la physiologie normale et pathologique du système nerveux.
Paris { Baillière et fils. / Berger Levrault. } 1873) in-8°.

46. **Raymond** (F.) — Maladies du système nerveux. Atrophies musculaires et maladies amyotrophiques — Paris, Doin (1889) in-8°.

47. **Ritti** (Ant.) — Théorie physiologique de l'hallucination — Paris, Baillière et fils (1874) in-8°.

48. **Spitalier** — La nephrite aigüe — Paris, Rignoux (1837) in-4°.

49. **Tissié** (Ph.) Les rêves. Physiologie et pathologie — — Paris, Alcan (1890) in-18.

50. **Trumet de Fontarce** — Pathologie clinique du grand sympathique, étude basée sur l'anatomie et la physiologie — Paris, Baillière et fils (1880) in-4°.

51. **Voisin** (A.) — Traité de la paralysie générale des aliénés — Paris, Baillière et fils (1879) in-4°.

52. **Voisin** (F.) — Des causes morales et physiques des maladies mentales et de quelques autres affections nerveuses, telles que l'hystérie, la nymphomanie et le satyriasis — Paris, Baillière (1826) in-8°.

LXVI.— Appareil circulatoire.

1. **Bouillaud** (J.) — Traité clinique des maladies du cœur, précédé de recherches nouvelles sur l'anatomie et la physiologie de cet organe — Paris. Baillière (1841) 2 v., in-8°.

2 . **Bucquoy** (J.) — Leçons cliniques sur les maladies du cœur — Paris, Delahaye (1879) in-8°,

3 . **Dujardin-Beaumetz** — Leçons de clinique thérapeutique. Traitement des maladies du cœur et de l'aorte — Paris, O. Doin (1878) in-8°.

4 . **Laurent** (A.E.) — Modifications des bruits du cœur dans la cirrhose du foie — Paris, Delahaye (1880) in-8°.

5 . **Lecorché** — Des altérations athéromateuses des artères — Paris, Delahaye (1869) in-8°.

6 . **Robin** (Ch.) — Leçons sur les humeurs normales et morbides du corps de l'homme, professées à la faculté de médecine de Paris — Paris, Baillière et fils (1867) in-8°.

7 . **Sée** (Camille) — Traité des maladies du cœur. Etiologie et clinique. Thérapeutique physiologique — Paris { Lecrosnier et Babé (1889) tome I. / Bataille et Cⁱᵉ (1893) tome II. } 2 v., in-8°.

8 . **Verneuil** — De la filipuncture, ou introduction et abandon des corps étrangers, filiformes dans le sac des anévrismes (méthode de Moore) — Paris, Masson (1888) in-8°.

9 .   d°   Le système veineux — Paris, Germer Baillière (1853) in-8°.

LXVII.— Appareil digestif.

---

1 . **Baraduc** (H.) — Du lavage électrique et de la faradisation intra-stomacale dans la dilatation de l'estomac fonctionnelle (maladie de Bouchard) — Paris, Bardou (1889) in-8°.

2 . **Bayard** (T.) — Traité pratique des maladies de l'estomac — Paris, G. Masson (1872) in-8°.

3. **Beaunis** — Remarque sur un cas de transposition générale des viscères — Paris, Berger-Levrault et Cⁱᵉ (1874) in-8º.

4. **Bruhl** (J.) — De la splénomégalie primitive — Paris, Asselin et Houzeau (1891) in-8º.

5. **Cabrol** — L'hépatite aigüe et chronique — Paris, Didot jeune (1832) in-4º.

6. **Collongues** — Spécialité des maladies de l'estomac et du foie par la bioscopie — Cusset, Arloing et Bouchet (1895) in-8º.

7.   dº   Traité de biothérapie — Maladies de l'estomac, du foie, de la digestion et de la nutrition — Cusset, Arloing et Bouchet (1895) in-32.

8. **Doussan** — Des corps étrangers arrêtés dans l'œsophage — Paris, Didot jeune (1831) in-4º.

9. **Fontan** (J.) — Traitement des hémorrhoïdes par la dilatation forcée des sphincters de l'anus — Paris, Baillière et fils (1877) in 8º.

10. **Glénard** — Des résultats objectifs de l'exploration du foie chez les diabétiques — Paris, Masson (1890) in-8º.

11. **Gosse** père — Des Trichines spirales. Des accidents maladifs qu'elles engendrent et des moyens de les combattre ou de les prévenir — Genève, Cherbuliez (1866) in-18.

12. **Petrequin** — De l'emploi thérapeutique des lactates alcalins dans les maladies fonctionnelles de l'appareil digestif (2).
Paris, Savy... / Lyon, Mégret. } 1862, in-8º.

13.   dº   Edition 1864 (2) — Paris, Delahaye (1864) in-8º.

14. **Roustan** — Dissertation sur l'hépatite aigüe — Paris, Didot jeune, in-4°.

15. **Sue (G.)** — Aperçu sur les pneumatoses intestinales — Paris, Didot jeune (1816) in-4°.

16. **Verneuil** — Résection du Coccyx pour faciliter la formation d'un anus périnéal dans les imperfections du rectum — in-8°.

17. **Zimmermann** — Traité de la dysenterie, traduit de l'allemand par M. Lefebvre de Villebrune — Paris, Barrois (1775) in-18.

LXVIII. — Appareil respiratoire.

---

1. **Bachelet (L.)** — De l'Ischémie cérébrale — Paris, Parent (1868) in-8°.

2. **Bennet (J. Henry)** — Recherches sur le traitement de la phthisie pulmonaire par l'hygiène, les climats et la médecine dans ses rapports avec les doctrines modernes — Paris, Asselin (1874) in-8°.

3. **Bernard (J.-B.)** — Essai sur la phthisie pulmonaire tuberculeuse — Montpellier, J. Martel jeune (1832) in-4°.

4. **Brémond et Gouel** — Traitement de la phthisie pulmonaire par l'huile essentielle de térébenthine — Paris, Mason (1886) in-8°.

5. **Cavasse** — Essai sur les fractures traumatiques des cartilages du larynx — Paris, Rignoux (1859) in-4°.

6. **Czermak (J. N.)** — Du laryngoscope et de son emploi en médecine et en physiologie — Paris, Baillière et fils (1860) in-8°.

7. **Fonssagrives** (J.-B.) — Thérapeutique de la phthisie pulmonnaire basée sur les indications ou l'art de prolonger la vie des phthisiques par les ressources combinées de l'hygiène et de la matière médicale — Paris, Baillière et fils (1866) in-8°.

8. **Fournié** (E.) — Etude pratique sur le laryngoscope et sur l'application des remèdes topiques dans les voies respiratoires — Paris, Delahaye (1863) in-8°.

9. **Garel** (J.) — Traitement des polypes du nez au moyen de l'anse galvano-caustique, s.l.n.d., in-8°.

10. **Gimbert** — Etude sur l'étiologie et la nature de la phthisie — Paris, Asselin (1868) in-8°.

11. d° De l'emploi du chlorate de potasse dans certaines formes de la phthisie pulmonaire — Paris, Cusset, in-8°.

12. d° Pleurésie purulente chez un enfant de onze ans. Empyème final. Guérison — Cannes, Vidal (1875) in-8°.

13. **Gouguenheim** (A.) — Maladies de l'oreille, du larynx, du nez et du pharynx — Paris, Masson (1887) in-8°.

14. **Guirard** — Hygiène du tuberculeux — Paris, Rignoux (1854) in-4°.

15. **Hahn** (Henri) — De la méningite tuberculeuse étudiée au point de vue clinique — Paris, Masson (1853) in-8°.

16. **Hayem** (G.) — Des bronchites. Pathologie générale et classification — Paris, Delahaye (1869) in-8°.

17. **Herard** et **Cornil** — De la phthisie pulmonaire. Etude anatomo-pathologique et clinique — Paris, Baillière (1867) in-8°.

18. **Jaccoud** (S.) — Curabilité et traitement de la phthisie pulmonaire — Paris, Delahaye et Crosnier (1881) in-8°.

19. **Lacaze** (P.F.) — La phthisie syphilitique — Paris, Parent (1870) in-4°.

20. **Lauger** — La phthisie pulmonaire — Montpellier, Martel aîné (1845) in 4°.

21. **Lebert** (H.) — Traité clinique et pratique de la phthisie pulmonaire et des maladies tuberculeuses des divers organes — Paris, Delahaye et Cie (1879) in-8°.

22. **Leuctet** — De la fièvre des phthisiques — Paris, Germer Baillière (1869) in-8°.

23. **Mandl** (L.) — Maladies du larynx et du pharynx — Paris, Baillière et fils (1872) in-8°.

24. **Morel Mackenzie** (Traduit de l'anglais par Nicolas) — Du laryngoscope et de son emploi dans les maladies de la gorge, avec un appendice snr la rhinoscopie — Paris, Baillière et fils (1867) in-8°.

25. **Moura** — Traité pratique de laryngoscopie et de rhinoscopie, suivi d'observations — Paris, Delahaye (1865) in-8°.

26. **Pidoux** (H.) — Etudes générales et pratiques sur la phthisie, ouvrage auquel la faculté de médecine de Paris a décerné le prix Lacaze — Paris, Asselin (1874) in-8°.

27. **Piétra Santa** — Les climats du Midi de la France, mission scientifique ayant pour objet d'étudier leur influence sur les affections chroniques de la poitrine (7) — Paris, Baillière et fils (1862) in-18.

28. **Roustan** (A.) — Recherches sur l'inoculabilité de la phthisie — Paris, Delahaye (1867) in-8°.

29. **Tamin-Despalles** — De la phthisie pulmonaire (pneumo-phymie) — Paris, Dupray de la Mahérie (1863) in-8".

30. **Thaon** (L.) — Les voyages en mer et les poitrinaires — Paris, O. Berthier (1884) in-8º.

31. **Thomas** — Traitement spécial des voies respiratoires — in-18.

32. **Turck** (L.) — Méthode pratique de laryngoscopie — Paris, Baillière et fils (1861) in-8º.

33. **Walter H. Walshe** — Traité clinique des maladies de la poitrine, traduit et annoté par Fonssagrives — Paris, Masson et fils (1870) in-8º.

34. **Woillez** (E.) — Traité clinique des maladies aigues des organes respiratoires — Paris, A. Delahaye (1872) in-8º.

35. **Vaudremer** (A.) — Des meningites suppurées non tuberculeuses — Dijon, Darantière (1893) in-4".

36. **Verneuil** — De la Lymphe du professeur Robert Koch dans le diagnostic des tuberculoses chirurgicales — Paris, Levé (1891) in-8º.

37.   d° . Etudes expérimentales et cliniques sur la tuberculose — Paris, Masson (1888) in-8".

38.   d°   Polypes nasaux et naso-pharyngiens — Paris, Masson (1860) in-8".

39.   d°   Tumeur érectile de la pituitaire — Paris, Masson (1875) in-18º.

40. **Otologie et Laryngologie** (Congrès d') tenu à l'Exposition universelle en 1889 — Paris, Imp. Nationale (1889) in-8º.

LXIX.— Maladies virulentes, épidémiques — Vaccine

1. **Bailly** (E.M.) — Traité anatomico-pathologique des fièvres intermittentes, simples et pernicieuses, fondé sur des observations cliniques, sur des faits de physiologie et de pathologie comparées, sur des autopsies cadavériques et sur des recherches statistiques --- Paris, Gabon et Cie (1825) in-8".

2. **Barrallier** (A.M.) — Du typhus épidémique et histoire médicale des épidémies de typhus, observées au bagne de Toulon en 1855 et 1856 — Paris, Baillière et fils (1861) in-8°.

3. **Belleville** (E.) — La rage au point de vue physiologique — Toulouse, Meissonnier père et fils (1873) in-8°.

4. **Bertillon** (J.) — La grippe à Paris et dans quelques autres villes de France et de l'étranger en 1889-1890 — Paris, imp. Municipale (1892) in-4°.

5. **Bonjean** (J.) — Le choléra. les diarrhées cholériformes et les affections nerveuses de l'estomac et des intestins — Chambéry (1892) in-18.

6. **Bousquet** — Nouveau traité de la vaccine et des éruptions varioleuses — Paris, Baillière (1848) in-8".

7. **Cayol** — Instruction pratique sur le régime et le traitement du choléra-morbus épidémique au printemps de 1832 — Paris, Gabon (1832) in-8°.

8. **Choléra-morbus** (le) — Rapport de l'Académie royale de médecine — Paris, imp. Royale (1831) in-8°.

9. **Choléra-morbus** — Leçons faites au Collège de France par M. F. Magendie, recueillies et publiées avec son autorisation par MM. Cadrès et Prévost — Paris, Mequignon Marvis (1832) 2 v., in-8°.

10. **Chomel** (A. F.) — Des fièvres et des maladies pesti-
lentielles — Paris. Crochard (1821) in-8".

11. **Dominique** (A.) — Le choléra à Toulon. Etude historique, statistique et comparative des épidémies de
1835, 1847, 1854, 1865 et 1884 — Toulon, Isnard
et Cie (1885) in-8°.

12. **Duboué** — De l'Impaludisme — Paris, Coccoz (1867)
in-8°·

13. **Dupuytren** — Siège, nature et traitement du choléra-
morbus. Lettre et leçon recueillies et publiées par
MM. A.Paillard et Marx — Paris,Baillière (1832) in-8°.

14. **Gandoger de Foigny** — Traité pratique de l'inoculation.
> Nancy, Leclerc.
Paris, Merlin .. 1768, in-8°.

15. **Gazagnaire** — Instruction pratique et populaire sur
le choléra-morbus épidémique, son traitement et ses
moyens préservatifs — Grasse, Dufort aîné (1835)
in-8°.

16. **Girode** — Quelques faits d'ictère infectieux — Paris,
Asselin et Houzeau (1891) in-8°.

17. **Gruzu** — Notes historiques sur l'inoculation et la
vaccination—Cannes,Figère et Guiglion (1892) in-18.

18. **Larrey** (Baron) — Mémoire sur le choléra-morbus —
Paris, Baillière (1831) in-18.

19. **Magne** — Essai sur le choléra-morbus observé à Paris
— Paris, Didot jeune (1832) in-4".

20. **Marchal** — Des épidémies (h) — Paris,Baillière (1852)
in-8°.

21. **Michel** — Essai sur les fièvres intermittentes — Paris,
Didot jeune (1831) in-4°.

22. **Mollière** (Daniel) — De la gangrène gazeuse, étiologie — Lyon, Giraud (1882) in-8".

23. **Moty** (F.) — Sur une épidémie de pourriture d'hôpital — Paris, Parent (1872) in-8°.

24. **Nivet** (V.) — Notice historique sur les épidémies de l'arrondissement de Clermont — Clermont-Ferrand, Thibaud (1869) in-8°.

25. **Piorry** — Mémoire sur le traitement de la variole ou variosie et sur les moyens de rendre la contagion de ce mal plus difficile — Paris, Martinet, in-8".

26.   d°   Rapport sur les épidémies qui ont régné en France de 1830 à 1836 — Paris, Baillière (1837) in-4°.

27. **Proust** (A.) — La défense de l'Europe contre le choléra — Paris, Masson (1892) in-8°.

28. **Ranque** — Mémoire sur un nouveau traitement du choléra-morbus et des affections typhoïdes — Paris, Baillère (1831) in-8".

29. **Verneuil** — L'épidémie de suette observée en 1849 dans le département de l'Oise (1852) in-8".

30. **Verneuil et Petit** — Du paludisme considéré au point de vue chirurgical. Asphyxie locale et gangrène palustre — Paris, Alcan (1883) in-8".

LXX.— Obstétrique — Gynécologie
Maladies des enfants.

---

1. **Abeille** — Fibromes interstitiels de l'utérus ; de leur guérison au moyen de l'hysterotomie ignée par les voies naturelles, avec figures dans le texte et planches à part pour l'instrumentation — Paris, Vve A. Delahaye et Cie (1878) in-4°.

2. **Astruc** (J.) — L'art d'accoucher réduit à ses principes ; où l'on expose les pratiques les plus sûres et les plus usitées dans les différentes espèces d'accouchements — Paris, Cavelier, au Lys d'or (1771) in-32.

3. **Augé** (A.) — Dissertation sur la leucorrhée — Paris, Didot jeune (1832) in-4°.

4. **Capuron** (J.) — Cours théorique et pratique d'accouchements — Paris, Croullebois (1816) in-8".

5. **Cazeaux** (P.) — Traité théorique et pratique de l'Art des accouchements, comprenant l'histoire des maladies qui peuvent se manifester pendant la grossesse et le travail, etc. — Paris, Chamerot (1862) in-8°.

6. **Charpentier** — Rapport annuel de la Commission permanente de l'hygiène de l'enfance — Paris, Masson (1891) in-8".

7. **Colin** (E.) — Considérations sur l'hygiène des femmes grosses (4) — Montpellier, Dumas (1851) in-8".

8. **Fioupe** — Lymphatiques uterins et parallèle entre la lymphangite et la phlébite utérines (suites de couches) 2) — Paris, Baillière et fils (1876) in-8°.

9. **Gosse** — Considérations hygiéniques sur les layettes et les berceaux, in-8°.

10. **Hygiène** et éducation physique de la deuxième enfance (2 à 6 ans) — Paris (1882) in-18.

11. **Malgat** — Essai sur l'élevage des enfants en Angleterre — Nice, Malvano-Mignon (1894) in-18.

12. **Martinenq** (L.) — De la fièvre puerpérale et des principes de l'hygiène et de l'organisme appliqués à la solution de cette question — Paris, Baillière et fils (1860) in-8".

13. **Nils Rosen de Rosenstein** — Traité des maladies des enfants, traduit du suédois par Lefebvre de Villebrune — Paris, Cavelier (1778) in-8°.

14. **Penard** (L.) — Guide pratique de l'accoucheur et de la sage-femme — Paris, Baillière et fils (1862) in-32.

15. **Puel** (B.) — Essai sur l'hémorrhagie utérine après l'accouchement — Montpellier, Martel aîné (1832) in-4°.

16. **Verneuil** — De l'influence réciproque de la grossesse et du traumatisme — Genève, Ramboz et Schuchardt (1877) in-8°.

17. **Villiers** (de) et **Vallin** — Rapports annuels, 1885, 1888, de la Commission permanente de l'hygiène de l'enfance — Paris, Masson, 2 b., in-8°.

18. **White** (Ch.) — Avis aux femmes enceintes et en couches, ou traité des moyens de prévenir et de guérir les maladies qui les affligent dans ces deux états — Paris, Vincent (1774) in-18.

LXXI.— Organes genito-urinaires

1. **Chataing** (E.) — De l'anurie et de l'oligurie hystériques — Paris, Parent (1880) in-8°.

2. **Clément** (E.) — Dissertation sur les maladies des organes générateurs de l'homme, proprement dits — Montpellier, Martel aîné (1830) in-4°.

3. **Cocteau** — Des fistules urétrales chez l'homme (2) Paris, Baillière et fils (1869) in-8°.

4. **Dubouchet** (D.) — Nouveau traité des rétentions d'urine et des rétrécissements du canal de l'urêtre — Paris, Baillière (1836) in-18.

5. **Jozan** (E.) — D'une cause fréquente d'épuisement prématuré. Traité pratique des pertes séminales à l'usage des gens du monde — Paris, Masson (1866) in-18.

6. **Jozan** — Traité pratique des maladies des voies urinaires et des organes générateurs de l'homme, spécialement destiné aux gens du monde — Paris, Garnier frères (1881) in-18.

7. **Tagnard** (R.) — Considérations sur le traitement de l'incontinence nocturne d'urine à propos de quelques cas guéris par la circoncision — Montpellier, J. Martel aîné (1872) in-4".

8. **Tissot** — L'onanisme, dissertation sur les maladies produites par la masturbation — Lausanne, Chapuis et Cⁱᵉ (1764) in-18.

LXXII. — Ophtalmologie, Odontologie, Troubles de la parole, Orthopédie.

---

1. **Bonnafont** — Aphasie, discours prononcé à l'Académie Impériale de médecine (1865) in-8".

2. **Bourdin** (C. E.) — Antonomasie et aphasie — Paris, de Lamotte (1881) in-8°.

3. **Dubreuil** père et fils — Les déviations de la taille promptement, sûrement et complètement guéries — Marseille, Camoin (1870) in-8".

4. **Dubreuil-Chambardel** — Traitement des déviations de la taille sans appareils, faits pratiques — Marseille, Olive (1884) in-8°.

5. **Ferrand** (A.) — L'aphasie et la psychologie de la parole — Paris, Malteste, in-8".

6. **Fieux** — Etudes physiologiques et pathologiques de la dentition à tous les âges — Nice (1863) in-8°.

7. **Godard** (Jules) — Le bégaiement et son traitement physiologique — Paris, Baillière et fils (1877) in-8°.

8. **Kussmaul** (Ad.) — Les troubles de la parole, traduction française augmentée de notes par Rueff — Paris, Baillière et fils (1881) in-8".

9. **Martin** (Emile) — De l'opération de l'iridectomie dans le glaucome, la cataracte compliquée, le staphylome. Observations pratiques — Marseille, Arnaud (1867) in-8°.

10. **Maury** (F.) — Traité complet de l'art du dentiste d'après l'état actuel des connaissances, avec atlas — Paris, Rouvier et Lebouvier (1833) 2 vol., in-8°.

11. **Meyer** (Edouard) — Traité pratique des maladies des yeux — Paris, Masson (1887) in-18.

12. **Pravaz** — Institut orthopédique et pneumatique de Lyon — Lyon, Barret (1841) in-8".

13.   d°   Mémoire sur la réalité de l'art orthopédique et ses relations nécessaires avec l'organoplastie — Lyon, Marle (1845) in-8°.

14. **Proust** (Adrien) — De l'aphasie — Paris, Asselin (1872) in-8°.

15. **Rainal** (Léon et Jules) — Les bandages, l'orthopédie et les appareils à pansements — Paris, Baillière et fils (1885) in-4".

16. **Sedillot et Legouest** — Médecine opératoire, bandages et appareils — Paris, Baillière et fils (1870) 2 v., in-4°.

17. **Wharton** (Jones) — Traité pratique des maladies des yeux, traduit, augmenté et annoté par Foucher — Paris, Chamerot (1862) in 18.

18. **Dentaire** (Congrès international) tenu à l'Exposition universelle en 1889 — Paris, Imp. Nationale (1889) in-8°.

LXXIII.— Variétés monographiques.

1. **Beaunis** (H.) — De la justesse et de la fausseté de la voix. Etude de physiologie musicale — Paris, Baillière et fils (1884) in-8°.

2.   d°   Recherches physiologiques sur la contraction simultanée des muscles antagonistes, avec quelques applications à la pathologie — Paris, Masson (1889) in-8".

3. **Bouchard** (Ch.) — Leçons sur les maladiespar ralentissement de la nutrition — Paris, Savy (1890) in-8°.

4. **Fleury** (H.) — L'homeopathie dévoilée -- Paris, Baillière et fils (1885) in-8°.

5. **Gambetta** (blessure et maladie de) — Relation de l'autopsie par le professeur Cornil et M. Lannelongue — Paris, Masson (1883) in-8".

6. **Gimbert** — Mémoire sur la structure et la texture des artères — Paris, Delahaye (1865) in-8°.

7.   d°   Structure et texture des artères -- Paris, Martinet (1865) in-4°.

8. **Glénard** — Exposé sommaire du traitement de l'enteroptose — Paris, Masson (1887) 2 b., in-8°.

9. **Isnard** — La doctrine des fièvres, de Broussais, justifiée en partie par l'autorité d'Hippocrate — Montpellier, Martel aîné (1822) in-4°.

10. **Jourdan** — Rapports des affections et des états morbides locaux — Montpellier, Rœht (1835) in-18.

11. **La Monta** — Influence de l'anatomie pathologique sur la chirurgie — Montpellier, Vᵣₑ Ricard (1843) in-4°.

12. **Pech** (L.) — Essai sur le principe vital — Montpellier, J. Martel aîné (1830) in-4°.

13. **Leblond** (A.) — Traitement du diabète par l'eau chargée d'oxygène sous pression — Paris (1887) in-8°.

14. **Leroy** — Du pronostic dans les maladies aigües — Montpellier, Rigaud, Pons et Cⁱᵉ (1776) in-8°.

15. **Longuet** (M.) — De l'influence des maladies du foie sur la marche des traumatismes — Paris (1877) in-8°.

16. **Senebien** (P.) — Des scybales — Paris, Parent (1873) in-4°.

17. **Verneuil** — De la gravité des lésions traumatiques et des opérations chirurgicales chez les alcooli-ques — Paris, Baillière et fils (1871) in-8°.

18.   d°   Des vomissements opiniâtres après les opé-rations chirurgicales. Immobilisation et mo-bilisation des articulations malades — Paris, Masson (1879) in-8°.

19.   d°   De l'écoulement sanguin dans certaines opé-rations pratiquées sur la face. Des moyens propres à en atténuer les inconvénients — Paris, Hennuyer (1871) in-8".

20.   d°   Les fibromes ou tumeurs formées par les éléments du tissu cellulaire (1855) in-8°.

21.   d°   De la non existence du tétanos spontané, in-4°.

22.   d°   La septicémie gangréneuse et le tétanos, in-4°.

23.   d°   Notes pour servir à l'histoire des associa-tions morbides — 2 b., in-4°.

24.   d°   Des pneumocèles scrotales, in-4°.

25. **Vincent** — Recherches morphologiques sur les muscles mimiques — Bordeaux, Cadoret (1889) in-4°.

LXXIV.— Mélanges polymédicaux

1. **Cyrnos** (J.M.) — En Afrique, aujourd'hui et hier. Les premiers travaux de statistique médicale et de climatologie d'Alger — Paris, Chaix (1889) in-8°.

2. **Funel** — Questions de médecine — Paris, Rignoux (1839) in-4°.

3. **Gazette** hebdomadaire de médecine et de chirurgie. Recueil factice (extraits) in-18, 6 b.

4. **Gratiolet** — Questions diverses d'anatomie et de physiologie — Paris, Pitois-Levrault (1839) in-8°.

5. **Larrey** (le baron) — Clinique chirurgicale exercée particulièrement dans les camps et les hôpitaux militaires depuis 1792 jusqu'en 1832 — Paris, Baillière (1832) 4 v., in-8°.

6. **Leudet** — Clinique médicale de l'Hôtel-Dieu de Rouen — Paris, Baillière et fils (1874) in-8°.

7. **Lordat** — Mémoires et observations : Caractéristique de la médecine hippocratique de Montpellier, in-8°.

8. **Marc** — Les conseils du docteur Marc — Paris, Dalou (1888) in-18.

9. **Michalowski** (F.) — Quarante ans de pratique médicale, 1836-1876 — Paris, Gibert (1893) in-8°.

10. **Mondat** (V.) — Topographie médicale de Florence et de ses villas, ou description de tout ce qui peut intéresser ou conserver la santé dans ce beau pays de la Toscane, surnommé l'Athènes de l'Italie — Marseille, Senès [1839] in-8°.

11. **Sevé** — Questions médicales diverses — Paris, Rignoux (1839) in-4°.

12. **Trousseau** (A.) — Clinique médicale de l'Hôtel-Dieu de Paris — Paris, Baillière et fils (1865) 3 v., in-8°.

13. **Verneuil** — Recueil factice extrait des archives générales de médecine, 8 b., in-8°.

14. d° Mémoires de chirurgie : commotion, contusion, syphilis et traumatisme — Paris, Masson (1888) in-8°.

15. d° Liste des travaux scientifiques du docteur Verneuil, in-4°.

16. d° Relation scientifique de 27 grandes amputations — Paris, Asselin (1878) in-8°.

17. d° Recueil factice de travaux du docteur Verneuil — Paris, Germer Baillière, in-8°, 5 b.

18. d° Recueil factice extrait des années 1873-74-75-88 des comptes-rendus de l'Association française pour l'avancement des sciences, in-8°, 4 b.

19. d° Recueil factice extrait des bulletins de l'Académie de médecine, in-8°, 9 b.

20. d° Recueil factice extrait du dictionnaire encyclopédique des sciences médicales — Paris, V. Masson et fils, in-8°, 3 b.

LXXV. — Matière médicale, Pharmacologie, Art Vétérinaire.

---

1. **Burggraeve** — Revue internationale de médecine dosimétrique vétérinaire (n° 3 de la 1ʳᵉ année) br. in-4°.

2. **Codex** medicamentarius — Pharmacopée française, rédigée par ordre du Gouvernement — Paris, Baillière et fils (1866) in-4°.

3. **Créoline Pearson** — Résumé succint des études scientifiques et des recherches expérimentales en France et à l'Etranger (1890) in-8°.

4. **Dujardin-Beaumetz** et **Audigé** — Recherches expérimentales sur la puissance toxique des alcools — Paris, O. Doin (1879) in-8°.

5. **Dumas** (A.) — Etude pratique et médicale sur la Kola-Bâh et ses meilleures préparations pharmaceutiques — Paris, Henry (1892) in-8°.

6. **Fonssagrives** (J.B.) — Formulaire thérapeutique à l'usage des praticiens — Paris, Delahaye et Lecrosnier (1882) in-18.

7. **Franon** — Physiologie végétale — Paris, Poussielgue (1845) in-4°.

8. **Fumouze-Albespeyres** — Formulaire des médicaments spéciaux — Paris, Quentin (1885) in-8°.

9. **Gimbert** — Etude sur l'influence des plantations d'Eucalyptus globulus dans les pays fiévreux — Paris, G. Masson (1875) in-8°.

10. d° L'Eucalyptus globulus. Son importance en agriculture, en hygiène et en médecine — Paris, Delahaye (1870) in-8°.

11. **Girard** — Synthèse de pharmacie et de chimie — Paris, Poussielgue (1845) in-4°.

12. **Gosse** (L.A.) — Monographie de l'Erythroxylon Coca — Bruxelles, Hayez (1861) in-8°.

13. **Guibourt** — Histoire naturelle des drogues simples ou cours d'histoire naturelle professé à l'école de pharmacie de Paris — Paris, Baillière (1849) 4 vol., in-8°.

14. **Heyden** — L'acide salicylique et les salicylicates, applications à la médecine, à l'industrie et à l'économie domestique — Paris (1877) in-32.

15. **Homolle** et **Quevenne** — Mémoire sur la digitaline et la digitale — Paris, Germer-Baillière (1864) in-8°.

16. **Jourdan** — Recherches sur l'alcool — Montpellier, Tournel aîné (1829) in-4°.

17. **Laura** (S.) — Pharmacothérapie dosimétrique comparée ou guide pour l'étude des principaux médicaments nouveaux, traduit de l'italien par Gras — Paris, Chanteaud et Cie (1887) in-4°.

18. **Le Perdriel** — Des exutoires en général, de leur établissement, de leur entretien et de leur pansement (2) — Paris, Masson (1863) in-8°.

19. **Mariani** — La coca et ses applications thérapeutiques — Paris, Lecrosnier et Babé, in-8°.

20. **Monavon** (Marius) — Note sur la noix de kola vraie — in-18.

21. **Monteuuis** — Guide de la garde-malade (a) — Paris, Baillière et fils (1891) in-18.

22. **Morrhuol** (le) — Etudes cliniques — in-18.

23.   d°   Principe actif de l'huile de foie de morue (le morrhuol créosoté), in-18.

24. **Préterre** (A.) — Le protoxyde d'azote, son application aux opérations chirurgicales, à l'extraction des dents sans douleur — Paris (1884) in-12.

25. **Levillain** — Applications thérapeutiques de l'antipyrine — in-18.

26. **Laffont** — Cascara sagrada, cascarine — Paris, Melzer (1892) in-18.

27. **Lactophosphate de chaux** (du rôle du) 1895, in-18.

28. **Raspail** (F.V.) — Histoire naturelle de la santé et de la maladie chez les végétaux et chez les animaux en général et en particulier chez l'homme — Paris (1860) 1er vol., in-8°.

29. **Richard** — Formulaire de poche — Paris, Bechet (1824) in-32.

30. **Robin** et **Lackerbauer** — Histoire naturelle des végétaux parasites qui croissent sur l'homme et sur les animaux vivants, avec atlas — Paris, Baillière (1853) in-4°.

31. **Robin** (Ch.) — Mémoire sur la constitution de divers tissus (2) — Paris, Thunot (1865) in-8°.

32. **Roques** (J.) — Phytographie médicale, histoire des substances héroïques et des poisons tirés du règne végétal — Paris, Garnot (1845) 3 vol., in-8°.

33. **Sahli** (Hermann) — Le salol salicylate de Phénol et ses divers emplois thérapeutiques — Bâle, Durand, Huguenin et Cie (1890) in-8°.

34. **Salicylate** (du) de soude, étude critique et observations — Paris, Delahaye et Lecrosnier (1884) in-18.

35. **Union** des Femmes de France. Manuel de l'infirmière hospitalière, rédigé par la Commission d'enseignement — Paris, Masson (1890) in-18.

36. **Verneuil** — Etude sur les propriétés thérapeutiques de l'antipyrine — Paris (1889) in-18.

37. **Colin** (G.) — Traité de physiologie comparée des animaux domestiques — Paris, Baillière (1851) 2 vol., in-8°.

38. **Dupuy** (B.) — Glucosides, histoire, propriétés chimiques et physiques, extraction, action physiologique, etc., effets thérapeutiques — Paris (1891) in-4°.

39. **Brunel** — Observations cliniques sur l'eucalyptus
globulus — Paris, Baillière et fils (1872) in-8°.

LXXVI.— Bains de mer et Eaux minérales

1. **Aix-les-Bains** — Marlioz et Challes. De l'action de
ces eaux dans le traitement de la syphilis —
Aix-les-Bains, Bolliet (1887) in-18.

2.   do   Indicateur médical et topographique d'Aix-
les-Bains (Savoie) par Despine et fils —
Paris, Victor Masson et fils, in-18.

3. **Allevard** — Note sur les périodes de la cure d'Allevard (Isère) par Baron — Paris, F. Levé
(1887) in-8°.

4.   do   Eaux sulfureuses d'Allevard, affections pulmonaires, phthisie, dermatoses. Stations
hivernales, influences maritimes, climats,
par Laure — Paris (1880) in-18.

5.   do   Inhalation sulfureuse d'Allevard, Laure, in-18.

6.   do   De l'action thérapeutique de l'eau sulfureuse
et iodée d'Allevard, Niepce (8) in-18.

7.   do   Etude clinique des eaux sulfureuses d'Allevard, Niepce — Vichy, Wallon (1887) in-8°.

8.   do   De l'action thérapeutique de l'eau sulfureuse
et iodée d'Allevard, Niepce (7) in-18.

9.   do   Etude clinique des eaux sulfureuses et
iodées d'Allevard, Niepce — Paris, Masson
(1883) in-8°.

10.   do   De l'action thérapeutique de l'eau sulfureuse
et iodée d'Allevard. Recherches physiolo-
giques et chimiques. Action des bains de
petit lait, Niepce — Allevard, Merle, in-18.

11. **Amélie-les-Bains** — Ses eaux et son climat, par Granier — Paris, Masson (1883) in-8°.

12. **Aulus-les-Bains** (Ariège) — Guide du touriste et du baigneur — Toulouse, Thomas et Cie, in-18.

13. d° Du traitement des maladies syphilitiques, par Bordes-Pagès, in-8°.

14. **Auvergne** — Eaux thermo-minérales d'Auvergne, leurs spécialités médicales, leur état actuel et leur avenir, par Allard et Boucomont (3) — Paris, Delahaye (1863) in-8°.

15. **Barèges** — Etudes médicales, par Armieux — Paris, Rozier (1871) in-8°.

16. **Bex-en-Suisse** — Séjour d'été et d'hiver, bains salés d'hydrothérapie, par Lebert (6) — Lausanne, Vincent (1876) in-8°.

17. **Biarritz** — Manuel du baignant ou notice médicale sur les bains de mer de Biarritz, par Affre (7) — Paris (1856) in-18.

18. d° Manuel des baigneurs, renseignements sur Biarritz par Affre (6) — Bayonne, Lamaignère (1854) in-8°.

19. **Carlsbad**, topographique et médical, par Pichler — Carlsbad, Feller (1873) in-18.

20. **Cauterets** — Les eaux thermales, excursions et ascensions (1886) in-32.

21. d° Renseignements sur Cauterets, par Serrand — Paris, Delahaye et Lecrosnier (1882) in-8°.

22. d° Précis descriptif, théorique et pratique sur les eaux minérales de Cauterets, par Gigot-Suard (6) — Paris, Baillière et fils (1874) in-8°.

23. **Cauterets** — Des eaux thermales et sulfureuses de Cauterets (Hautes-Pyrénées) par Moinet — Paris, Masson (1878) in-18.

24.   dº   Des eaux minérales et sulfureuses de Cauterets, par Moinet et Gouet (6) — Paris, Masson (1873) in-18.

25. **Cauvalat** — Quelques mots sur Cauvalat près le Vigan (Gard). Ses environs, son établissement thermal, ses eaux minérales, par Verdier — Montpellier, Gras (1868) in-18.

26. **Champel-sur-Arve** — L'hydrothérapie, les eaux de l'Arve, leur action hygiénique et curative, par Glatz, in-12.

27. **Chatel-Guyon** (Puy-de-Dôme) — Source Gubler, in-32.

28. **Condillac** — Notice médicale sur l'eau minérale alcaline, gazeuse de Condillac (6) — Montélimar, Bourron (1867) in-8º.

29.   dº   Eaux minérales alcalines, gazeuses, de Condillac (3) in-8º.

30. **Contrexeville** — Traitement de la goutte, de la gravelle renale, du catarrhe vésical, de la dyspepsie, de l'anémie et de la gravelle hépatique par les eaux minérales alcalines à base de chaux, par Le Cler — Mirecourt, Humbert (1875) in-8º.

31. **Croisic** (Bains de mer du) — Notice médicale sur les bains de mer du Croisic et sur l'effet thérapeutique des eaux-mères, de l'hydrothérapie marine et des bains de sable (3) — Paris, Labé (1855) in-8º.

32. **Dax** — Etude d'orographie hydrologique. Les thermes de Dax devant le corps médical, par Barthe de Sandfort — Bordeaux, Ad. Baussin (1883) in-8º.

33. **Dax** — Mémoire sur les eaux thermo-minérales, les boues minéro-végétales, les eaux salées et les eaux mères, présenté par le corps médical de Dax — Dax, Labèque (1889) in-32.

34. **Eaux-Bonnes** — Physiologie et Thérapeutique thermales — Paris, Germer-Baillière (1881) in-8°.

35.   do   Traité pratique des Eaux-Bonnes, par Cazenave de la Roche — Paris, Delahaye (1877) in-8°.

36.   do   Les bronchitiques goutteux aux Eaux-Bonnes, par Leudet — Paris, Levé (1888) in-8°.

37.   do   Note sur les sources et les établissements thermaux d'Eaux-Bonnes, par Leudet — Paris, Germer-Baillière (1877) in-8°.

38.   do   Des Eaux-Bonnes dans le traitement de la phthisie pulmonaire, par Leudet — Paris, Germer-Baillière et Cie (1881) in-8°.

39.   do   Les Eaux-Bonnes comparées dans le traitement de la phthisie primitivement locale et de la phthisie primitivement générale. Parallèle avec les eaux minérales arseniquées, par Pidoux — Quimper, de Kerangal (1879) in-8°.

40.   do   La pulvérisation aux Eaux-Bonnes, par Pietra Santa (8) — Paris, Baillière et fils (1862) in-18.

41.   do   Les Eaux-Bonnes (Basses-Pyrénés) en 1862. Effets physiologiques et thérapeutiques, par Pietra Santa (3) — Paris, Malteste et Cie (1863) in-8°.

42. **Evian-les-Bains** — Influence de l'eau d'Evian sur l'excrétion de l'Urée. Recherches expérimentales par G. Bordet in-8°.

43. **Fonsange** — Etude sur les eaux minérales de Fonsange, ou guide pratique pour les prendre avec succès, par Théodore Zaleski — Montpellier, Boehm et fils (1864) in-18.

44. **Gréoulx** — Guide aux Eaux de Gréoulx, par Jaubert (7) — Marseille, Barlatier-Feissat et Demonchy (1857) in-18.

45.   d° Guide aux eaux de Gréoulx, par Jaubert (7) Marseille (1859) in-18.

46.   d° Gréoulx et ses eaux, par Jaubert — Hyères, Souchon (1878) in-18.

47. **Hunyadi-Janos** — Eau purgative naturelle, par A. Saxlehner, in-18.

48.   d° L'emploi thérapeutique des purgatifs salins et l'eau de Hunyadi-Janos, par Saxlehner, in-18.

49. **Lamalou-les-Bains** — Notice statistique et médicale sur Lamalou-les-Bains (Hérault), suivie de l'application des eaux alcalino-ferrugineuses et arsenicales de Lamalou l'ancien, par Privat (3) — Paris, Baillière et fils (1858) in-8°.

50. **La Motte-les-Bains** — La Motte-les-Bains, près Grenoble, par Gubian — Grenoble, Rigaudin (1873) in-8°.

51. **Mondorf** — Observations cliniques sur l'action des eaux de Mondorf employées isolément ou associées à l'hydrothérapie rationnelle, par Marchal — Paris, Masson (1870) in-8°.

52. **Mont-Dore** — Notice sur les eaux minérales et sur l'établissement thermal du Mont-Dore (6) — Moulins, Place (1861) in-8°.

53. **Neris-les-Bains** — Traitement des affections nerveuses, par Peyrot — Paris, Lanier (1888) in-18.

54. **Plombières** — Eaux thermo-minérales de Plombières —Etude sur les maladies constitutionnelles des voies digestives (3) — Cannes, Macarry (1868) in-8°.

55. **Pont-à-Mousson** (Meurthe) — Institut hydrothérapique, par Geoffroy et Lubanski — in-8°.

56. **Pougues** — Contribution à l'étude des eaux minérales de Pougues, par Bovet — Paris, H. Lauwereynx (1884) in-8°.

57.   d°   Recherches expérimentales sur l'action des eaux minérales de Pougues (Nièvre), par Bovet — Paris, Pigelet (1885) in-8°.

58.   d°   Pougues, ses eaux minérales, ses environs, par Roubaud — Paris, Bourdillat et Cie (1861) in-18.

59. **Propiac** — Notice sur la commune et les eaux minérales de Propiac (Drôme) — Avignon, Seguin aîné (1862) in-18.

60. **Pyrénées** — Coup d'œil sur les eaux principales des Pyrénées, précédé de quelques considérations sur les eaux minérales en général, par Andry (Félix) — Paris, Bechet jeune et Labé (1839) in-8°.

61. **Renlaigue** — Eau de Renlaigue (Puy-de-Dôme), par de Fleury. Etude expérimentale sur ses propriétés thérapeutiques — Paris et Rennes, Oberthur (1885) in-18.

62. **Rippoldsau** — Sources minérales de Rippoldsau (Forêt-Noire), par Robert et Feyerlin (8) — Strasbourg, Silbermann (1862) in-18.

63. **Royat** — Des indications des eaux de Royat dans les affections pulmonaires, par Chauvet — Paris, Levé (1887) in-8°.

64.   d°   Ses eaux alcalines, mixtes, chlorurées, ferrugineuses, arsenicales, son établissement thermal, par Allard (6) — Clermont-Ferrand, Huber (1860) in-8°.

65. **Royat** — Etablissement thermal, guide du baigneur
    — in-32.

66.   d⁰   Indications, contre-indications, marche et
           durée de la cure tonique de Royat, par
           Laussedat — Paris, Masson (1891) in-8°.

67. **Salins** — Etude sur l'emploi des eaux minérales et
    eaux mères de Salins (Jura), par Durand-Fardel —
    Paris, Germer-Baillière (1882) in-8".

68. **Savoie** — Eaux minérales de la Savoie, par Levy —
    Paris, Duval (1880) in-18.

69. **Saint-Alban** -- Etude clinique sur le traitement par
    l'acide carbonique aux eaux de St-Alban, par Servajon
    — Lyon, Mougin-Rusand (1879) in-18.

70. **Saint-Christau** — Des stomatites et glossites leuco-
    phasiques et de leur traitement par les eaux minéra-
    les de St-Christau, par Benard —Paris, Coccoz, in-8".

71. **Saxon** — Observations sur les eaux de Saxon, par
    Deneriaz — Sion, Beeger (1890) in-18.

72.   d⁰   Recherches sur les eaux minérales, natu-
           relles, iodurées et bromurées et en parti-
           culier sur l'eau de Saxon, en Suisse, par
           Aviolat (6) — Lausanne, Genton (1862) in-8°.

73. **Schinznach** — Notice sur les eaux thermales et sul-
    fureuses, par Robert aîné — Strasbourg
    (1865) in-18.

74.   d⁰   Les-Bains (Suisse, canton d'Argovie, entre
           Bâle et Zurich) — Eaux sulfureuses calci-
           ques — Paris, Goulhot, in-32.

75. **Soultzmatt** — Ses eaux gazeuses, alcalines, par
    Bach — in-8°.

76. **Soultzmatt**—Des eaux gazeuses, alcalines de Soultzmatt (Haut-Rhin) — Nouvelle analyse des eaux. Flore des environs par Bach, Béchamp et Kirschleger — Strasbourg, Derivaux — Colmar, Geng (1853) in-8°.

77.   d°   De la gravelle urique et de son traitement par l'eau minérale de Soultzmatt, par Grimaud — Colmar, Decker (1865) in-18.

78. **Stations** climatériques françaises (Quelques considérations sur les) par Jassiewicz — Paris (1889) in-8°.

79. **Terebenthinés** (bains de vapeur) chez soi, par Chevandier (6) — Valence, Céas (1866) in-8°.

80.   d°   (bains de vapeur) — Leur emploi contre les maladies par ralentissement de nutrition. Action de l'ozone, par Bremond — Paris, Paul Dupont (1884) in-8°.

81.   d°   (bains de vapeur) — De leur emploi dans le traitement de la lithiose urique, par Bremond, in-8°.

82. **Traitement** thermal — De sa durée, par Leudet, in-8°.

83. **Uriage** — Ses eaux minérales (8) in-32.

84.   d°   Uriage et ses eaux salines et sulfureuses, par Niepce — Nice, Caisson et Mignon (1873) in-8°.

85.   d°   Uriage et ses eaux minérales. Ouvrage accompagné de la florule d'Uriage et d'une carte géologique des montagnes d'Uriage, par Doyon — Paris, Masson (1884) in-18.

86. **Vals-les-Bains** — L'hydrothérapie à Vals (Ardèche) — in-32.

87.   d°   Etude sur les eaux minérales de Vals (Ardèche) (3)— Privas, Roure fils (1865) in-8°.

88. **Vals-les-Bains** — Eaux minérales, acidules, gazeuses, bicarbonatées, sodiques de Vals, par Tourettes (3) — Paris, Voitelin et Cie, in-8°.

89.   d°   Notice chimique sur les sources minérales de l'établissement thermal de Vals, par Chabannes — Marseille, Olive (1867) in-18.

90. **Vevey** — Station climatérique, notice médicale sur le climat et la cure de raisin. par Martin — Vevey, Benda (1886) in-8°.

91. **Vichy** — Des bains minéraux, par Senac — Vichy, Bougarel (1886) in-8".

92.   d°   Le climat de Vichy sous le rapport thermométrique, hygiénique et médical, par Collongues — Vichy, Bougarel (1871) in-32.

93.   d°   Administration des eaux de Vichy et régime alimentaire à suivre chez soi après le traitement thermal, par Collongues — Vichy, Bougarel (1871) in-32.

94.   d°   L'hygrodermométrie fixe le diagnostic général de la pléthore, de l'anémie, de la force, de la faiblesse et détermine le mode d'action dynamique des eaux de Vichy, par Collongues — Nice, Gauthier et Cie (1884) in-8°.

95.   d°   De la bile et du foie, par Collongues — Vichy, Bougarel (1878) in-8°.

96.   d°   Méthode dermométrique à Vichy, par Collongues — Vichy, Wallon (1882) in-8°.

97.   d°   Des eaux de Vichy, de la bile et du foie, par Collongues — Nice, Malvano-Mignon (1878) in-8".

98.   d°   Le diabète à Vichy, par Collongues — Paris, Baillière et fils (1883) in-8°.

99. **Vittel** — Etablissement des eaux minérales (Vosges) in-18.

100. **Vichy** — Le livre des malades à Vichy, par le docteur Collongues — Nice, Gauthier et Ce (1868) in-18.

LXXVII.— Hygiène médicale de l'Individu

1. **Angerstein** et **Eckler** — La gymnastique des demoiselles (2) — Paris, Baillière et fils (1892) in-18.

2. **Assainissement** par l'électricité (système Hermitte) in-8o.

3. **Balestre** — Cours d'hygiène pratique : hygiène individuelle, scolaire, publique — Paris, Delaplane, in-18.

4. **Barbe** (J.F.) — Des climats en général et plus particulièrement des climats chauds — Paris, Rignoux et Cⁱᵉ (1837) in-4o.

5. **Becquerel** (A.) — Traité élémentaire d'hygiène privée et publique — Paris, Labé (1851) in-18.

6. **Billet** (A.) — Rapport concernant les analyses microbiologiques du pouvoir désinfectant des systèmes de MM. Hermitte et Howatson, faites au nom de la Commission de l'Exposition internationale d'hygiène de Boulogne s/mer — Boulogne (1894) in-18.

7. **Bonnejoy** — Principes d'alimentation rationnelle de cuisine végétarienne — Paris, Berthier (1884) in-18.

8. **Bouchardat** — De l'alimentation insuffisante (4) — Paris, Baillière (1852) in-8o.

9. **Cadet** (A.) — Hygiène, inhumation, crémation et incinération des corps — Paris, Germer-Baillière in-18.

10. **Christmas** (J. de) — Expériences bactériologiques avec la solution saline électrolysée — Paris, Chaix (1894) in-18.

11. **Dubois** (O.) — Traité théorique et pratique des aliments et des boissons, ouvrage indispensable à consulter pour vivre longtemps et bien se porter — Paris (1890) in-32.

12. **Dujardin-Beaumetz** — L'hygiène thérapeutique : gymnastique, massage, hydrothérapie, aerothérapie, climatothérapie — Paris, Doin (1890) in-8°.

13. **Hygiène usuelle** — Questions diverses — Paris, Davy (1896) in-8°.

14. **Lagrande** (F.) — De l'exercice chez les Adultes — Paris, Alcan (1891) in-18.

15. **Lefebvre** (E.) — Les aliments — Paris, Hachette (1882) in-8°.

16. **Malapert du Peux** — Le lait et le régime lacté (d) — Paris, Baillière et fils (1891) in-18.

17. **Pelletier** (E. et A.) — Le thé et le chocolat dans l'alimentation publique (d) — Paris, Dubuisson (1861) in-18.

18. **Piton** — Expériences relatives à l'eau de mer électrolysée — Paris, Chaix (1894) in-18.

19. **Proust** (A.) — Douze conférences d'hygiène, rédigées conformément au plan d'études du 12 août 1890 — Paris, Masson (1891) in-18.

20. **Rouget** — Hygiène alimentaire ou art de vivre en bonne santé (a) — Traité des aliments — Nice (1877) in-18.

21. **Schreber** — Gymnastique de chambre, médicale et hygiénique (5) — Paris, Masson (1890) in-8°.

22. **Soubeiran** -- Hygiène élémentaire, ouvrage publié conformément aux programmes des lycées et des écoles normales primaires (2) — Paris, Hachette et Cie (1873) in-18.

23. **Straus** — De la stérilisation et de la désinfection par la chaleur — Paris, Masson (1890) in-8".

24. **Traité** de la préparation des substances alimentaires (1) in-8°.

25. **Trousseau et Pidoux** — Manuel de gymnastique hygiénique et médicale du gymnase de chambre Pichery (6) — Paris, Baillière et fils (1857) in-18.

LXXVIII.— Hygiène publique et urbaine.

---

1. **Belgrand** — Note du directeur des travaux de Paris sur la situation du service des eaux et égouts (91) — Paris, Chaix (1879) in-4°.

2. **Commission** technique de l'assainissement de Paris en 1883 — 2 b., in-4°.

3. **Coupry** fils — Cimetières de l'avenir. Relations, rapports et procès-verbaux — Nantes, Salières (1892) in-8".

4. **Dague** — Etude d'un réseau d'égouts. Dimensions à donner aux réservoirs de chasse (90) — Cannes, Figère et Guiglion (1891) in-8°.

5. **Degoix** — Hygiène publique. Etuves à désinfection enregistreur, avec figures, in-8°.

6. **Du Mesnil et Journet** — De l'enlèvement et de l'utilisation des détritus solides dans les villes et les campagnes — Paris, Baillière et fils (1889) in-8°.

7. **Du Mesnil** (O.) — Nettoiement de la voie publique. Enlèvement et utilisation des ordures ménagères — Paris, Baillière et fils (1885) in-8°.

8. **Dupasquier** — Des eaux de source et des eaux de rivière comparées sous le double rapport hygiénique et industriel — Paris, Baillière (1840) in-8°.

9. **Eaux** (les) d'alimentation dans l'hygiène et les maladies épidémiques. Le filtre Chamberland (système Pasteur) — Paris, Tignol (1885) in-8°.

10. **Freycinet** (Ch.) — Traité d'assainissement industriel, comprenant la description des principaux procédés employés dans les centres manufacturiers, avec atlas, et rapport supplémentaire — Paris, Dunod, 1870, 4 v., in-4°.

11. **Gastinel** — Les égouts de Paris. Étude d'hygiène urbaine (90) — Paris, Jouve (1894) in-8°.

12. **Guerard** — Du choix et de la distribution des eaux dans une ville (4) — Paris, Baillière (1852) in-8°.

13. **Joly** (Ch.) — Traité pratique du chauffage, de la ventilation et de la distribution des eaux dans les habitations particulières à l'usage des architectes, des entrepreneurs et des propriétaires (5) — Paris, Baudry (1869) in-8°.

14. **Laborie et Parmentier** — Observations sur les fosses d'aisances et moyens de prévenir les inconvénients de leur vuidange — Paris, Pierres (1778) in-18.

15. **Martin, Bechmann et Masson** — Congrès international d'hygiène et de démographie tenu à Budapest en 1894 — Paris, Imp. Municipale (1896) in-4°.

16. **Mille** (A.) — Assainissement des villes par l'eau, les égouts, les irrigations — Paris, Dunod (1886) in-4°.

17. **Monin** (E.) — La propreté de l'individu et de la maison — Paris (1884) in-8°.

18. **Tardieu** (A.) — Voiries et cimetières — Paris, Baillière (1852) in-8°.

19. **Toulon** — Avant-projet d'assainissement de la ville de Toulon — Rapport du maire et rapports du directeur des travaux — Toulon, Isnard et Cie (1890) in-f°.

20. **Vinay** (C.) — De la valeur pratique des étuves à désinfection — Lyon, Léon Sezanne (1890) in-18.

21. **Wazon** (A.) — Principes techniques d'assainissement des villes et des habitations, suivis en Angleterre, France, Allemagne, Etats-Unis — Paris, J. Baudry (1884) in-4°.

LXXIX. — Jurisprudence, Médecine légale et questions générales connexes de la Médecine

1. **Andry** (Félix) — Une visite médicale au musée des antiques — Paris, E. Thunot et Cie (1850) in-8°.

2. **Bernadou** (H.) — Quelques considérations sur mes devoirs dans l'art de guérir et les moyens de m'en rendre l'exécution facile — Montpellier, J. Martel aîné (1830) in-4°.

3. **Blanchard** (Raphaël) — Questionnaire de zoologie médicale. Instructions à l'usage du corps de santé de la Marine — in-8°.

4. **Briand, Chaudé** et **Bouis** — Manuel complet de médecine légale — Paris, Baillière et fils (1880) 2 vol. in-4°.

5. **Brouardel** (P.) — Le secret médical — Paris, Baillière et fils (1887) in-18.

6. **Buisson** (R.) — Quelques mots sur la médecine — Montpellier, Tournel aîné (1830) in-4°.

7. **Charlatanisme** (le) démasqué ou la médecine appréciée à sa juste valeur par un ami de la vérité et de l'humanité (1824) in-18.

8. **Demorcy-Delletre** — Essai sur l'analyse appliquée au perfectionnement de la médecine — Paris, Crochard (1810) in-8°.

9. **Dock** (F.W.) — Travail et santé — Strasbourg, G. Fischbach (1878) in-18.

10. **Dufour** (A.) — Manifestations morbides du surmenage physique — Paris, Doin (1889) in-8°.

11. **Essai** sur l'hygiène morale des tempéraments — in-4°.

12. **Fournié** (Ed.) — Application des Sciences à la médecine — Paris, Delahaye et Cie (1878) in-8°.

13. **Gannal** (Félix) — Mort réelle et mort apparente — Paris, Coccoz (1868) in-4°.

14. **Garnier** (P.) — Impuissance physique et morale chez l'homme et la femme — Paris, Garnier frères (1882) in-18.

15.   d° La stérilité humaine et l'hermaphrodisme — Paris, Garnier frères (1883) in-18.

16.   d° La génération universelle : lois, secrets et mystères chez l'homme et chez la femme — Paris, Garnier frères, in-18.

17.   d° Le mariage dans ses devoirs, ses rapports et ses effets conjugaux au point de vue légal, hygiénique, physiologique et moral — Paris, Garnier frères, in-18.

18. **Gazagnaire** — Les causes de la mort envisagées sous un point de vue clinique — Paris, Didot jeune (1833) in-4°.

19. **Jacoby** (Paul) — Etudes sur la sélection dans ses rapports avec l'hérédité chez l'homme — Paris, Germer-Baillière (1881) in-8°.

20. **Laurent** (Emile) — L'amour morbide — Etude de psychologie pathologique — Paris (1891) in-8°.

21. **Lechopié** (A.) et **Floquet** (Ch.) — Droit médical ou Code des médecins, au courant de la doctrine et de la jurisprudence, avec une préface de Brouardel — Paris { Doin. / Marchal et Brillard. } 1890) in-18.

22. **Lunier** — De la production et de la consommation des boissons alcooliques en France et de leur influence sur la santé physique et intellectuelle des populations — Paris, Savy (1877) in-8°.

23. **Maury** (A.) — Le sommeil et les rêves — Etudes psychologiques sur ces phénomènes et les divers états qui s'y rattachent, suivies de recherches sur le développement de l'instinct et de l'intelligence dans leurs rapports avec le phénomène du sommeil — Paris, Didier et Cie (1878) in-18.

24. **Mot** de prudence en matière de médecine par un médecin hors de pratique — Nice, E. Gauthier et Cie (1868) in-8°.

25. **Polti** et **Gary** — La théorie des tempéraments et leur pratique — Paris, Carré (1889) in-18.

26. **Metzger** — Science et vivisection — Paris (1887) in-18,

27. **Orfila** — Leçons de médecine légale — Paris (1828) Bruxelles (1835) 4 v., in-8°.

28. **Robert** (Louis Eugène) — Considérations géologiques relatives à la médecine — Paris, Didot jeune (1834) in-4°.

29. **Rochard** (J.) — Questions d'hygiène sociale — Paris, Hachette et Cⁱᵉ (1891) in-18.

30. **Signoret** (A.) — De la nature de l'homme et des moyens d'améliorer sa condition — Paris , Laisné (1850) in-32.

31. **Tissot** — Avis au peuple sur sa santé — Paris, Didot jeune (1782) 2 v., in-18.

LXXX. — Périodiques

---

1. **Annales** d'hygiène et de médecine légale — 1ʳᵉ série : années 1829 à 1853, avec tables alphabétiques par ordre des matières et par noms d'auteurs.
Paris { Gabon, 1829 / Baillière, 1855 } 51 vol., in-8º.

2. dº 2ᵐᵉ série : années 1854 à 1858 — Paris, Baillière et fils (1880) 51 vol., in-8ⁿ.

3. dº 3ᵐᵉ série : années 1859 à 1895 — Paris, Baillière et fils (1895) 34 vol., in-8º.

4. **Annuaire** de thérapeutique, de matière médicale, de pharmacie et d'hygiène, contenant le résumé des travaux thérapeutiques et hygiéniques publiés de 1868 à 1884 — Paris, Germer-Baillière — F. Alcan, 12 vol., in-32.

5. **Annuaire** de l'Association générale de prévoyance et de secours mutuels des médecins de France — Paris, Baillière et fils (1889) in-18.

6. **Annuaire** Médical et pharmaceutique de la France — Paris, Simonnet (1877) in-18.

7. **Journal** de Médecine et de chirurgie à l'usage des médecins-praticiens, années 1864 à 1883 — Lucas-Championnière, fondateur — Paris, Lahure, 20 vol. in-8°.

8. **Journal de la Santé** (année 1891) 2 vol., in-4°.

9. **Nouveau Journal** de Médecine, Chirurgie, Pharmacie, etc., faisant suite au journal de M. Corvisart.

Paris $\left\{ \begin{array}{l} \text{Migneret} \\ \text{Crochard} \end{array} \right\}$ 1818, 15 vol., in-8°.

10. **Revue** d'Hygiène et de police sanitaire — Paris, Masson, 1890-91-92 incomplet, 10 vol., in-12.

11. **Union Médicale,** journal des intérêts scientifiques, moraux et professionnels du corps médical — Années 1862 à 1867, 24 vol., in-8°.

Deuxième Partie

PHILOSOPHIE — THÉOLOGIE
ÉCONOMIE POLITIQUE

P.— Introduction : Dictionnaires

LXXXI.— Dictionnaire des Sciences philosophiques et religieuses.

1. **Antiquités** chrétiennes (dictionnaire des) par l'Abbé Martigny — Paris, Hachette et Cie, 1865, in-4°.

2. **Antiquité** sacrée et profane (dictionnaire classique de l') par N. Bouillet — Paris, 1826, in-8°, 2 v.

3. **Bayle** (Pierre) — Dictionnaire historique et critique avec la vie de l'auteur, par M. des Maizeaux, 5e édition, 1740, in-f°, 5 v.

4.   d^o   Edition 1738 — Basle Louis Brand Muller, in-f°, 4 v.

5. **Bouillet** (N.) — Dictionnaire universel d'histoire et de géographie, contenant l'histoire, la biographie, la mythologie, la géographie ancienne et moderne, revu par Chassang — Paris, Hachette et Cie, 1878, in-4°, 2 v.

6. **Chaufepié** (George de) — Nouveau dictionnaire historique et critique pour servir de supplément ou de continuation au dictionnaire historique et critique, de M. Pierre Bayle — Amsterdam et Lahaye, 1750, in-f°, 3 v.

7. **Dezobry** et **Bachelet** — Dictionnaire général de biographie et d'histoire, de mythologie, de géographie ancienne et moderne — Paris, Delagrave et Cie, 1869, in-4°, 2 v.

8. **Fable** (Dictionnaire de la) — par F. Noel — Paris, Lenormant, 1810, in-8°, 2 v.

9. **Fable** (Dictionnaire de la) in-18.

10. **Hérésies** (Dictionnaire des) -- Paris, Didot, 1773, in-8°, 2 v.

11. **Incrédules** (Dictionnaire des) — Paris, A. Lacroix, Verbœckhoven et Cie, 1869, in-8°.

12. **Joly** (l'abbé) -- Remarques critiques sur le dictionnaire de Bayle — Paris, Ganeau, 1752, in-f°.

13. **Martinière** (Bruzen de la) — Dictionnaire géographique, historique et critique -- Paris, Lemercier, 1739, in f°, 6 vol.

14. **Moreri** (Louis) — Grand dictionnaire historique ou mélange curieux de l'histoire sacrée et profane. Avec privilège de nos seigneurs les états de Hollande et de Westfrise ; édition de 1740 (manque vol. 1) in-f°, 9 vol.

15.   d°   Edition de 1759.
Paris { Desaint et Saillant —Lemercier, au Livre d'Or }
      { Lepricur, à la Croix d'Or.   } in-f°, 10 v.

16.   d°   Nouveau supplément au grand dictionnaire de M. Louis Moreri, pour servir aux précédentes éditions.

Paris { Vincent, à l'Ange
      { Coignard et Boudet, à la Bible d'Or   } 1749
      { Lemercier, au Livre d'Or
      { Desaint et Saillant   } 2 vol.,in-f°
      { Herissant, à St-Paul et St-Hilaire

17. **Noms de Baptême** (Dictionnaire des), par Beleze C.— Paris, Hachette et Cie, 1863, in-8°.

18. **Origines** (Nouveau dictionnaire des), inventions et découvertes, par Noël et Carpentier — Paris, Cotelle, 1834, in-8°, 4 vol.

19. **Superstitions**, erreurs, préjugés et traditions populaires (Dictionnaire des), où sont exposées les croyances, superstitions des temps anciens et modernes, etc., par A. de Chesnel — Paris, Migne, 1856, in-4°.

20. **Théologique** portatif (Dictionnaire) contenant l'exposition et les preuves de la révélation de tous les dogmes de la foi et de la morale.

Paris $\left\{ \begin{array}{l} \text{Didot, à la Bible d'Or} \\ \text{Nyon, à l'Occasion} \\ \text{Savoye, à l'Espérance} \\ \text{Damouneville, à St-Etienne} \end{array} \right\}$ 1761, in-18.

21. **Voltaire** — Dictionnaire philosophique — Paris, Thomine et Fortic, 1821, in-32, 4 vol.

LXXXII.— Dictionnaires des Sciences morales et politiques.

1. **Administration** (Dictionnaire général d') contenant l'histoire de la législation, l'exposé des lois, ordonnances, etc., et la pratique administrative, par Blanche (A.) et Imbert, avec 1er et 2e suppléments — Paris, Paul Dupont, 1883, in-4°, 3 v.

2. **Curé** de campagne (Dictionnaire usuel du) contenant ce qu'il importe le plus au curé de connaître, par Jacquin et Duesberg — Paris, Plon frères, 1848, in-4°.

3. **Economie** politique (Dictionnaire de l') par Coquelin et Guillaumin — Paris, L. Hachette et Cie, 1854, in-4°, 2 v.

4. **Féodal** (Dictionnaire) par Collin de Plancy — Paris, Foulon et Cie, 1819, in-18, 2 v.

5 . **Finances** (Dictionnaire des) publié sous la direction de M. Léon Say, par Louis Fayot et Lanjalley, avec la collaboration des écrivains les plus compétents et des principaux fonctionnaires des administrations publiques — Paris, Berger-Levrault, 1889, in-4°, 2 v.

6 . **Institutions**, mœurs et coutumes de la France (Dictionnaire historique des) par A. Cheruel — Paris, Hachette et Cie, 1870, in-8°. 2 v,

7 . **Politique** (Dictionnaire général de la) par Maurice Block — Paris, Lorenz, 1864, in-4°, 2 v.

8 . **Rues** de Paris et de ses monuments (Dictionnaire administratif et historique des) par Félix et Louis Lazare — Paris, 1844, in-4°.

Q.— Philosophie

LXXXIII.— Histoire de la Philosophie

1 . **Alaux** (J.E.) — Histoire de la philosophie — Paris, A. Degorce cadet, 1882, in-8".

2 . **Bartholmess** (Christian) — Histoire critique des doctrines religieuses de la philosophie moderne — Paris, Meyrueis et Cie ,1855, in-8°, 2 v.

3 . **Bunsen** (de) — Dieu dans l'histoire. Traduction réduite par A. Diatz, précédée d'une notice sur la vie et les ouvrages de Bunsen, par H. Martin — Paris, Didier et Cie, 1868, in-18.

4 . **Comettant** (Oscar) — Les civilisations inconnues, in-18.

5 . **Condorcet** — Esquisse d'un tableau historique des progrès de l'esprit humain. Ouvrage posthume — Paris, Agasse, an VI, 1798, in-8°.

6. **Cousin** (Victor) — Fragments philosophiques pour servir à l'histoire de la philosophie — Paris, Didier et Cⁱᵉ, 1866, in-8°, 5 v.

7. **Damiron** (Ph.) — Essai sur l'histoire de la philosophie en France, au XIXᵉ siècle.
Paris, Schubart et Heideloff.
Leipzic, Ponthieu, Michelsen et Cⁱᵉ.} 1828, in-8°, 2 v.

8. **Fenelon** — Abrégé de la vie des plus illustres philosophes de l'antiquité, avec leurs dogmes, leurs systèmes, leur monde et un recueil de leurs plus belles maximes — Lyon, Mᵐᵉ Breynaud, née Bruyset, 1811, in-18.

9. **Laurent** (P.M.) — Résumé de l'histoire de la philosophie — Paris, Lecomte et Durey, 1826, in-32.

10. **Martin** (L.A.) — Les civilisations primitives en Orient : Chinois, Indiens, Perses, Babyloniens, Syriens, Egyptiens — Paris, Didier et Cⁱᵉ, 1861, in-8°.

11. **Nourrisson** — Histoire et philosophie, études accompagnées de pièces inédites — Paris, Didier et Cⁱᵉ, 1860, in-18.

12. **Odysse-Barot** — Histoire des idées au 19ᵉ siècle — Emile de Girardin, sa vie, ses idées, son œuvre, son influence — Paris, Michel-Lévy, 1866, in-18.

13. **Ozanam** (A.F.) — La civilisation au cinquième siècle. Introduction à une histoire de la civilisation aux temps barbares, suivie d'un essai sur les écoles en Italie, du 5ᵉ au 13ᵉ siècle — Paris, Jacques Lecoffre et Cⁱᵉ, 1862. in-8°, 2 vol.

14. **Papillon** (Fernand) — Histoire de la philosophie moderne dans ses rapports avec le développement des sciences de la nature. Ouvrage posthume publié par Charles Levêque, avec une notice biographique — Paris, Hachette et Cⁱᵉ, 1876, in-8°, 2 vol.

15. **Sainte-Beuve** — Port-Royal — Paris, Hachette et Cⁱᵉ, 1860, in-8°, 5 vol.

LXXXIV.— Philosophes anciens.

1. **Aristotelis** Opera omnia Grœcè et latinè doctis-
simorum virorum interpretatione et notis emendatis-
sima et nunc tandem in quatuor tomos distributa.
Guillelmus Vallius regis christianissimi consiliarius
et medicus tertio recognovit synopsis analyticam
adjecit novis disquisitionibus, notis, et appendicibus
illustravit — Cum tribus indicibus Parisiis apud
Joannem Billaine, Simeonem Piget, Fréderic Leonard,
Viâ Jacobeâ. 1654.— Texte grec et traduction latine,
in-f°, 4 v.

2. **Aristotelis Ethicorum** ad **Nicomachum** libri decem
— ab Antonio Riccobono et Marco Cornelio, cum
commentariis dicati — Hanoviœ typis Wechelianis,
apud hœredes Claudii Marnii M. DC. X — Tecte grec
et traduction latine, in-18.

3. **Aristote** — Métaphysique, traduite en français avec
des notes perpétuelles par Barthelemy St-Hilaire —
Paris, Germer Baillière et Cie, 1879, in-4°, 3 v.

4. **Cicéron** — Œuvres complètes. Collection Panckoucke
— Texte et traduction, in-8°, 36 v.

5.　　d°　　Opera philosophica. Texte latin avec notes
　　　　　　— Paris, Brocas, 1777, in-18.

6.　　d°　　Œuvres philosophiques. Texte et traduc-
　　　　　　tion par Debarrett — Paris, Barbon, 1768,
　　　　　　in-18.

7.　　d°　　Les offices. Texte et traduction par Debarrett
　　　　　　Paris, Barbon, 1776, in-18.

8.　　d°　　De la nature des dieux. Traduction nouvelle
　　　　　　par M. Matter avec texte latin — Paris, Pan-
　　　　　　koucke, 1839, in-8°.

9. **Cicéron** — Pensées de Cicéron, traduites pour servir à l'éducation de la jeunesse. Texte et traduction par l'abbé d'Olivet — Lyon, Tournachon-Molin, 1804 (an XIII) in-18.

10. **Demosthène** — Œuvres politiques, traduction par Plougoulm — Paris, Hachette et Cie, 1863, tom. Ier, in-4°.

11. **Lucien** — Dialogues satyriques, philosophiques et divers petits traités traduits par Belin de Ballu — Paris, Lefèvre-Charpentier, 1841, in-18.

12. **Lucrèce** — De la nature des choses. Texte latin et traduction française nouvelle avec des notes — Paris, Bleuet, 1768, in-18, 2 vol.

13.   d°   De la nature des choses. Traduction en vers français par de Pongerville — Paris, Dondey-Dupré père et fils, 1828, in-32, 2 vol.

14. **Marc-Aurèle** — Pensées, Traduction nouvelle par J. Barthélemy-St-Hilaire — Paris, Germer-Baillière et Cie, 1876, in-18.

15. **Phocion** — Entretiens sur le rapport de la morale avec la politique, traduit du grec de Nicoclès avec des remarques par M. l'abbé Mably — Amsterdam, 1767, in-18.

16. **Platon** — Œuvres complètes publiées sous la direction de M. Emile Saisset. Traduction Dacier et Grou. Soigneusement révisées et complétées par une nouvelle version de plusieurs dialogues, avec notes et arguments par MM. E. Chauvet et A. Saisset — Paris, Charpentier, 1882, in-18, 10 vol.

17.   d°   Œuvres traduites par Victor Cousin — Paris, Bossange frères, 1826, in-8°, 3 vol.

18.   d₀   Dialogues biographiques et moraux, précédés d'arguments et d'une esquisse de la philosophie de Platon par M. Schwalbé — Paris, Lefèvre, 1842, in-18, 2 vol.

19. **Plutarque** — Œuvres de Plutarque traduites du grec par Amyot avec des notes et des observations par MM. Brolier et Vauvilliers, corrigées et augmentées par Clavier — Paris, Cussac, 1802 (an X), in-8°, 25 vol.

20.   d°   Œuvres morales et meslées — Paris, les héritiers de Simphorien Beraud, 1592, in-f°.

21.   d°   Œuvres morales de Plutarque, traduites en français par M. l'abbé Ricard — Paris, Vve Desaint, 1783, in-18, 17 vol.

22.   d°   Œuvres morales de Plutarque, traduites par de Ricard — Paris, Vve Desaint, an III, in-18, 17 vol.

23. **Senèque** le philosophe — Œuvres complètes avec la traduction, publiées sous la direction de M. Nisard — Paris, Dubochet et Cie, 1838, in-4°.

24.   d°   Œuvres complètes, collection Panckoucke. Traduction par Charpentier et Felix Lemaitre — Paris, Garnier frères, in-18, 4 vol.

25. **Zoroastre** — Zend-Avesta, contenant les idées théologiques, physiques et morales de ce législateur, les cérémonies du culte religieux, etc. Traduit en français par M. Anquetil du Perron — Paris, Tilliard, à St-Benoît, 1771, in-4°, 3 vol.

LXXXV.— Polygraphes-Philosophes des temps modernes jusqu'au XVIIIme siècle inclusivement.
(œuvres complètes et recueils)

---

1. **Bossuet** — Œuvres de Messire Jacques Bénigne Bossuet, évêque de Meaux, etc. — Liège, libraires associés, 1766, in-8°, 22 v.

2. **Boulanger** — Œuvres — Paris, Jean Serviès, J.F. Bastien, 1793, in-8°, 8 v.

3. **Buffon** — Œuvres complètes, mises en ordre par M. le comte de Lacépède, enrichies par ce savant d'une vue générale des progrès des sciences naturelles — Paris, Eymery Fruger et Cie, 1828, in-8°, 26 vol.

4. **Condillac** (de) — Œuvres choisies — Paris, 1796 (an IV) in-4°, 2 vol.

5.   d°   Cours d'étude pour l'instruction du prince de Parme — Parme et Paris, Monory, 1776, in-8°, 16 vol.

6. **Diderot** (Denis) — Œuvres de Denis Diderot, publiées sur les manuscrits de l'auteur, par Jacques André Naigeon — Paris, Devray, Detervile, an VI, 1798, in-8°, 15 vol.

7. **Fenelon** — Œuvres de François de Salignac de la Mothe Fenelon — Paris, Imp.Fr. Ant.Didot, in-4°. 5 vol. (manquent vol. 1 et 2).

8.   d°   Œuvres choisies — Paris, Hachette et Cie, 1872, in-8°, 4 vol.

9. **Fontenelle** (de) — Œuvres, augmentées de plusieurs pièces relatives à l'auteur — Paris, J.F. Bastien, 1790, in-8°, 8 vol.

10.   d°   Œuvres — Paris, Bernard Brunet, à l'Envie, 1742, in-18, 6 vol.

11. **Mably** (Abbé de) — Collection complète des œuvres comprenant les œuvres posthumes — Paris, Desbrière, an III (1794 à 1795) in-8°, 15 vol.

12. **Montesquieu** (de) — Œuvres — Amsterdam, Arkstée et Merkus (1758) in-18, 2 vol.

13.   d°   Œuvres complètes avec des notes d'Helvetius sur l'esprit des lois — Paris, Pierre Didot aîné, an III (1795) in-32, 12 vol.

14. **Montesquieu** — Œuvres — Paris, Plassan ; régents, Bernard et Grégoire, an IV, 1796, in-4°, 5 vol.

15.   d°   Œuvres — Edition dédiée aux amateurs de l'art typographique ou d'éditions soignées et correctes — Paris, Didot aîné, 1820, in-8°, 2 vol.

16. **Pope** (Alexandre) — Œuvres complètes. Traduites en français — Paris, Devaux-Chaignieau, 1796, in-8°, 8 vol.

17. **Rollin** — Œuvres complètes, publiées par Bastien — Paris, Pichard-Blaise, 1807, in-8°, 54 vol. et atlas in-4°.

18. **Rousseau** (J.J.) — Citoyen de Genève — Collection complète des œuvres — Genève, 1782, in-8°, 15 vol.

19.   d°   Œuvres complètes avec des notes historiques — Paris, Furne, 1835, in-4°, 4 vol.

20.   d°   Paris, Furne et Cⁱᵉ, 1844, in-4°, 4 vol.

21.   d°   Collection complète des œuvres de J.J. Rousseau, citoyen de Genève — Paris, Société littéraire typographique, 1783, in-32, 34 vol.

22. **Voltaire** — Œuvres complètes avec des notes et une notice sur la vie de Voltaire — Paris, Firmin Didot et Cⁱᵉ, 1876, in-4°, 13 vol.

23.   d°   Œuvres complètes — Paris, J. Esneau, 1823, in-8°, 37 vol.

24.   d°   Œuvres, avec préfaces, avertissements, notes, etc., par M. Beuchot — Paris, Lefèvre — Firmin Didot, 1833, in-8°, 25 vol.

LXXXVI.— Polygraphes-Philosophes et Philosophes de la Renaissance et des temps modernes jusqu'au XVIIIme siècle inclusivement.
(œuvres philosophiques)

1. **Bossuet** — Œuvres philosophiques, précédées d'une introduction par M. Jules Simon « De la connaissance de Dieu et de soi-même. Traité du libre arbitre. Elévation à Dieu. Traité de la concupiscence » — Paris, Charpentier, 1844, in-18.

2. **Charron** (Pierre) — De la sagesse, par Pierre Charron parisien, etc., suivant la vraye copie de Bourdeaux, pour servir de suite aux essais de Montaigne — Paris, Herissant fils, 1768, in-32, 2 vol.

3. **Chamfort** (N.) — Œuvres choisies, publiées avec préface et notes par M. de Lescure — Paris, 1879, in-18, 2 v.

4. **Chassignet** (Jean-Baptiste) — Besançonnais D. aux droits, dédié à Mgr le marquis de Varambon — Le mespris de la vie et consolation contre la mort. Poésies, avec préface en prose — à Besançon, par Nicolas de Moingesse M.D.XCIIII, in-32.

5. **Descartes** — Œuvres, précédées d'une introduction par M. Jules Simon — Discours sur la méthode. Méditations. Traité des passions.

6. **Erasme** — L'éloge de la folie, traduit du latin d'Erasme, par M. Gueudeville. Figures et notes — Paris, 1751, in-32.

7.   do   L'éloge de la folie, traduction nouvelle, par G. Legeal — Paris (1872) in-32.

8. **Fénelon** — Dialogues des morts anciens et modernes, choisis des œuvres de Fénelon avec des fables et contes du même auteur — Lyon, Leroy, 1808, in-18.

9. **Fontenelle** — Entretiens sur la pluralité des mondes, suivi de la démonstration des systèmes planétaires, d'après les connaissances actuelles, par Teissèdre — Paris, Ledentu, 1842, in-32.

10. **Formey** — Le philosophe chrétien — « Innocui vivite, numen adest » — Leide et Gottingue, Luzac fils, 1757, in-18, 4 vol.

11. **Helvetius** — Traité de l'Esprit — Paris, Dalibon, 1827, in-8°. 2 vol.

12. **Holbach** (baron d') — Système de la nature ou des lois du monde physique et du monde moral, avec des corrections et des notes par Diderot — Paris, Domère, 1822, in-32, 4 vol.

13. **La Bruyère** (de) — Les caractères de Monsieur de La Bruyère — Paris, Prault, 1768, in-18.

14.   d° Les caractères de Theophraste, avec les caractères ou les mœurs de ce siècle, avec notes et défense par M. Coste — Paris, E. David, à la Providence et au roi David, 1750, in-18.

15.   d° Les caractères, accompagnés des caractères de Theophraste, du discours à l'Académie française, d'une notice sur La Bruyère. Edition variorum suivie d'un index par Ch. Louandre — Paris, Charpentier, 1869, in-18.

16. **Larochefoucauld** (duc de) — Les pensées, maximes et réflexions morales de M. le duc *** avec notes par l'abbé de la Roche — Paris, Bouche, 1765, in-32.

17.   d° Maximes et réflexions morales — Paris, P. Didot aîné, 1796, in-32.

18. **Lecamus** — Médecine de l'esprit où l'on cherche le mécanisme du corps qui influe sur les fonctions de l'âme ; les causes physiques qui rendent ce mécanisme

ou défectueux ou plus parfait ; les moyens qui peuvent l'entretenir dans son état libre et le rectifier lorsqu'il est gêné — Paris, Ganeau, aux Armes de Dombes et à St-Louis. 1769, in-4°.

19. **Leibniz** — Œuvres. Nouvelle édition collationnée sur les meilleurs textes et précédée d'une introduction par M. Jacques — Paris, Charpentier (1842) in-18, 2 vol.

20. **Malebranche** — Œuvres, précédées d'une introduction par M. Jules Simon — Paris, Charpentier et Cie, 1884, in-18, 4 vol.

21.   do   De la recherche de la vérité — Paris, Durand, 1749, in-18, 4 vol.

22. **Montaigne** (Michel Seigneur de) — Essais. Nouvelle édition enrichie d'annotations en marge, corrigée et augmentée d'un tiers outre les précédentes impressions avec une table très ample des noms et matières remarquables et signalées. Plus la vie de l'auteur extraite de ses propres écrits — Paris, Claude Rigaud, à la chapelle St-Michel, 1611, in-8°.

23.   do   Essais. Paris { Damoiselle de Gournay. / Jean Camusat, libraire Juré. } 1635, in-f°.

24.   do   Les Essais, donnés sur les plus anciennes et les plus correctes éditions, augmentés de plusieurs lettres de l'auteur, etc., avec des notes par Pierre Coste — Paris, par la Société, 1725, in-4°, 3 vol.

25.   do   Essais — avec les notes de M. Coste — Londres, Jean Nourse et Vaillant, 1769, in-32, 10 vol.

26.   do   Essais, avec les notes de M. Coste. Tome VI seulement — Londres, Jean Nourse et Vaillant, 1777, in-32.

27. **Montaigne** (Michel Seigneur de) — Essais — Edition
stéréotype — Paris, P. Didot, l'aîné et F.
Didot, an x, 1802, in-18, 4 vol.

28.   d°   Essais, avec une notice biographique et la
liste des ouvrages à consulter sur Montaigne
— Paris, Charpentier, 1854, in-18, 4 vol.

29.   d°   Les essais, accompagnés d'une notice sur sa
vie et ses ouvrages, d'une étude bibliographique, de variantes, de notes, de tables et
d'un glossaire, par Courbet et Royer — Paris,
Lemerre, 1872, in-8°, 4 vol.

30.   d°   Journal du voyage en Italie par la Suisse et
l'Allemagne en 1580 et 1581 — Paris, Lejoy,
1774, in-18, 3 vol.

31. **Moralistes** français (œuvres des) — Blaise Pascal,
Larochefoucauld, La Bruyère, Vauvenargues, Duclos
— Paris, Didot frères, fils et Cⁱᵉ, 1864, in-4°.

32. **Pascal** (Blaise) — Œuvres complètes — Paris, Hachette
et Cⁱᵉ, 1864, in-18, 3 vol.

33.   d°   Œuvres complètes — Paris, Hachette et Cⁱᵉ,
1860 (1ᵉʳ vol. seulement), in-18, 2 vol.

34.   d°   Les provinciales ou les lettres écrites par
Louis de Montalte à un provincial de ses
amis et aux R.P. Jésuites. Augmenté de la
lettre d'un avocat du parlement à un de ses
amis — Cologne, Schonte, 1669, in-32.

35.   d°   Les Provinciales, etc. etc., suivies des avis,
requêtes des curés de Paris et de Rouen —
Paris, Lefèvre, 1844, in-18.

36.   d°   Les Provinciales, etc., etc., avec notes et
précis historique sur le Jansenisme par M.
Ch. Louandre — Paris, Charpentier, 1850,
in-18.

37. **Pascal** (Blaise) — Pensées. Edition variorum d'après le texte du manuscrit autographe, contenant les lettres et opuscules, la vie de Pascal par sa sœur — Notes et index par Ch. Louandre — Paris, Charpentier, 1854, in-18.

38.   d°   Pensées, suivies d'une nouvelle table analytique — Paris. Emler, 1829, in-8°.

39. **Pope** — Principes de la morale et du goût en deux poèmes, traduits de l'anglais par du Resnel — Paris, Briasson, à la Science, 1738, in-18.

40. **Sans-Souci** (Œuvre du philosophe de) — Œuvres philosophiques et mémoires pour servir à l'histoire de la maison de Brandebourg — Donjon du Château, 1750, in-8", 2 vol.

41. **Vauvenargues** — Œuvres posthumes et inédites — Paris, Furne et Cie, 1857, in-8°, 2 vol.

42. **Voltaire** — Dialogues — Paris, Thomine et Fortic, 1821, in-18.

43.   d°   Philosophie générale — Paris, Thomine et Fortic, 1821, in-18, 3 vol.

LXXXVII. — Traités et systèmes de Philosophie, Généralités.

---

1. **Barthélemy St-Hilaire** — La philosophie dans ses rapports avec les sciences et la religion — Paris, Alcan, 1889, in-8.

2. **Benard** (Ch.) — Manuel de Philosophie, suivi de réponses aux questions du baccalauréat ès-lettres et d'une analyse des auteurs prescrits — Paris, Delagrave, 1876, in-18.

3.   d°   Précis de Philosophie — Paris, Delagrave et Cie, 1870, in-8°.

4. **Blignières** (Célestin de) — Exposition abrégée et populaire de la philosophie et de la religion positives — Paris, Chamerot, 1857, in-18.

5. **Chaho** (Augustin) — Philosophie des religions comparées — Paris, 1848, in-8", 2 vol.

6. **Collins** (Howard) — Résumé de la philosophie de Herbert Spencer, traduction française par Henri de Varigny — Paris, F. Alcan, 1891, in-8°.

7. **Cousin** (Victor) — Philosophie sensualiste au XVIIIe siècle — Paris, Didier et Cie, 1866, in-18.

8. d^o Philosophie de Locke — Paris, Didier et Cie, 1861, in-18.

9. **Cousin** (V.) et **Maine de Biran** — Examen des leçons de philosophie de M. Laromiguière — Paris, Johanneau — Rouen frères, 1829, in-8°.

10. **Ferrière** — Le Darwinisme — Paris, Germer-Baillière et Cie (40), in-32.

11. **Flourens** (P.) — Examen du livre de M. Darwin sur l'origine des espèces — Paris, Garnier frères, 1864, in-18.

12. **Foucher de Careil** (A.) — Réfutation inédite de Spinozza, par Leibniz, précédée d'un mémoire — Paris, Brière, 1854, in-8°.

13. **Gobineau** (Comte de) — Les religions et les philosophies dans l'Asie centrale — Paris, Didier et Cie, 1866, in-18.

14. **Gourju** (Clément) — Cours de philosophie élémentaire — Paris, Lecoffre. Lyon, Perisse frères, 1865, in-18.

15. **Guépin** — Philosophie du XIXme siècle. Etude encyclopédique sur le monde et l'humanité — Paris, Sandré, 1854, in-8°.

16. **Idéalisme** sceptique de Kant — Critique de la raison pure dégermanisée et mise à la portée de quiconque a reçu une éducation libérale — Paris, Germer-Baillière, in-8°, 3 vol.

17. **Jouffroy** — Mélanges philosophiques — Paris, Ladrange, 1838, in-8°, 2 vol.

18. **Jourdain** (Ch.) — Notions de philosophie — Paris, Hachette et Cⁱᵉ, 1869, in-18.

19. **Marichal** (Henri) — Essai de philosophie évolutive à l'usage des gens du monde — Bruxelles, Monnom, 1891, in-4°.

20. **Matter** — Le Mysticisme en France au temps de Fénelon — Paris, Didier et Cⁱᵉ, 1865, in-18.

21. **Nourrisson** — Philosophies de la nature — Bacon, Bayle, Toland, Buffon — Paris, Perrin et Cⁱᵉ, 1887, in-18.

22.   d°   Essai sur la philosophie de Bossuet avec des fragments inédits — Paris, Ladrange, 1862,

23.   d°   Pascal physicien et philosophe—Paris,Perrin, 1885, in-18.

24. **Précis** de philosophie d'après le programme du Baccalauréat — Toulon, Robert, 1869, in-8°.

25. **Quatrefages** (A. de) — Darwin et ses précurseurs français. Etude sur le transformisme — Paris, Alcan, 1892, in-8°.

26. **Renan** (Ernest) — Averroès et l'averroïsme. Essai historique — Paris, Michel Levy frères, in-8°.

27. **Revel** (P,C.) — Esquisse d'un système de la nature fondé sur la loi du hasard, suivi du sommaire d'un essai sur la vie future considérée au point de vue biologique et philosophique — Lyon, Mougin-Rusand, 1892, in-18.

28. **Roberty** (E. de) — La sociologie. Essai de philosophie sociologique — Paris, Germer-Baillière et Cie, 1881, in-8°.

29. **Robinet** — Philosophie positive. Auguste Comte et M. Pierre Laffitte (40) — Paris, Germer-Baillière et Cie, in-18.

30. **Saint-Simon** et **Enfantin** — Œuvres publiées par les membres du Conseil institué par Enfantin pour l'exécution de ses dernières volontés et précédées de deux notes historiques — Paris, Dentu, 1865, in-8°, 7 vol.

31. **Religion** universelle (la) — Revue de pure philosophie, organe de régénération sociale, n°s 8, 9, 10, 1897 — Paris, 1897, in-18, 3 fasc^{es}.

LXXXVIII. — Morale, Esthétique, Critique.

---

1. **Abbadie** (Jacques) — L'art de se connaître soi-même ou la recherche des sources de la morale — La Haye, Jean Neaulme, 1741, in-18.

2. **Andrieu** — Philosophie et Morale — Paris, 1867 (40) in-32.

3. **Bautain** (l'abbé) — La belle saison à la campagne. Conseils spirituels — Paris, Hachette et Cie, 1859, in-18.

4. d° Le chrétien de nos jours. L'enfance et la jeunesse, l'âge mûr et la vieillesse — Paris, Hachette et Cie, 1862, in-18, 2 vol.

5. **Blanchard** (l'abbé) — L'école des mœurs ou réflexions morales et historiques sur les maximes de la sagesse — Lyon, Bruyset frères, 1788, in-18, 3 vol.

6. **Bouillier** (Francisque) — Morale et progrès — Paris, Didier et C^le, 1875, in-18,

7. **Calmon** (Madame) — Nouvelles pensées — Paris, Calmann Levy, 1889, in-18.

8. **Cousin** (Victor) — Du vrai, du beau et du bien — Paris, Didier et Cie, 1869, in-18.

9. **Deldir** (Mme Alina) — Méditations philologiques et morales — Paris, 1835, in-8º.

10. **Desjardins** (Arthur) — Les devoirs. Essai sur la morale de Cicéron. Ouvrage couronné par l'Institut — Paris, Didier et Cie, 1865, in-8º.

11. **Dupanloup** — Œuvres oratoires — Paris, Plon et Cie, 1874, in-18.

12.   dº   Controverse sur l'éducation des filles (74) — Paris, Plon et Cie, 1874, in-18.

13. **Favre** (Mme Jules) — La morale de Cicéron — Paris, Fischbacher, 1891, in-18.

14. **Feuchtersleben** (baron E. de) — Hygiène de l'âme, traduit de l'allemand par Schlesinger-Rahier, précédé d'une étude biographique et littéraire — Paris, J.B. Baillière et fils, 1860, in-18.

15. **Formey** — L'esprit de Julie ou extrait de la nouvelle Héloïse — Berlin, Jasperd (1763) in-18.

16. **Gasparin** (comte de) — L'égalité — Paris, Michel Levy, 1869, in-18.

17.   dº   La famille : ses devoirs, ses joies et ses douleurs — Paris, Michel Levy, 1869, in-18.

18.   dº   La liberté morale — Paris, Michel Levy, 1868, in-18, 2 v,

19.   dº   Le bonheur — Paris, Michel Levy, 1873, in-18.

20. **Gossot** (E.) — Marivaux, moraliste — Paris, Didier et Cie, in-18.

21. **Gréard** (Octave) — De la morale de Plutarque — Ouvrage couronné par l'Académie française — Paris, Hachette et Cie, 1892, in-18.

22. **Hennequin** — La critique scientifique — Paris, Perrin et Cie, 1888, in-18.

23. **Humphry-Davy** (Sir) — Les derniers jours d'un philosophe. Entretiens, sur la nature, les sciences, etc. — Traduit de l'anglais avec notes et préface par C. Flammarion — Paris, Didier et Cie, 1872, in-18.

24. **Janet** (Paul) — Philosophie du bonheur — Paris, Michel Levy, 1873, in-18.

25. **Juliette Lamber** — Idées anti-proud'honniennes sur l'amour, la femme et le mariage, augmenté d'un examen critique du livre « la guerre et la paix » — Paris, Dentu, 1861, in-18.

26. **Lacombe** (P.) — De l'histoire considérée comme science — Paris, Hachette et Cie. 1894, in-8°.

27. **Legouvé** (Ernest) — Histoire morale des femmes — Paris, Didier et Cie, 1869, in-18.

28. **Leroux de Lincy** — Le livre des proverbes français, précédé de recherches historiques sur les proverbes français et leur emploi dans la littérature du moyen-âge et de la renaissance — Paris, Delahaye, 1859, in-18, 2 vol.

29. **Marchal** — La femme comme il la faut — Paris, Regis Ruffet et Cie, 1864, in-32.

30. **Martin** (L.A.) — La morale chez les chinois — Paris, Didier et Cie, 1862, in-18.

31. **Marion** (Henri) — Devoirs et droits de l'homme — Paris, 1880, in-18.

32. **Martha** (C.) — Les moralistes sous l'empire romain. Philosophes et Poëtes. Ouvrage couronné par l'Académie française — Paris, L.Hachette et Cie, 1866, in-18.

33. **Maury** (Alfred) —Croyances et légendes de l'antiquité. Essai de critique appliquée à quelques points d'histoire et de mythologie — Paris, Didier et Cie, 1863, in-18.

34. **Meignan** (Mgr) — Instructions et conseils adressés aux familles chrétiennes — Le mariage, les enfants, la famille — Paris, Douniol et Cie, 1876, in-18.

35. **Michelet** (J.) — Le prêtre, la femme et la famille, avec une préface nouvelle — Paris, Chamerot, 1861, in-18.

36. **Mill** (John-Stuart) — Traduction de Dupont-White — La liberté, avec une introduction de Dupont-White Paris, Guillaumin et Cie, 1860, in-18.

37. **Monrad** (Marcus Jacobus) — De vi logicœ rationis in describendâ philosophie historiâ ad Eduardum Zellerum professorem, marburgensem celeberrimum epistola — Christianiœ, Broggero-Christianis, 1860, in-8°.

38. **Olle-Laprune** — Les sources de la paix intellectuelle — Paris, Belin frères, 1892, in-18.

39. **Renaud** (Hippolyte) — Raison et préjugés — Paris, 1867, in-18.

40. **Rondelet** (Antonin) — La vie dans le mariage — Paris, Perrin, 1885, in-18.

41. **Saisset** (Emile) — Mélanges d'histoire, de morale et de critique — Paris, Charpentier, 1859, in-18.

42. **Sakkarin** (Ysope) — La morale gallicane — Paris, 1882, in-18.

43. **Simon** (Jules) — Le Devoir — Paris, Hachette et Cie, 1864, in-18.

44. **Stewart** (Dugald) — Esquisse de philosophie morale, traduit de l'anglais par Théodore Jouffroy — Paris, Johanneau, 1841, in-8°.

45. **Tablettes** (les) de la vie — Paris, Alcan, 1891, in-8°.

46. **Tardiveau** (A.) — Fleurs d'antan et fleurs nouvelles, cueillies par Tardiveau — Paris, Lavauzelle, 1892, in-18.

47. d° Fleurs d'antan et fleurs nouvelles (2e série) — Paris, Lemerre, 1894, in-18.

LXXXIX.— Métaphysique

---

1. **Blampignon** (E,A.) — Etude sur Malebranche, d'après les documents manuscrits, suivie d'une correspondance inédite. Ouvrage couronné par l'Académie française — Paris, Douniol, 1862, in-8°.

2. **Bouillier** (Francisque) — Du principe vital et de l'âme pensante, ou examen des diverses doctrines médicales et psychologiques sur les rapports de l'âme et de la vie — Paris, Baillière et fils, 1862, in-8°.

3. **Cabanis** (P.J.G.) — Rapports du physique et du moral de l'homme, avec l'extrait raisonné de Destutt de Tracy et une notice biographique sur Cabanis, par le docteur Cerise — Paris, Fortin Masson et Cie— Charpentier, 1843, in-18.

4. **Christophe** (l'abbé) — Du surnaturel, discours lu à l'Académie des sciences, belles-lettres et arts de Lyon. Séances du 22 avril et du 5 mai 1873 — Lyon, Josserand, 1873. in-8°.

5. **Cochin** (Augustin) — Le monde invisible — Paris, Ch. Douniol, 1864, in-8°.

6. **Coulomp** (E.J.) — Le secret de l'absolu. Préface de de M. E. Burnouf — Paris, Société Théosophique, 1892, in-18.

7. **Fichte** (de) — Destination de l'homme, traduit de l'allemand par Barchou de Penhoën — Paris, Paulin, 1832, in-8°.

8. **Gasparin** (comte de) — Du surnaturel — Paris, Calmann Levy, 1892, in-18, 2 vol.

9.   d°   Les droits du cœur — Paris, Calmann Levy, 1878, in-18.

10.   d°   Paroles de vérité — Paris, Calmann Levy, 1876, in-18.

11.   d°   La conscience — Paris, Michel Levy, 1873, in-18.

12. **Gratry** (A.) — La connaissance de Dieu. Paris { Douniol / Jacques Lecoffre } 1864, in-8°, 2 vol.

13.   d°   Philosophie — De la connaissance de l'âme — Paris, Donniol, 1874, in-18, 2 vol.

14. **Guyau** — La genèse de l'idée de temps, avec une introduction par Alfred Fouillée — Paris, Félix Alcan, 1890, in-18.

15. **Izoulet** (Jean) — La cité moderne, métaphysique de la sociologie — Paris, F. Alcan, 1896, in-8°.

16. **Lefèvre** (André) — La Religion — Paris, Reinwald et Cie, 1892, in-8°.

17. **Levêque** (Charles) — Les harmonies providentielles — Paris, Hachette et Cie, 1872, in-18.

18. **Marillier** (Léon) — La liberté de conscience — Paris, A. Colin et Cie, 1890, in-18.

19. **Nus** (Eugène) — Les grands mystères, vie universelle — Paris, Sciences physiques et spirites, in-18.

20.   d°   Les dogmes nouveaux — Paris, Dentu, 1878, in-18.

21.   d°   A la recherche des destinées — Paris, Marpon et Flammarion, in-18.

22. **Pompery** (Edouard de) — La morale naturelle et la religion de l'humanité — Paris, Reinwald, 1891, in-18.

23. **Quinet** (Edgar) — La création — Paris, Lacroix, Verboeckhoven et Cie, 1870, in-8°, 2 vol.

24. **Renaud** (Hippolyte) — Destinée de l'homme dans les deux mondes — Paris, Ledoyen. 1862, in-18.

25. **Simon** (Jules) — La liberté de conscience — Paris, Hachette et Cie, 1857, in-18.

26.   d°   La religion naturelle — Paris, Hachette et Cie, 1866, in-18.

27. **Valroger** (H. de) — La genèse des espèces — Paris, Didier et Cie, 1873, in-18.

28. **Weill** (Al.) — Mystère de la Création, traduit de l'hébreu — Paris, Dentu, 1855, in-18.

____

XC.— Psychologie.

____

1. **Andry** (D^r) — Recherches historiques sur le symbolisme du cœur au point de vue religieux et en particulier sur les sacrés-cœurs de Jésus et de Marie — Paris, Dubuisjon et Cie, 1856, in-8°.

2. **Angot des Rotours** (Jules) — La morale du cœur, étude d'âmes modernes ; avec une préface de M. Félix Ravaisson.
Paris { Didier / Perrin et Cie } 1893, in-18.

3. **Beaunis et Binet**, avec la collaboration de MM. Ribot et Henri — L'année psychologique 1894 — Paris, Germer-Baillière et Cie, 1895, in-8°.

4. **Bertrand de Saint-Germain** — Descartes considéré comme physiologiste et comme médecin — Paris, Victor Masson et fils, 1869, in-8°.

5. **Carrau** (Ludovic) — La conscience psychologique et morale dans l'individu et dans l'histoire — Paris, Didier — Perrin et Cie, 1887, in-18.

6. **Chatelain** — La folie de J.-J. Rousseau — Paris, Fischbacher, 1890, in-18.

7. **Despine** (Prosper) — La science du cœur humain ou la psychologie des sentiments et des passions d'après les œuvres de Molière — Paris, Savy, 1884, in-18.

8. **Enfantin** et **St-Simon** — Science de l'homme, physiologie religieuse — Paris, Victor Masson, 1858, in-4°.

9. **Gardair** (J.) — Philosophie de saint Thomas : les passions et la volonté — Paris, P. Lethielleux, 1892, in-18.

10.   d° — Corps et âme, essai sur la philosophie de saint Thomas — Paris, P. Lethielleux, 1892, in-18.

11. **Haas** — La femme, réfutation des propositions de M. J. Michelet.
Paris { Schulz et Thuillié / E. Dentu } 1860, in-18.

12. **Hello** (Ernest) — L'homme, précédé d'une introduction par M. Henri Lasserre — Paris, Victor Palmé, 1872, in-8°.

13. **Jacob** (F.) — Les mystères du cœur ou révélation de l'homme à la femme et de la femme à l'homme, d'après les meilleurs auteurs de tous les temps et de tous les pays — Dijon, Marchand, 1867, in-18.

14. **Lubbock** (Sir John) — Le bonheur de vivre, traduit de l'anglais — Paris, Alcan, 1888, in-18, 2 vol.

15. **Maillet** (Eugène) — Eléments de psychologie de l'homme et de l'enfant appliquée à la pédagogie — Paris, Belin, 1890, in-18.

16. **Paulhan** (F.) — L'activité mentale et les éléments de l'esprit — Paris, F. Alcan, 1889, in-8°.

17. **Psychologie anglaise** (la) — Coulommiers, Brodard et Gallois, in-8°.

18. **Rêveries** (les) d'un promeneur solitaire — (Promenades philosophiques), in-8°.

19. **Ribot** (Th.) — Psychologie de l'attention — Paris, Alcan, 1889, in-18.

20. **Rod** (Ed.) — Le sens de la vie — Paris, Perrin et Cie, 1889, in-18.

21. **Schopenhauer** — La volonté — in-18.

XCI.— Variétés philosophiques

1. **Coulanges** (Fustel de) — La cité antique. Etude sur le culte, le droit, les institutions de la Grèce et de Rome — Paris, Durand, 1864, in-8°.

2. **Daniel** (Edouard) — Dante et ses doctrines théologiques contenues dans la Divine Comédie — Antibes, J. Marchand, 1873, in-8°.

3. **Gasparin** (Madame de) — Les tristesses humaines Paris, Calmann Levy, 1888, in-18.

4. d° Les horizons prochains — Paris, Calmann Levy, 1883, in-18.

5. d° Les horizons célestes — Paris, Calmann Levy, 1875, in-18.

6. **Lacordaire** — Œuvres philosophiques et politiques — Paris, Poussielgue frères, 1872, in-18.

7.   d°   Mélanges — Paris, Poussielgue frères, 1872, in-18.

8. **Lamennais** — Le livre du peuple — Paris, Pagnerre, 1838, in-32.

9.   d°   Paroles d'un croyant — Paris, Dubuisson et Cie, 1864, in-32.

10. **Meignan** (Mgr) — Le monde et l'homme primitif, selon la Bible — Paris, V. Palmé, 1869, in-8°.

11. **Nicolas** (Auguste) — La révolution et l'ordre chrétien, ouvrage complémentaire de l'Etat sans Dieu — Paris, Emile Vaton, 1873, in-8°.

12.   d°   L'Etat sans Dieu, mal social de la France — Paris, Vaton, in-8°.

13.   d°   Etudes philosophiques sur le christianisme — Paris, Vaton, 1848, in-18, 4 vol.

14. **Nus** (Eugène) — Nos bêtises — Paris, Dentu, in-18.

15.   d°   Vivisection du Catholicisme — Paris, E. Flammarion, 1894, in-18.

16. **Ortolan** (Elzéar) — Contre-paroles d'un croyant — Paris, Ledoyen, 1834, in-8°.

17. **Perraud** (Mgr) — Hommes, Chrétiens, Français — Paris, Gervais, 1879, in-8".

18. **Reynaud** (Jean) — L'esprit de la Gaule, œuvres choisies. Lectures variées — Paris, Furne, Jouvet et Cie, 1866, in-8°, 2 vol.

19. **Temple** du bonheur ou recueil des plus excellents traités sur le bonheur — Bouillon, 1770, in-18, 4 vol.

P.— Théologie.

XCII.— Théologie chrétienne : Histoire

1. **Alaux** (J. E.) — Le problème religieux au XIXme siècle, précédé d'une préface par Jean Paul Clarens — Paris, F. Alcan, 1890, in-8°.

2. **Bossuet** — Histoire des variations des églises protestantes — Paris, Desprez, 1734 — Desessarts, à St-Prosper et aux 3 Vertus, in-18, 4 vol.

3. **Dupanloup** — Première lettre à un Catholique sur la brochure « Le pape et le Congrès » — Paris, Douniol, Lecoffre, 1860, in-8°.

4.　　d° 　2me lettre à un Catholique sur le démembrement dont les États pontificaux sont menacés — Paris, Douniol, 1860, in-8°.

5. **Gasparin** (Comte de) — Jésus. Quelques scènes de sa vie terrestre — Paris, Calmann Levy, 1885, in-18.

6. **Gazan** (le Vte) — Services que le Catholicisme a rendus à la France — Paris, Poussielgue et fils, 1865, in-8°.

7. **Hughes** (Ed.) et **Court** (Ant.) — Histoire de la Restauration du Protestantisme en France au XVIIIme siècle, d'après des documents inédits par Ant. Court — Paris, Michel Levy frères, 1872, in-8°, 2 vol.

8. **Isoard** (Mgr) — Hier et aujourd'hui dans la Société chrétienne — Paris, Douniol, 1867, in-18.

9. **Lalanne** (J.A.) — Influence des pères de l'Eglise sur l'éducation publique pendant les 5 1ers siècles de l'ère chrétienne — Paris, Sagnier et Bray, 1850, in-8°.

10. **Loiret** (du) — Histoire abrégée du sacrilège chez les différents peuples et particulièrement en France, avec des notes historiques sur les persécutions religieuses et leurs victimes — Paris, 1825, in 8°, 2 v.

11. **Loyson** (Hyacinthe) — De la Réforme catholique. Catholicisme et Protestantisme — Paris, Sandoz et Fischbacher, 1873, in-18.

12. **Missions Evangéliques** (Les) au XIXme siècle — Neuchâtel, Delachaux. 1867, in-8".

13. **Nachet** (J.) — De la liberté religieuse en France ou essai sur la législation relative à l'exercice de cette liberté — Paris, 1846, in-8".

14. **Pape** et le Congrès (Le) — Paris, Dentu, 1859, in-8°.

15. **Perraud** (Ad.) — La crise protestante et la crise catholique en 1872 — Paris, Douniol et Cie, 1872, in-8°.

16. **Picot** (Georges) — La pacification religieuse et les suspensions de traitements 1882-1892 — Paris, Calmann Levy, 1892, in-18.

17. **Pitzipios** (Jacques) — L'église orientale, exposé historique de la séparation et de la réunion avec celle de Rome, etc. — Rome, La Propagande, 1855, in-8°, 3 vol.

18. **Pressensé** (de) — Le Concile du Vatican, son histoire et ses conséquences politiques et religieuses — Paris, Sandoz et Fischbacher, 1872, in-18.

19. **Rebelliau** (Alfred) — Bossuet historien du protestantisme, étude sur l'histoire des variations et sur la controverse entre les protestants et les catholiques au XVIIme siècle — Paris, Hachette et Cie, 1892, in-8°.

20. **Renan** (Ernest) — Etudes d'histoire religieuse — Paris, Calmann Levy, 1880, in-8°.

21. **Renan** (Ernest) — Vie de Jésus — Paris, Michel Levy frères, 1863, in-8°.

22.   d°   Les apôtres — Paris, Michel Levy, 1866, in-8°.

23. **Rousselot** (Xavier) — Etude d'histoire religieuse aux XIIme et XIIIme siècles. Joachim de Flore, Jean de Parme et la doctrine de l'Evangile éternel — Paris, Ernest Thorin, 1867, in-8°.

24. **Royaumont** (de) — L'histoire du Vieux et du Nouveau Testament, avec des explications édifiantes — Limoges, Martial Barbou, 1755, in-32.

25. **Salvador** (J.) — Jésus-Christ et sa doctrine. Histoire de la naissance de l'église, de son organisation et de ses progrès pendant le premier siècle — Paris, Guyot et Scribe, 1838, in-8°, 2 vol.

26. **Spuller** (Eugène) — L'évolution politique et sociale de l'Eglise — Paris, F. Alcan, 1893, in-18.

XCIII. — Théogonie : Histoire.

1. **Boissier** (Gaston) — La fin du paganisme, étude sur les dernières luttes religieuses en Occident au IVe siècle — Paris, Hachette et Cie, 1894, in-18, 2 vol.

2. **Lamairesse** (E.) — L'Inde avant le bouddha — Paris, G. Carré, 1892, in-18.

3.   d°   L'Inde après le bouddha — Paris, G. Carré, 1892, in-18.

4.   d°   La vie du bouddha suivie du bouddhisme dans l'Indo-Chine — Paris, G. Carré, 1892, in-18.

5. **Maury** (Alf.) — Religions de la Grèce antique depuis leur origine jusqu'à leur complète constitution — Paris, Ladrange, 1857-59, in-8°, 3 vol.

6. **Reinaud** — Notice sur Mahomet — Paris, F. Didot frères, fils et Cⁱᵉ, 1860, in-8º.

7. **Savary** (M.) — Le Coran, traduit de l'arabe, accompagné de notes et précédé d'un abrégé de la vie de Mahomet, tiré des écrivains orientaux les plus estimés — Paris, 1783, in-8º, 2 vol.

8. **Schuré** (Edouard) — Les grands initiés, esquisse de l'histoire secrète des religions — Rama, Krishna, Hermés, Moïse, Orphée, Pythagore, Platon, Jésus — Paris, Didier, Perrin et Cⁱᵉ, 1893, in-18.

XCIV.— Théologiens chrétiens du Moyen-Age et de la Renaissance.

1. **Abelard** (Pierre) — Œuvres complètes d'Abelard Pierre, suivies des œuvres d'Hilaire et Bérenger, ses disciples. Texte latin — Paris, Migne, 1855, in-4º.

2. **Anselme** (Saint) — Œuvres complètes. Texte latin publié par Gabriel Gerberon, moine de la congrégation de St-Maur, suivi des œuvres d'Eadmerus, moine, et d'opuscules de Gundulfus, S. Hugon, Walramus, Gilbert, Philippe Iᵉʳ roi des Francs et Gislebert — Paris, Migne, 1853, in-4º, 2 vol.

3. **Augustin** (Saint) Evêque d'Hyppone — Œuvres complètes. Texte latin, publiées par les soins des moines de St-Benoit de la congrégation de St-Maur, avec supplément publié en 1849, par Caillau et St-Yves — Paris, Migne, 1841, in-4º, 16 vol.

4. **Bandini**, maître des sentences (XIIᵐᵉ siècle) — Voir Lombard.

5. **Berenger**, disciple d'Abelard — Voir Abelard.

6. **Choix** d'ouvrages mystiques de St-Augustin, Boêce, St-Bernard, Gersen, Cardinal Bona, Tauler, Louis de Blois, avec notices littéraires par Bachon — Paris, Panthéon littéraire, 1843, in-4".

7. **De Imitatione** Christi libri quatuor — ex-recensione Josephi Valart — Paris, Barbou, 1758, in-32.

8. **Didyme d'Alexandrie** — Œuvres complètes, suivi des opuscules de Nectarius, archevêque de Constantinople — Paris, Migne, 1858, in-4º.

9. **Eadmerus** — Œuvres complètes, voir saint Anselme.

10. **François de Sales** (Saint) — Œuvres complètes — Paris, Migne, 1861, in-4", 6 v.

11. **Hugon**, archevêque (XVIᵉ sièle) — Voir Lombard.

12. **Hilaire**, disciple d'Abelard — Voir Abelard.

13. **Imitation** de Jésus-Christ, traduction nouvelle par le seigneur Debeuil, prieur de St-Val — Bruxelles, E.H.Fricx, 1707, in-32.

14. **Imitation** (l') de Jésus-Christ, traduction nouvelle avec des réflexions à la fin de chaque chapitre par l'abbé F. de Lamennais — Tours, Alfred Mame et fils, 1872, in-8º.

15. **Jean d'Avila** — Œuvres complètes — (Voir Sainte Thérèse).

16. **Jean de la Croix** (Saint) — Œuves complètes — (Voir Sainte Thérèse).

17. **Jeanne Françoise de Chantal** (Sainte), fondatrice et première supérieure de l'ordre de la Visitation Sainte Marie — Œuvres complètes — Paris, Migne, 1862, in-4º, 2 vol.

18. **Jérome** (Saint) — Œuvres complètes, texte latin,
    publié par les soins de Vallarsi et Maffœi,
    avec notes et table analytique — Paris,
    Migne, 1845, in-4°, 11 vol,

19.   d°   Œuvres en français, traduction de Matougues
    et Aimé Martin — Paris, 1858, in-4°.

20. **Lactance** — Lactantii opera omnia, prœcedunt S.
    Marcellini, S. Marcelli, S. Eusebii, S. Melchiadis,
    Anonymi, Celsi, omnia quœ existant fragmenta —
    Paris, Migne, 1844, in-4°, 2 vol.

21. **Lombard**, maître des sentences, évêque de Paris
    — Œuvres complètes, suivies des 4 livres de sen-
    tences de maître Bandini (XIIᵉ siècle), des œuvres de
    Hugon, archevêque d'Amiens et de Rouen (XVIᵉ
    siècle) — Paris, Migne, 1854-55, in-4°, 2 vol.

22. **Minorum** patrum qui seculo tertio floruerunt in
    ecclesiâ latinâ a Tertulliano ad Cyprianum, opera
    — Paris, Sirou, 1844, in-4°.

23. **Nectarius**, archevêque de Constantinople — Voir
    Didyme d'Alexandrie.

24. **Opuscules** (œuvres de divers) — Voir Saint-Anselme.

25.   d°   d°   Voir Lactance.

26. **Origène** — Œuvres complètes, textes grec et latin.
    Traduit en latin et publié par les soins de Charles et
    Charles Vincent Delarue, de l'Ordre des bénédictins
    de St-Maur, avec notes, appendice et index analy-
    tique — Paris, Migne, 1857, in-4°, 9 vol.

27. **Pierre d'Alcantara** (Saint) — Œuvres complètes,
    voir Sainte-Thérèse.

28. **Scot** (Jean) — Œuvres complètes. Lettres et décrets
    du pape Adrien II — Texte latin, avec notes, publié
    par Henri Joseph Floss — Paris, Migne, 1853, in-4°.

29. **Sixti**, Dionysii, Dionysii Alexandrini, S. Felicis, S. Eutychiani, Caii, Commodiani, Antonii, S. Victorini, Magnetii, Arnobii — Paris, Sirou, 1844, in-4°.

30. **Sancti** Thascii Cœcilii Cypriani episcopi Carthaginensis et Martyris opera omnia — Paris, Migne, Sirou, 1844, in-4°.

31. **Thérèse** (Sainte) — Œuvres très complètes, précédées du portrait de la Sainte, du fac-similé de son écriture, de sa vie, de la bulle de sa canonisation, suivies de lettres inédites ; des œuvres complètes de St-Pierre d'Alcantara, de saint Jean de la Croix et du bienheureux Jean d'Avila, formant ainsi un tout bien complet de la plus célèbre école ascétique d'Espagne, par Blanchard — Paris, Migne, 1860, in-4°, 4 vol.

32. **Thomas d'Aquin** (Saint) — Divi Thomœ Aquinatis quinti ecclesiœ doctoris. Jure merito Angelici, Ordinis fratrum prœdicatorum summa Theologica — Texte latin publié par les soins de Garcia, Donato, etc., avec table analytique et alphabétique — Paris, Migne, 1857 (1er vol. manque) 5 vol., in-4°.

33.   d° Nouvelle traduction en français, par l'Abbé Carmagnolle, de la somme théologique de saint Thomas d'Aquin, précédée des éloges du saint docteur et de sa biographie, accompagnée du texte latin en regard, avec des notes scientifiques, un aperçu synoptique contenant le supplément et suivie d'une table générale par ordre alphabétique — Draguignan, Gimbert, 1860 à 1868, in-4°, 20 vol.

34. **Voragine** (Jacques de) — La légende dorée, traduite du latin et précédée d'une notice historique et bibliographique — Paris, Ch. Gosselin, 1843, in-18, 2 vol.

XGV. — Théologie positive et liturgique.

1. **Biblia** his accesserunt schemata tabernaculi mosaïci, etc. Index rerum et sententiarium quœ in iis continentur, hebrœ item, Chaldœa, Grœca et latina nomina virorum, mulierum, etc. — Lutetiœ ex-officinâ Roberti Stephani, typographi regi M.D.LVI., in-f°.

    Cette bible est connue sous le nom de Vulgate et traduite du texte original par saint Jérome, au IV° siècle. C'est la seule version latine reconnue comme canonique par le concile de Trente au XVI° siècle.

2. **Castellionis** (Sébastien) — Novum Jesu Christi testamentum latinum — Lipsiœ, Bernh. Christoph. Breitkopf., 1760, in-18,

3. **Compendiosœ** Institutiones théologicœ — De fide, de deo et ejus attributis, de deo trino, de deo incarnato — Toulouse, Douladoure, 1856, in-18.

4. **Compendium** philosophiœ ad usum seminariorum — Paris, Jacob Lecoffre et Cie, 1854-1861, in-18; 2 vol.

5. **Choin** (L.A.Joly de), évêque de Toulon — Instruction sur le rituel, contenant la théorie et la pratique des sacrements et de la morale, etc. — Lyon, Perisse frères, 1780, in-4°, 3 vol.

6. **Drelincourt** — Sonnets chrétiens sur divers sujets, augmentés des psaumes pénitentiaux en vers héroïques — Amsterdam, Desbordes, 1758, in-32.

7. **Erasme** Novum Testamentum cum versione Erasmi Basileœ anno M.D.XXVII. Joan. Prob.

    « Offert à la Bibliothèque au moment de la grande
    « crise nationale, en témoignage de foi dans l'avenir
    « stable et heureux de la France ».
    Signé : G. Whiteley m.d.ed.
    15 années résidant à Cannes.
    (Annotation manuscrite sur la première page).

8. **Fleury** (l'Abbé) — Cathéchisme historique, contenant en abrégé l'histoire sainte et la doctrine chrétienne — Lyon, J. M. Bruyset père et fils, 1774, in-18.

9. **Gautrelet** — Mois de la Sainte enfance ou Jésus modèle de l'âme chrétienne — Nancy. 1882, in-32.

10. **Girodon** (P.) — Exposé de la doctrine catholique. précédé d'une introduction par Mgr d'Hulst — Paris, Plon, Nourrit et Cie, 1884, in-8°, 2 vol.

11. **Graduale** ad Usum sacri ordinis Cartusiensis-missis conventualibus tam de tempore quàm de festo ac votivis inserviens — Castris ex officina Robert, 1756, in-f°.

12. **Hymni** per totius anni circulum dicendi cum notâ primi Cujusque Versus juxta reformationem breviarii sacri ordinis cartusiensis, — in-f° — Correriœ per Andrœam Faure sumptibus majoris Cartusiœ, 1701.

13. **Imitation** de la très Sainte-Vierge sur le modèle de l'Imitation de Jésus-Christ — Tours, Mame et Cie, 1835, in-32.

14. **Jésuites** (les constitutions des) avec les déclarations. Texte latin, d'après l'éditeur de Prague — Paris, Paulin. 1843, in-18.

15. **Martin** (David) — La Ste-Bible, qui contient le vieux et le nouveau Testament, revue sur les originaux — Paris, Société biblique, 1845, in-32, 2 vol.

16.   d° Edition 1827, in-8°, 2 vol.

17. **Novum** Jesu Christi testamentum — Editio ad exemplar vaticanum accuraté emendata — Tolosœ J.M. Douladoure, 1812, in-32.

18. **Nouveau** Testament de notre Seigneur Jésus-Christ. Edition stéréotype — Paris, F. Didot, 1813, in-8°.

19. **Office** de la Semaine Sainte, latin et français, à l'usage de Rome et de Paris, avec l'explication des cérémonies de l'église et quelques prières tirées de l'Ecriture pour la confession et la communion et sur les mystères que l'on célèbre durant ce saint temps — Paris, Antoine Dezaillier, à la Couronne d'Or, 1708, in-8°.

20. **Osterwald** — Le nouveau testament de N.S.J.-C. — — Bruxelles, 1817, in-18, 2 vol.

21. **Prêtre de l'Oratoire** (par un) — Des fonctions, des obligations et des biens des dignitaires ecclésiastiques ou ancienne et nouvelle discipline de l'église touchant les bénéfices et les bénéficiers, extraite de la discipline du révérend père Thomassin suivie d'un appendice tiré des ouvrages du Comte J. de Maistre, etc.— Paris, librairie ecclésiastique. 1838, in-8°, 2 vol.

22. **Royaumont** (de) — L'histoire du vieux et du nouveau testament avec des explications édifiantes —Limoges, Martial Barbou, 1755, in-32.

23. **Sacy** (Le maistre de) — Le nouveau testament de N.S.J.-C., traduit sur la Vulgate — Paris, F. Didot, 1816, in-8", 2 vol.

24.   d°   La Sainte Bible contenant l'ancien et le nouveau testament, traduite sur la Vulgate — Paris, Smith, 1822, in-8°.

25. **Trichaud** (J. M.) — Les saints et bienheureux de l'ordre de saint Dominique pour chaque jour de l'année — Antibes, Marchand, 1878, in-18.

XCVI.— Théologie Parénétique

---

1. **Bossuet** — Sermons choisis, collationnés sur les meilleures éditions, accompagnés d'une introduction, de notices et de notes, par F. Brunetière — Paris, F. Didot, 1882, in-18.

2. **Bossuet** — Sermons sur l'honneur du monde et sur la mort, revisés sur les manuscrits autographes avec notice, notes et index par F. Brunetière — Paris, F. Didot et Cie, in-18.

3. d° Oraisons funèbres, précédées de l'essai sur l'Oraison funèbre, par M. Villemain, suivies d'un choix d'Oraisons funèbres de Fléchier et de Mascaron — Paris, F. Didot frères, fils et Cie, 1870, in-18.

4. **Bourdaloue** — Œuvres — Paris, Didot frères, 1840, in-4°, 3 vol.

5. d° Morceaux choisis, recueillis par Henri Lemaire Paris, Belin fils, 1810, in-18.

6. d° Recueil des Oraisons funèbres, avec précis de la vie de l'auteur — Tulle, Chirac, 1808,

7. **Dupanloup** (Mgr) — Nouvelles œuvres choisies — Paris, Plon et Cie, 1874, in-8°, 6 vol.

8. **Farjat** (E.) — Le jour du bonheur et le jour du malheur. Sermons — Cannes, Figère et Guiglion, 1888, in-18.

9. **Fléchier** (de) — Oraisons funèbres, notes, discours, etc. — Paris, Werdet et Lequien fils, 1828, in-8°.

10. **Lacordaire** — Œuvres complètes, avec volume de notice biographique servant d'introduction — Paris, Poussielque frères, 1872, in-18, 10 v.

11. **Massillon** — Œuvres — Paris, Gaume et Cie, 1856, in-8°, 3 vol.

12. d° Paris, Lefèvre, 1833, in-4°, 2 vol.

13. **Perraud** (Mgr) — Œuvres pastorales et oratoires — Paris, Oudin, 1886, in-8°, 4 vol.

14. d° Recueil factice de 15 sermons ou discours — Autun, Dejussien, 1878, in-32.

XCVII. — Mélanges Religieux.

1. **Bossuet** — Discours sur l'histoire universelle pour expliquer la suite de la Religion et les changements des Empires — Paris, Delalain, 1771, in-18, 2 vol.

2. **Burnouf** — Le catholicisme contemporain — Paris, Calmann Levy, 1879, in-18.

3. **Cabibel** (J.) — Le coup de clairon — Paris, André Sagnier, 1878, in-8º.

4. **Channing** (W.E.) — La liberté spirituelle et traités religieux, précédés d'une introduction par E. Laboulaye — Paris, Charpentier, 1866, in-18.

5. **Chauliac** — Le protestantisme confondu et la vérité du catholicisme démontrée, ouvrage à la portée de toutes les intelligences — Orange, Jules Escoffier, 1839, in-18.

6. **Cohen** (J.) — Les déicides, examen de la divinité de Jésus-Christ et de l'Eglise chrétienne au point de vue du Judaïsme — Paris, Michel Levy, 1861, in-4º.

7. **Delière** (l'abbé) — Résumé et conclusion des 15 requêtes adressées inutilement à M. Vernes, ministre protestant, pour savoir s'il est nécessaire de croire à quelque chose pour être protestant — Paris, Oudin, 1874, in-18.

8. **Fleury** — Mœurs des israélites et des chrétiens — Lyon, 1808, in-18.

9. **Frayssinous** (M. D.) — Défense du christianisme ou conférences sur la religion — Paris, Leclerc et Cⁱᵉ, 1825, in-18, 4 vol.

10. **Guigou** (l'abbé) — Ayez confiance ou conseils aux âmes portées au découragement — Cannes, Maccary, 1868, in-32.

11.　　　dº　　Consolation à ceux qui pleurent — Cannes, Vidal, 1872, in-32.

12. **Lafond** (Edmond) — Rome œcuménique. Lettres à un ami — Paris, Victor Palmé, 1870, in-18.

13. **Lafond** (comte) — La Salette, Lourdes, Pontmain. Voyage d'un croyant — Paris, Bray et Retaus, in-18.

14. **Lasserre** (Henri) — Notre-Dame de Lourdes — Paris, Sunard et Derongeaux. / Limoges, E. Ardant et Cⁱᵉ. } 1892, in-18.

15. dᵒ Notre-Dame de Lourdes — Paris et Limoges, Eugène Ardant et Cⁱᵉ, 1892, in-18.

16. **Maistre** (Joseph Marie de) — De l'église gallicane dans son rapport avec le souverain pontife — Paris, librairie ecclésiastique, 1821, in-8º.

17. dᵒ Du pape — Lyon, Rusand, 1821, in-8º, 2 vol.

18. **Meuley** (Achille) — La divine espérance aux âmes tentées et affligées — Paris, 1878, in-18.

19. **Minghetti** (L.) — L'Etat et l'Eglise, traduit de l'italien par M. L. Borguet et précédé d'une introduction par M. L. de Lavelaye — Paris, Germer-Baillière et Cⁱᵉ, 1882, in-8º.

20. **Montalembert** (le comte de) — L'Eglise libre dans l'Etat libre — Bruxelles, 1863, in-8º.

21. **Moore** (Th.) — Voyage d'un jeune Irlandais à la recherche d'une religion — Paris, Gaume frères, 1836, in-8º.

22. **Philocrite** (J.) — Odégos ou le chemin de la vie — Cannes, Vidal, 1874, in-18.

23. **Planus** (l'abbé) — Aux forgerons du Creusot, discours prononcé dans l'église de St-Laurent, du Creusot — Autun, Dejussien, père et fils, 1888, in-18.

24. **Robert** — Quelques raisons de ne pas être protestant, accompagnées d'observations sur l'état actuel du protestantisme en France.
Paris, H. Vrayet de Surcy.
Rouen, E. Vincent. } in-18.

25. **Thomassy** (Jean) — Pensées sur la religion, suivies de l'opuscule intitulé Jésus-Christ — Paris, Plon, 1865, in-8°.

26. **Tisserand** (Le chanoine) — Immortalité de l'âme ou culte des ancêtres — Nice, Cauvin et Cie, 1871, in-18.

S. — Économie Politique.

(Science Politique, Sociale, Économique, Administrative, Statistique).

XCVIII. — Histoire de l'Économie Politique.

1. **Biollay** (Léon) — Le pacte de famine. L'administration du Commerce au XVIIIe siècle — Paris, Guillaumin et Cie, 1885, in-8°.

2. **Blanqui** (Ad.) — Résumé de l'histoire du Commerce et de l'Industrie — Paris, Lecomte et Durey, 1826, in-32.

3. **Bloch** (Maurice) — Les progrès de la Science économique depuis Adam Smith — Paris, Guillaumin et Cie, 2 vol., in-8$_o$.

4. **Bondois** (Paul) — Histoire des institutions et des mœurs de la France depuis les origines jusqu'au XVIIe siècle — Paris, Germer-Baillière et Cie, in-32, 2 vol.

5. **Boyer** (Paul) — Le commerce des céréales en France au XVIIIe siècle. Étude historique — Paris, Picard et fils, 1894, in-4°.

6. **Bussy** (Ch. de) — Histoire et réfutation du socialisme depuis l'antiquité jusqu'à nos jours — Paris, Gaittet, 1863, in-18.

7. **Clément** (Pierre) — Histoire du système protecteur en France, depuis le ministère de Colbert jusqu'à la révolution de 1848 — Paris, Guillaumin et Cie, 1854, in-8°.

8. **Ducrocq** (Th.) — Etude d'histoire financière et monétaire (11) — Paris, Guillaumin et' Cie — Poitiers, Paul Oudin, 1887, in-8".

9. **Ferguson** (S.) — Origine du libre échange — Amiens' Jeunet, 1861, in-8°.

10. **Pigeonneau** — Histoire du Commerce de la France — Paris, Cerf, 1889, in-8".

11. **Raffalovich** (Arthur) — L'année économique (1887-1888). Finances, législation, tarifs, marchés (7) — Paris, Quantin, 1888, in-8".

12. **Raynal** — Histoire philosophique et politique des établissements et du commere des Européens dans les deux Indes — Paris, A. Coste et Cie, 1820, 12 vol., in-8°, 1 atlas in-4°.

13. **Reybaud** (Louis) — L'Industrie en Europe — Paris, Michel Levy frères, 1856, in-18.

14. **Riencourt** (de) — Les militaires blessés et invalides. Leur histoire, leur situation en France et à l'Etranger — Paris, Dumaine, 1875, 2 vol., in-8°.

15. **Rougier** (Paul) — L'économie politique à Lyon (1750-1890), précédé d'une lettre de M. Isaac — Paris, Guillaumin et Cie, 1891, in-8°.

16. **Sauvage** (P.C.M.) — Le travail et l'industrie de la construction. Recherches et considérations sur leurs conditions économiques dans le passé, le présent et l'avenir — Paris, Morel et Cie, 1875, in-8°.

17. **Siegfried** (Jules) — La misère, son histoire, ses causes, ses remèdes — Le Hâvre, Poinsignon, 1880, in-18.

18. **Stourm** (René) -- Bibliographie historique des finances de la France au XVIIIᵉ siècle —Paris, Guillaumin et Cⁱᵉ, 1895, in-8º.

XCIX. — Traités d'Economie politique — Œuvres complètes.

1. **Bastiat** (Frédéric) — Œuvres complètes — Paris, Guillaumin et Cⁱᵉ, 1862, 7 vol., in-18.

2. **Baudrillart** (H.) — Manuel d'économie politique — Paris, Guillaumin et Cⁱᵉ, 1857, in-18.

3.   dº   Lectures choisies d'économie politique — Paris, Guillaumin et Cⁱᵉ, 1884, in-18.

4. **Bentham** — Principes de législation et d'économie politique, avec introduction par Raffalovich (53) — Paris, Guillaumin et Cⁱᵉ, in-32.

5. **Collection** des principaux économistes Law, Dutot, etc., précédé de notices historiques sur chaque auteur et accompagné de commentaires et de notes explicatives, par E. Daire — Paris, Guillaumin et Cⁱᵉ, 1851, in-8º.

6. **Droz** (Joseph) — Economie politique ou principes de la science des richesses — Paris, J. Renouard et Cⁱᵉ, 1846, in-18.

7. **Guyot** (Yves) — La science économique — Paris, Reinwald, 1881, in-18.

8. **Houdard** (Ad.) — Premiers principes de l'économique — Paris, Guillaumin et Cⁱᵉ, 1889, in-18.

9. **Jourdan** (Alfred) — Epargne et Capital ou du meilleur emploi de la richesse ; exposé des principes fondamentaux de l'économie politique — Aix, Makaire, 1879, in-8°.

10. **Lescarret** (J.B.) — Simples notions d'économie politique — Bordeaux, Bellier et Cⁱᵃ, 1882, 2 v., in-32.

11. **Rambaud** (l'abbé Camille) -- Economie sociale et politique ou science de la vie — Paris, Lecoffre, 1887, in-8°.

12. **Rambaud** (Prosper) — Précis élémentaire d'économie politique à l'usage des facultés de droit des écoles (15) — Paris, E. Thorin, 1880, in-18.

13. **Rapet** (J.J.) — Manuel de morale et d'économie politique — Paris, Delagrave et Cie, 1870, in-18.

14. **Rossi** (P.) — Cours d'économie politique — Bruxelles, Wahlen et Cⁱᵉ, 1840, in-18.

15. **Royer de Behr** — Traité élémentaire d'économie politique (20) — Bruxelles, A. Decq, 1859, in-8°.

16. **Say** (J.B.) — Traité d'économie politique ou simple exposition de la manière dont se forment, se distribuent et se consomment les richesses — Paris, Rapilly, 1826, 3 vol., in-8°.

17.   d°   Cours complet d'économie politique pratique, augmenté de notes par Horace Say — Paris, Guillaumin, 1840, 2 vol., in-8°.

18. **Schulze-Delitzsch** — Cours d'économie politique à l'usage des ouvriers et des artisans — Paris, Guillaumin et Cⁱᵉ, 1874, 2 vol., in-18.

19. **Turgot** — Œuvres — Paris, Guillaumin, 1844, 2 vol., in-4°.

———

C.— Politique : Généralités et questions généralisées.

1. **About** (Edmond) — Le progrès — Paris, Hachette et Cie, 1864, in-8°.

2. **Addison** — L'esprit d'Addison ou les beautés du spectateur, du babillard et du gardien — Collection des feuilles de M. Addison avec un précis de sa vie — Yverdon, 1777, in-8°, 3 vol.

3. **Aguesseau** (d') — Œuvres, précédées d'une étude biographique, par M. E. Falconnet — Paris, Napoléon Chaix et Cie, 1865, in-8°, 2 vol.

4. **Amigues** (Jules) — La politique d'un honnête homme Paris, Lachaud, 1869, in-18.

5. **Ami** (l') des Français — Quvrage satyrique — Constantinople (sic) 1771, in-8°.

6. **Aristote** (Politique d') traduite en français, d'après le texte collationné sur les manuscrits — Paris, Ladrange, 1874, in-8°.

7. **Barnave** — Œuvres mises en ordre et précédées d'une notice historique sur Barnave.par M. Bérenger de la Drôme — Paris, Chapelle et Guiller, 1843, in-8°, 4 vol.

8. **Barthelemy St-Hilaire** — La démocratie française en 1873. De la vraie démocratie en 1848 — Paris, Baur, 1874, in-18.

9. **Baudrillart** — Des rapports de la morale et de l'économie politique — Paris, Guillaumin et Cie, 1860, in-8°.

10. **Beaujour** (Baron de) — Théorie des gouvernements ou exposition simple de la manière dont on peut les organiser et les conserver dans l'état présent de la civilisation en Europe — Paris, F. Didot, 1823, 2 vol., in-8°.

11. **Boissier** (Gaston) — Cicéron et ses amis. Etude sur la société romaine du temps de César — Paris, Hachette et Cⁱᵉ, 1870, in-18.

12. **Bigot** (Charles) — Les classes dirigeantes — Paris, Charpentier, 1881, in-18.

13. **Charbonnier** (J.) — Organisation électorale et représentative de tous les pays civilisés — Paris et Nancy, Berger, Levrault et Cⁱᵉ, 1883, in-8º.

14. **Christophe** (Mathieu) — Lettres athéniennes ou correspondance d'un agent du roi de Perse résidant à Athènes pendant la guerre du Péloponèse — Paris, Ouvrier, 1803, in-18, 4 vol.

15. **Clamageran** — La France républicaine, études constitutionnelles, économiques et administratives — Paris, Germer-Baillière, 1873, in-8º.

16. **Courier** (P.L.) — Œuvres complètes — Paris, Paulin, 1834, in-8º, 4 vol.

17.   dº   Chefs d'œuvres — Paris, Dubuisson — Lucien Marpon (42), 1864, in-32.

18. **Feydeau** (Ernest) — Du luxe des femmes, des mœurs, de la littérature et de la vertu — Paris, Michel Levy frères, 1866, in-18.

19. **Frary** — Manuel du démagogue — Paris, Cerf, in-18.

20. **Gautrelet** (X.) — La franc-maçonnerie et la révolution — Lyon, Briday, 1872, in-8º.

21. **Genevois** (Henri) — Les enseignements de Gambetta, entièrement extraits de ses discours — Paris, Chamuel, 1895, in-8º.

22. **Girardin** (E. de) — La Guerre — Paris, Michel Levy, 1859, in-8º.

23. **Guizot** — De la démocratie en France — Paris, Masson, 1849, in-8°.

24. **Jousserandot** (Louis) — La civilisation moderne — — Paris, Didier et Cⁱᵉ, 1867, in-18.

25. **Lamartine** (Alph. de) — Le Conseiller du Peuple — Paris, 1849, in-8°, 4 vol.

26. **Michel** (Henry) — L'Idée de l'Etat. Essai critique sur l'histoire des théories sociales et politiques en France depuis la révolution — Paris, Hachette et Cⁱᵉ, 1896, in-4°.

27. **Mably** et **Condillac** — De l'étude de l'Histoire — Genève, Duvillard fils et Nouffer, 1780, in 8°.

28. **Maistre** (le comte J. de) — Les soirées de St-Pétersbourg ou Entretiens sur le Gouvernement temporel de la providence — Bruxelles, Wouters et Cⁱᵉ, 1844, in-8°.

29. **Mercier** (Ed.) — De l'influence du bien-être matériel sur la moralité des peuples modernes (7) — Paris, Renouard et Cⁱᵉ, 1854, in-8°.

30. **Montesquieu** — Considérations sur les causes de la grandeur des Romains et de leur décadence — Lyon, Bruyset aîné, 1805, in-18.

31. **Pelletan** (Eugène) — Les droits de l'homme — Paris, Pagnerre, in-8".

32. **Salverte** (Eusèbe) — De la Civilisation.
Venise, Raguse
Paris, Rosier, 1835 } in-8".

33. **Seignobos** (Ch.) — Histoire de la Civilisation contemporaine — Paris, Masson, in-18.

34. **Simon** (Jules) — La liberté — Paris, Hachette et Cⁱᵉ, 1859, 2 vol, in-8°.

35.   d°   La liberté civile — Paris, Hachette et Cⁱᵉ, 1872, in-18.

36. **Souverain** (le) — Considérations sur la nature, les fonctions, les prérogatives de la souveraineté, les droits et les devoirs réciproques des Souverains et des Peuples (3) — Paris, Renault, 1868, in-8°.

37. **Tocqueville** (Alexis de) — L'ancien régime et la Révolution — Paris, Michel Levy frères, 1866, in-8°.

38. **Vignon** (Louis) — L'expansion de la France — Paris, Guillaumin et Cie, 1891, in-18.

39. **Wollstonecraft** — Défense des droits des femmes — Paris, Buisson, 1792, 2 vol., in-8".

CI. — Politique : Questions spécialisées

---

1. **Benoit**(Charles) — L'Etat et l'Eglise — (18) — Paris, Colin et Cie, 1892, in-18.

2. **Bigot** (Charles) — La fin de l'Anarchie — Paris, Charpentier, 1878, in-18.

3. **Brelay** (Ernest) — Causerie à la réunion du 25 août 1892 — Lyon, Bonnaviat, 1892, in-8°.

4.   d° Causerie faite à la Société d'économie politique de Lyon le 9 avril 1894 — Lyon, Bonnaviat, 1894, in-8".

5.   d° L'affranchissement du suffrage universel — Paris, Guillaumin et Cie, 1888, in-8°.

6.   d° L'équité électorale — Paris, Guillaumin et Cie, 1880, in-8".

7.   d° La démocratie et l'impôt — Bordeaux, Cellier et Cie, 1888, in-8°.

8. **Caro** (E.) — Les jours d'Epreuve 1870-71 — Paris, Hachette et Cie, 1872, in-18.

9. **Castellane** (Le marquis de) — Essai sur l'organisation du suffrage universel en France — Paris, Lachaud, 1872, in-8°.

10. **Chambrun** (Comte de) — Fragments politiques — Paris, Garnier Frères, 1872, in-8°.

11. **Colet** (Madame Louise) — La vérité sur l'anarchie des esprits en France (21) — Milan, Legros, 1873, in-8°.

12. **Cormenin** (de) — Lettres sur la liste civile — Paris, Pagnerre, 1837, in-32.

13. **Drumont** (Ed.) — La France Juive devant l'opinion — Paris, Marpon et Flammarion, in-18

14. **Dugit** (Ernest) — Essai sur l'aréopage athénien — Paris, E. Thorin, 1867, in-8°.

15. **Doumic** (René) — Le rôle social de l'Ecrivain — Paris, 1896, in-32.

16. **Dupont-White** — Réflexions d'un optimiste (11) — Paris, Guillaumin et Cie, 1873, in-8°.

17.   d° L'individu et l'Etat — Paris, Guillaumin et Cie, 1857, in-8°.

18.   d° La centralisation, suite de l'individu et l'Etat — Paris, Guillaumin et Cie, 1860, in-8°.

19. **Essai** de réforme constitutionnelle (9) — Paris, Guillaumin et Cie, 1887, in-4°.

20. **Ferrand** (J.) — Un avant-projet de décentralisation administrative — Amiens, Jeunet, 1895, in-8°.

21. **Ferron** (H. de) — D'où vient le mal ? Quel est le remède ? Etude politique — Paris, Larose et Forcel, 1890, in-8°.

22. **Gasparin** (A. de) — Les perspectives du temps
     présent. Discours prononcés à Genève —
     Genève, Georg, in-18.

23.   do   Questions diverses — Paris, Michel Levy
                   frères, in-18.

24.   do   Discours politiques — Paris, Michel Levy
                   frères, in-18.

25.   do   Trois paroles de paix — Paris, Calmann
                   Levy frères, in-18.

26.   do   L'Egalité — Paris, Michel Levy frères, 1869,
                   in-18.

27.   do   La France ; nos fautes, nos périls, notre
                   avenir — Paris, Michel Levy frères, in-18.

28.   do   Le bon vieux temps — Paris, Michel Levy
                   frères, in-18.

29. **Haussonville** (Comte d') — Un programme de Gou-
     vernement. Où sommes-nous ?... Ce qu'il y aurait à
     faire — Paris, 1882, in-8°.

30. **Jacob** (Ferdinand) — Le suffrage universel établi par
     les Constituants de 1848 est un mensonge, un perma-
     nent attentat au principe fondamental des Sociétés,
     la famille, dont il détruit l'unité — Antibes, Marchand,
     1874, in-8°.

31. **Laboulaye** (Edouard) — Discours populaires : droit
     de réunion, éducation, bibliothèques —
     Franklin, Quesnay, Horace Mann — Rhéto-
     rique populaire — Paris, Charpentier et Cie,
     1870, in-18.

32.   do   Le parti libéral. Son programme et son
                   avenir — Paris, Charpentier. 1863, in-18.

33. **Laffitte** (Paul) — Le suffrage universel et le régime
     parlementaire — Paris, Hachette et Cie, 1889,
     in-18.

34. **Laffitte** (Paul) — Lettres d'un parlementaire — Paris,
     Paul Ollendorff, 1894. in-18.

35.   d°   Le paradoxe de l'égalité — Paris, Hachette
                 et Cie, 1887, in-18.

36. **Lamarche** — La politique et les religions. Etudes
                 d'un journaliste — Paris, Pagnerre, 1859,
                 in-18.

37.   d°   Projet de constitution et catéchisme républi-
                 cain servant d'exposé de motifs — Paris,
                 Paulin, 1848, in-8°.

38. **Lapparent** (de) —Dix ans de missions à Paris et dans
     les environs — Paris, J. Mersch, 1897, in-18.

39. **Leroy-Beaulieu** (Anatole) — Les Juifs et l'anti-
     semitisme. Israël chez les nations — Paris, Calmann
     Levy, 1893, in-18.

40. **Leverdays** (E.) -- Nouvelle organisation de la Répu-
     publique — Paris, Carré, 1892,, in-18.

41. **Magdelaine** (Joanne) — La République et les candi-
     dats de la guerre civile en 1885 — Angers, Burdin et
     Cie, 1885, in-32.

42. **Maugras** (F.) —Les avantages de la légitimité (1) —
     Paris, Trouvé, 1824, in-8°.

43. **Merson** (Ernest) — La politique de M. Emile Olivier
     (17) — Paris, Amyot, 1875, in-18.

44. **Mob** — Quelques idées — St-Etienne, 1893, in-8°.

45. **Molinari** (de) —Science et Religion — Paris, Guillau-
     min et Cie, 1894, in-18.

46. **Nadault de Buffon** — Notre ennemi le luxe — Paris,
     Furne, Jouvet et Cie, 1869, in-18.

47.   d°   Les temps nouveaux — Paris, Furne, Jouvet
                 et Cie, 1873, in-8°.

48. **Nourrisson** — La politique de Bossuet — Paris, Didier et Cⁱᵉ, 1867, in-18.

49. **Pascal** (E.) — La réforme nécessaire — Paris, Sauvaitre, 1886, in-18.

50. **Passy** (Frédéric) — La question de la Pornographie — Paris, Picard, 1892, in-8º,

51.   dº   Vérités et paradoxes (21) — Paris, Ch. Delagrave, 1894, in-18.

52.   dº   Quelques notes sur le bon vieux temps — Bordeaux, Gounouilhou, 1896, in-8º.

53. **Pelletan** (E.) — Profession de foi du XIXᵉ siècle — Paris, Pagnerre, 1864, in-8".

54. **Perraud** (A.) — Les paroles de l'heure présente 1870-1871 — Paris, Adrien Leclerc et Cⁱᵉ, 1873, in-18.

55. **Pomerec** (Henry) — La République et le Clergé — Bordeaux, Gounouilhou, 1892, in-8º.

56. **Prévost-Paradol** — La France nouvelle — Paris, Michel Levy, 1871, in-18.

57. **Quinet** (Mme E.) — La France idéale — Paris, Calmann Levy, 1896, in-18.

58. **Renault** (L.) — La situation des membres des familles qui ont régné en France — Paris, 1883, in-32.

59. **Saurel** (A.) — Rôle que joue le chien dans la Société et de l'influence qu'il exerce sur la civilisation — Marseille, 1871, in-32.

60. **Sellon** (Valentine de) — Un condamné à vie. Feuilles éparses — Paris, Dentu, 1884, in-18.

61. **Suffrage** universel (Réforme du) — Paris, Fischbacher, 1873, in-18.

62. **Timon** — Entretiens du village — Paris, Pagnerre, 1846, in-32.

63.   d°   Petit pamphlet sur le projet de Constitution (52) — Paris, Pagnerre, 1848. in-32.

64. **Titres** (les) de la dynastie Napoléonienne — Paris, Imp. Impériale, 1868, in-18.

65. **Waldeck-Rousseau** — Discours prononcés à Montbrison et à St-Etienne — Paris, 1895, in-32.

66. **Willox** (Anatole) — Le journalisme en province — Paris, Brare, 1887, in-8°.

CII. — Politique coloniale, étrangère, internationale

1. **Allemagne actuelle** (l') — Plon, Nourrit et Cie, Paris, in-18.

2. **Block** (Maurice) — L'Europe politique et sociale — Paris, Hachette et Cie, 1869, in-8°

3. **Boissonnade** (M. G.) — Coup d'œil sur les progrès du Japon moderne — Paris, Alp. Picard et fils, 1895, in-18.

4. **Cherbuliez** — L'Allemagne politique depuis la paix de Prague 1866-1870 — Paris, Hachette et Cie, 1870, in-8°.

5.   d°   De la démocratie en Suisse — Paris, Cherbuliez et Cie, 1843, 2 vol. in-8°.

6. **Cheysson** (E.) — L'internationalisme dans les questions sociales — Paris, Guillaumin et Cie, 1891, in-8°.

7. **Considérant** (Victor) — Au Texas — Paris, 1854, in-8°.

8. **Davesiès de Pontés** — Etudes sur l'Angleterre, réformes sociales — Paris, Michel Levy frères, 1865, in-18.

9. **Dolgoroukoff** (Pierre) — La vérité sur la Russie — Paris, Franck, 1860, in-8°.

10. **Dupont-White** — Le matérialisme politique en Angleterre — Paris, Pougin, 1875, in-8°.

11. **Eichthal** (d') — Tocqueville et la démocratie en Amérique — Paris, 1896, in-8°.

12. **Ferry** (Jules) — Le gouvernement de l'Algérie (18) Paris, Colin et Cie, 1892, in-18.

13. **Fournier de Flaix** — Pendant une mission en Russie, à travers l'Allemagne — Paris, Guillaumin et Cie, 1894, 2 vol. in-18.

14. **Gaillardet** (Frédéric) — L'aristocratie en Amérique — Paris, Dentu, 1883, in-18.

15. **Gasparin** (Comte Agenor de) — La République neutre d'Alsace (16) — Genève, Georg, 1870, in-18.

16.   d° Les Etats-Unis en 1861 — un grand peuple qui se relève — Paris, Michel Levy frères, in-18.

17.   d° L'Amérique devant l'Europe — Paris, Calmann Levy frères, in-18.

18. **Grad** (Charles) — Le peuple allemand — Paris, Hachette et Cie, 1888, in-18.

19. **Heinweh** (Jean) — La question d'Alsace — Paris, Hachette et Cie, 1889, in-18.

20. **Laboulaye** (Ed.) — Paris en Amérique, par le docteur
     Lefebvre, parisien de la Société des contri-
     buables de France, etc. — Paris, Charpentier
     et Cⁱᵉ, 1870, in-18.

21.   dᵒ   Etudes contemporaires sur l'Allemagne et
     les pays slaves — Paris, Charpentier, 1868,
     in-18.

22. **Lami** (E.O.) — Voyage en Amérique — Paris, Mon-
     torier, 1894, in-4°.

23. **Lavisse** (Ernest) — Essais sur l'Allemagne impériale
     — Paris, Hachette et Cⁱᵉ, 1888, in-18.

24. **Lanin** (B.) — Les juifs de Russie, traduit de l'anglais —
     Paris, Cerf, 1891, in-18,

25. **Larocque** (Jean) — L'Angleterre et le peuple anglais,
     avec une carte d'Angleterre — Paris, Degorce-Cadet,
     1882, in-18.

26. **Ledru-Rollin** — La décadence de l'Angleterre —
     Bruxelles. Wouters, 1850, 4 v., in-32.

27. **Leroux** (J.) — Vos nationalités et vos patries —
     Paris, 1893, in-8°.

28. **Malgat** (J.) — Coup d'œil politique et social sur
     l'Italie nouvelle — Nice, 1886, in-18.

29. **Murray** — Les Russes chez les Russes — Paris,
     Dreyfous, 1878, in-18.

30. **Paris** (Comte de) — La situation des ouvriers en
     Angleterre (3) — Paris, Michel Levy frères, 1873,
     in-8°.

31. **Perraud** (Mᵍʳ) — Etudes sur l'Irlande contemporaine,
     précédées d'une lettre de Mgr l'évêque d'Orléans —
     Paris, Douniol, 1862, in-8°, 2 vol.

34. **Popowski** (Jozef) — Que deviendront les colonies françaises dans l'éventualité d'un conflit franco-russe avec la triple alliance ? (19) — Paris, Baudoin, 1892, in-18.

35. **Stœcklin** — Les colonies et l'émigration allemande — Paris, Westhausser, 1888, in-18.

36. **Timon** — Pamphlet sur l'indépendance de l'Italie (52) Paris, Pagnerre, 1848, in-32.

37. **Tocqueville** (Alexis de) — De la démocratie en Amérique — Paris, Michel Levy frères, 1868, 3 vol., in-8°.

38. **Triple** (la) Alliance de demain. La neutralité suisse — Paris, Savine, 1890, in-18,

39. **Valbezen** (E. de) — Les Anglais et l'Inde — Paris, Michel Levy frères, 1857, in-8°.

40. **Vignon** (Louis) — La France dans l'Afrique du Nord. Algérie et Tunisie (4) — Paris, Guillaumin et Cie, 1887, in-8°.

41. **Wickersheimer** (E.) — L'Europe en 1890 — Paris, Plon, Nourrit et Cie, 1890, in-18.

CIII. — Economique : Théories, systèmes et généralités de la Sociologie.

---

1. **Barrier** (F.) — Principes de Sociologie — Paris, Noiret et Cie, 1867, in-8°, 2 vol.

2. **Block** (Maurice) — Le Socialisme moderne (15) — Paris, Hachette et Cie, 1891, in-18.

3. **Breynat** (Jules) — Les Socialistes depuis Février — Paris, Garnier, 1850, in-18.

4. **Cardot** et **Schwanhard** — La Prévoyance et l'Etat — Paris, Guillaumin et Cie, 1886, in-18.

5. **Channing** (W. E.) — Œuvres Sociales, traduction française précédée d'un essai sur la vie de l'auteur et sa doctrine ; d'une introduction et de notices par Ed. Laboulaye — Paris, Charpentier et Cie, 1869, in-18. .

6. **Chevalet** (Emile) — La question sociale : pauperisme, bourgeoisie, socialisme au XIXe siècle, évangile du prolétaire, iniquité de l'Impôt — Paris, A. Ghio, 1882, in-18.

7. **Considérant** (Victor) — Destinée sociale — Paris, Librairie Phalanstérienne, in-8°, 3 vol.

8. **Cornelius de Boom** — Une solution politique et sociale. Confédération, décentralisation, émigration (1) — Paris, Michel Levy frères, 1864, in-8°.

9. **Coste, Burdeau** et **Arreat** — Les questions sociales contemporaines : le paupérisme, la prévoyance, l'impôt, le crédit, les monopoles, l'enseignement — Paris, Guillaumin et Cie. 1886, in-8.

10. **Dameth** (H.) — Les bases naturelles de l'économie sociale (16)
Paris, Guillaumin et Cie ⎫
Genève, Richard　　　　　⎬ 1872, in-18.

11. **Depasse** (Hector) — Transformations sociales — Paris, F. Alcan, 1894, in-18.

12. **Dupuy** (Paul) — La Question Sociale en France (11) — Paris, Rousseau, 1881, in-8°.

13. **Dupont-White** (Ch.) — Essai sur les relations du travail avec le capital — Paris, Guillaumin, 1846, in-8°.

14. **Gagneur** (M. J.) — Solution pacifique de la question sociale — Paris, Dentu, 1896, in-8°.

15. **Gasparin** (A.de) — L'ennemi de la famille — Paris, Michel Levy frères, in-18.

16. **Goubareff** (D.) — Le socialisme à notre époque — Beaulieu s/mer, 1886, in-32.

17. **Guyot** (Yves) — Protection et Socialisme — Lyon, 1895, in-32.

18. d⁰ Les préjugés socialistes — Paris, Guillaumin, 1895, in-32.

19. **Laffitte** (Pierre) — Le positivisme et l'économie politique (52) -- Paris, Ritti, 1876, in-32.

20. **Lallemand** (L.) — De l'assistance des classes rurales au XIXᵉ siècle — Paris, Picard, 1889 (12) in-8°.

21. d⁰ La question des enfants abandonnés et délaissés au XIXᵉ siècle (6) — Paris, Guillaumin et Cⁱᵉ, 1885, in-4°.

22. **Le Play** (F.) — L'organisation du travail selon la coutume des ateliers et la loi du décalogue. Paris, Dentu. / Tours, Mame. / 1871, in-18.

23. d⁰ L'organisation de la famille selon le vrai modèle signalé par l'histoire de toutes les races — Paris, Tequi, 1871, in-18.

24. **Leroy-Beaulieu** — Le comité de défense et le progrès social — Paris, 1895, in-32.

25. d⁰ Pourquoi nous ne sommes pas socialistes — L'usage de la liberté et le devoir social — Paris, 1895, in-8°.

26. d⁰ Le collectivisme, examen critique du nouveau socialisme — Paris, Guillaumin et Cⁱᵉ, 1884, in-8°

27. **Lescarret** (J. C.) — Contes et allégories sociales — Bordeaux, Gounouilhou, 1889, in-18.

28.   d°   Entretien au village sur l'économie sociale (18) — Paris, Bellaire, 1873, in-18.

29.   d°   Le socialisme — Illusions et dangers qu'il présente — Mont-de-Marsan, Dapeyron, 1897, in-8°.

30. **Marchal** — La femme comme il la faut — Paris, Régis Ruffet et Cie, 1864 (41) in-32.

31. **Malon** B.) — Le Socialisme intégral.

32.   d°   Précis historique, théorique et pratique de socialisme — Paris, Félix Alcan, 1892, in-18.

33. **Masquard** (Eugène de) — Etudes d'économie sociale. Petits pamphlets — Paris, Fichbacher, 1891, in-18.

34. **Matrat** (Paul) — Tu seras prévoyant. Conseils du père Vincent. Epargne et retraite — Paris, Armand Colin et Cie, in-18.

35. **Molinari** (G. de) — Comment se résoudra la question sociale — Paris, Guillaumin et Cie, 1896, in-18.

36. **Ollé Laprune** (Léon) — Le mal social (17) — Paris, 1895, in-18.

37. **Pompery** (E. de) — Le dernier mot du Socialisme rationnel (25) — Paris, Savine, 1894, in-18.

38. **Renaud** (G.) — L'éloge du travail — Paris, 1895, in-18.

39. **Robert** (Ch.) — Le partage des fruits du travail (26) — Paris, Bellaire, in-32.

40.   d°   La question sociale (26) — Paris, Bellaire, in-32.

41. **Rostand** (E.) — Le progrès social par l'initiative individuelle — Paris, 1895, in-18.

42.   d° Les questions d'économie sociale dans une grande ville — Paris, Guillaumin et Cie, 1889, in-8°.

43.   d° Les solutions socialistes et le fonctionnarisme, 1896, in-32.

44. **Say** (Léon) — Le socialisme d'Etat — Paris, Calmann Levy, 1890, in-18,

45. **Simon** (Jules) — L'ouvrière — Paris, Hachette et Cie, 1871, in-18.

46.   d° L'ouvrier de huit ans — Paris, Lacroix Verboeckhoven et Cie, 1867, in-8°.

47. **Spencer** (Herbert) — Introduction à la science sociale — Paris, Germer Baillière et Cie, 1880, in-8°.

48. **Thiers** (Ad.) — De la propriété — Paris, Paulin Lheureux et Cie, 1848, in-18.

CIV.— Economique : Collectivités, Caisse d'Epargne, Coopération, Participation aux Bénéfices.

----

1. **Beauregard** (Paul) — La question des associations — Paris, 1892, in-8°.

2. **Brelay** (E.) — La loi coopérative et participationniste — Paris, Guillaumin et Cie, 1892, in-32.

3.   d° Le socialisme participationniste — Paris, Guillaumin et Cie, 1895, in-32.

4.   d° Les Sociétés coopératives de production — Paris, Berger-Levrault et Cie, 1887, in-8°.

5. **Brelay** (E.) — Les Sociétés coopératives — Paris, Guillaumin et Cie, 1884, in-4°.

6. d° Les Associations populaires de consommation et de crédit mutuel en 1882 — Paris, Guillaumin et Cie, 1883, in-4°.

7. d° Les Sociétés de consommation et les banques populaires — Paris, Guillaumin et Cie, 1881, in-8".

8. d° La participation et le malentendu social — Paris, Guillaumin et Cie, in-8°.

9. **Cheysson** — Conférence sur les Caisses de retraites — Paris, 1896, in-8°.

10. d° L'assurance sur la vie et les habitations à bon marché — Paris, Chaix, 1896, in-8°.

11. **Duval fils** — Des Sociétés coopératives de consommation — Paris, Hachette et Cie, in-32.

12. **Enquêtes** de la Commission extra-parlementaire des associations ouvrières — Paris, Imp. Nationale, 1883-88, 3 vol, in-4°.

13. **Histoire** d'une Association Ouvrière (25). L'Imprimerie Nouvelle — Paris, 1878, in-18.

14. **Lagasse** (Charles) — Les Sociétés coopératives (20) — Paris, Guillaumin et Cie, 1887, in-18.

15. **Mabilleau** — La Coopération, ses bienfaits et ses limites — Paris, 1896, in-32.

16. **Malarce** (de) — Nouvelle loi organique anglaise et actes législatifs récents aux Etats-Unis pour renforcer la sûreté des Caisses d'épargne — Paris, Guillaumin et Cie, 1893, in-8°.

17. **Petite Epargne** (la) — Lyon, Bonnaviat, 1893, in-32.

18. **Raffalovich** (A.) — Les trusts — Paris, 1892, in-4°.

19. **Raoux** (Edouard) — Le familistère de Guise ou le palais social (19) — Lausanne, Blanc, Smer et Lebet, 1872, in-8°.

20.　　d° 　Des Sociétés mutuelles de consommation, de leurs avantages économiques, hygiéniques et moraux et de leurs résultats (19) — Lausanne, Corbaz et Touiller fils, 1858, in-18.

21. **Robert** (Ch.) — La participation aux bénéfices de l'industrie, du commerce et de l'agriculture — Paris, Chaix, 1892, in-8°.

22. **Rochetin** (E.) — La production des Compagnies françaises et américaines d'assurances sur la vie — Paris, Guillaumin et Cie, 1897, in-8°.

23. **Rocquigny** (Comte de) — La coopération agricole — Paris, Perrin et Cie, 1893, in-18.

24. **Rostand** (E.) — La réforme des Caisses d'épargne françaises — Paris. Guillaumin et Cie, 1891, in-8°.

25.　　d° 　Les Caisses d'épargne, centres d'initiative et d'action sociales — Paris, 1891, in-8°.

26.　　d° 　Caisse d'épargne et de prévoyance des Bouches-du-Rhône. Rapport et compte-rendu des opérations pour l'année 1895 — Marseille, Barthelet et Cie, 1896, in-4°.

27. **Rouvier** (M.) — L'emploi des fonds des Caisses d'épargne — Paris, 1890, in-32.

28. **Sicard** (Louis) — Projet d'association des assurances mutuelles aux assurances maritimes — Grasse, Dufort aîné, 1839, in-8°.

29. **Tableau** synoptique des établissements qui pratiquent la participation aux bénéfices et méthodes adoptées — Paris, Chaix, 1885, in-8°.

30. **Thomereau (A.)** et **F. Passy** — Il n'y a pas grand mal : tout était assuré — Paris, Warnier et Cⁱᵉ, 1896, in-8º.

31.   dᵒ   Pourquoi l'assurance ne doit jamais être obligatoire — Paris, Warmer et Cⁱᵉ, 1897, in-32.

CV. — Economique : Questions Fiscales

1. **Amagat** — Les emprunts et les impôts de la rançon de 1871 — Paris, Plon, Nourrit et Cⁱᵉ, 1889, in-4º.

2. **Beaurin-Gressier** — L'impôt dans une famille parisienne — Nancy, Berger Levrault et Cⁱᵉ, 1895, in-4º.

3. **Brelay (Ernest)** — L'octroi, ses inconvénients, ses compensations, son remplacement éventuel par une taxe directe — Paris, Guillaumin et Cⁱᵉ, in-8º.

4. **Clamageran** — Le régime fiscal de l'Algérie — Paris, Mouillot, 1892, in-4º.

5. **Dupont-White** — De la suppression de l'impôt du sel et de l'octroi — Paris, Guillaumin et Cⁱᵉ, in-8º.

6. **Guignard (Alfred)** — De la suppression des octrois et de leur remplacement (13) — Paris, Guillaumin et Cⁱᵉ, 1888, in-8º.

7. **Impôt (l')** sur le revenu — Paris, 1896, in-32.

8. **Manchez (G.)** — Contre l'impôt sur la rente française, impôt anti-démocratique — Paris, Schiller, in-32.

9. **Menier** — L'impôt sur le capital — Paris, Dubuisson et Cⁱᵉ, 1876, in-8º.

10.   dᵒ   La réforme fiscale — Paris, Plon et Cⁱᵉ, 1873, in-8º.

11. **Millet** (D.) — L'impôt sur le revenu en Angleterre (income-tax) — Paris, Sagnier, 1871, in-8°.

12. **Passy** (F.) — Des effets du nouveau régime douanier — Paris, Paysant, 1893, in-18.

13. **Proposition** de loi relative à la protection des salaires et à la réduction des frais — Paris, Imprimerie Nationale, 1890, in-18.

14. **Roussen** (Léon de) — Des fissures du budget, de la possibilité d'économies par centaines de millions (19) — Paris, Kolb, 1891, in-18.

15. **Salefranque** (Léon) — Le régime fiscal des effets de commerce en France, Paris, Imprimerie Nationale, 1895, in-8°.

16. **Samson-Himmelstzerna** (H. Von) — Revanche ou ligue douanière (traduction française et texte allemand) — Freiburg, 1891 — Druck und Verlag Von Wagner, in-8°.

17. **Vivier** (A.) — De la liberté du commerce international, par l'unification des droits de douane — Paris, 1892, in-8°.

18. d° Réforme de l'impôt des boissons, la question des bouilleurs de cru — Paris, Guillaumin et Cie, 1895, in-8°.

19. d° Du dégrèvement des eaux de vie de vin — Paris, 1895, in-4°.

CVI. — Economique : Questions Financières — Métallisme.

---

1. **Allard** (Alph.) — Dépréciation des richesses, crise qu'elle engendre, maux qu'elle provoque dans les classes laborieuses, avec des observations de nos principaux économistes (5) — Paris, Bruxelles, 1889, in-8°.

2. **Bastiat** (F.) — Capital et rente — Paris, Bellaire, in-32.

3. **Blaise** (Ad.) — Le développement des établissements de crédit — Paris, Guillaumin, 1881, in-4°.

4. **Bouron** (A.) — Guerre au crédit ou considérations sur les dangers de l'emprunt — Paris, Guillaumin et Cⁱᵉ, 1868, in-8°.

5. **Cernuschi** (H.) — Le bi-métallisme à 15 ½ nécessaire pour le Continent, pour les Etats-Unis, pour l'Angleterre — Paris, Guillaumin, 1879, in-8°.

6.   d°   Le grand procès de l'union latine — Paris, Guillaumin, 1881, in-8°.

7.   d°   Le bi-métallisme en Angleterre — Paris, Guillaumin, 1887, in-8°.

8.   d°   Le pair-bi-métallisme — Paris, Guillaumin, 1884, in-8°.

9.   d°   Le maniement de la Dette publique et le 3 % amortissable — Paris, Guillaumin et Cⁱᵉ, 1878, in-8°.

10.   d°   Les grandes puissances métalliques — Paris, Guillaumin, 1885, in-8°.

11. **Cheysson** (E.) — Le rôle et le devoir du Capital — Paris, 1895, in-32.

12. **Cours et rendement** (avril 1896) des principales valeurs traitées à la Bourse de Londres — in-4°.

13. **Courtois** — Manuel des fonds publics et des Sociétés par actions — Paris, Garnier frères, 1874, in-18.

14. **Destruels** — Le Crédit Foncier de France. La vérité sur sa situation et ses titres — Paris, Tequi, 1893, in-8°.

15. **Josseau** (J.-B.) — Traité du Crédit Foncier, suivi d'un traité du Crédit agricole et du Crédit Foncier Colonial, contenant l'explication théorique et pratique de la législation spéciale — Paris, Cosse, Marchal et Billard, 1872, 2 vol. in-8°.

16. **Gouffre** (le) aux écus ou les coffres d'Israël — Paris, 1891, in-32.

17. **Grillon** (Ernest) — La question sociale, le chèque Barré — Paris, Guillaumin et Cie, 1890, in-4°.

18. **Labry** (de) — Les conversions des emprunts russes — Paris, Guillaumin et Cie, 1895, in-8°.

19. **Neymarck** (A.) — Les obligations 2 $\frac{1}{2}$ % des chemins de fer — Paris, Guillaumin et Cie, 1895, in-8°.

20. **Passy** (Frédéric) — Discours au Congrès monétaire international de 1889 — Paris, 1890, in-8°.

21. **Raffalovich** (Arthur) — Le marché financier — Paris, Guillaumin et Cie, 1896, in-4°.

22. **Saugrain** (Gaston) — La baisse du taux de l'intérêt. Causes et conséquences — Paris, Larose, 1896, in-8°.

23. **Siegfried** (Jacques) et **Levy** (Georges) — Du relèvement du marché financier français — Paris, Guillaumin et Cie, 1890, in-8°.

24. **Stanley** (Jevons W.) — La monnaie et le mécanisme de l'échange — Paris, Baillière et Cie, 1881, in-8°.

25. **Thery** (Edmond) — Etude économique et financière. La crise des changes — Paris, 1894, in-18.

26. **Vannacque** (Auguste) — Etude comparative du mandat de poste français et du mandat de poste en Suisse, en Belgique, en Allemagne et en Autriche — Paris, Berger Levrault et Cie, 1894, in-4°.

27. **Vigano** (F.) — Les banques populaires — Paris, Guillaumin et Cie, 1865, 2 v., in-4°.

28. **Wolowski** (L.) — De la monnaie — Paris, Hachette et Cie, in-32.

CVII.— Economique : Questions ouvrières.

1. **Aynard** (Ed.) — L'amélioration des petits logements à Lyon — Paris, Chaix, 1895, in-8°.

2. **Applications** récentes de la méthode expérimentale en France (25) — Paris, A. Hennuyer, in-18.

3. **Bastiat** (F.) — Lettres d'un habitant des Landes (12) Paris, Quantin, 1877, in-8°.

4. **Barat** (Etienne) — L'ordre social à venir, ses bases vraies ; suivi d'une proposition d'application pratique — Paris, 1893, in-18.

5. **Block** (Maurice) — Les suites d'une grève — Paris, Hachette et Cie, 1891, in-18.

6. **Brelay** — Lettre sur les chambres syndicales ouvrières — Paris, 1892, in-8°.

7. **Cheysson** (E.) — La France charitable et prévoyante. Tableau des œuvres des départements — Paris, Plon, 1896, in-8°.

8. **Eichthal** (Eug. d') — Les grèves et les Conseils d'arbitrage en Angleterre — Paris, Claye, 1872, in-8°.

9. d° Les coalitions de patrons et d'ouvriers — Paris, Claye, 1872, in-8°.

10. **Habitations** ouvrières — Lois, arrêtés et documents relatifs à l'organisation et au fonctionnement des sociétés intermédaires — Bruxelles, Bruylant, Christophe et Cie, 1894, in-folio.

11. **Honoré** (F.) — Les employés de commerce à Paris au point de vue social — Paris, 1895, in-8º.

12. **Isaac** (Aug.) — Institutions patronales — Lyon, Rey, 1896, in-8º.

13. **Laffitte** (Paul) — Essai d'une théorie rationnelle des Sociétés de secours mutuels (6) — Paris, Gauthier-Villars, 1888, in-4º.

14. **Lecour** (C.J.) — Manuel d'assistance. La cherté à Paris. Des diverses formes de l'assistance dans le département de la Seine — Paris, Asselin, 1876, in-18.

15. **Meerens** (Léon) — Etude pratique sur les habitations ouvrières en Belgique et fonctionnement des sociétés d'habitations ouvrières, suivi de la loi du 9 août 1889, et des arrêtés et circulaires (5) — Bruxelles, E. Bruylant, 1893, in-8".

16. **Moynier** (Gustave) — Les bureaux internationaux des Unions universelles (5) — Genève, Cherbuliez, 1892, in-8".

17. **Weiler** (J.) — Arbitrage et conciliation entre patrons et ouvriers — La Louvière, Combier, 1886, in-32.

CVIII. — Economique :
Monographies Ouvrières et Professionnelles.

---

1. **Assirelli** — Le paysan métayer de la commune de Roccasancasciano (Italie), suivi d'un « ouvrier agriculteur » de la campagne de Ravenne, par Madame la comtesse Marie Pasolini — Paris, F. Didot et Cⁱᵉ, 1896, in-8º.

2. **Barberet** (J.) — Le travail en France. Monographies professionnelles — Paris, Berger-Levrault et Cⁱᵉ, 1886, 5 vol. in-8º.

3. **Bertheau** (Charles) — L'ouvrier, la vie de famille, l'ouvrier logé chez lui, accession à la propriété (6) — Paris, Marescq aîné, 1889, in-4°.

4. **Chassignet** — L'allumeur de réverbères de Nancy — Paris, F. Didot et Cie, 1895, in-8°.

5. **Daubié** (J. V.) — La femme pauvre au XIXe siècle. Condition économique, morale professionnelle — Paris, Thorin, 1870, 3 vol. in-18.

6. **Escard et Coronel** — Précis d'une monographie d'un pêcheur-côtier en Laponie, suivi du tisserand d'Hilversum (Pays-Bas) — Paris, F. Didot et Cie, in-8°.

7. **Genart** (Charles) — Coutelier de la fabrique collective de Gembloux (Belgique) — Paris, F. Didot et Cie, 1892, in-8°.

8. **Gillès de Pelichy** — Cordonnier d'Iseghem (Belgique) — Paris, F. Didot et Cie, 1896, in-8°.

9. **Guérin** (Urbain) — Fileur en peigné et régleur de métier de la manufacture du Val-des-Bois (Marne) Paris, F. Didot et Cie, 1896, in-8°.

10. d° L'ouvrier-employé de la fabrique coopérative de papiers d'Angoulème (Charente) — Paris, Firmin Didot et Cie, 1893. in-8°.

11. d° Ajusteur-surveillant de l'usine de Guise (Oise) — Paris, Firmin Didot et Cie, 1892, in-8°.

12. d° Tanneur de Nottingham (Angleterre) — Paris, Firmin Didot et Cie, 1891, in-8°.

13. **Hommell** (Charles) — Vigneron de Ribeauvillé (Alsace) — Paris, Firmin Didot et Cie, 1890, in-8°.

14. **Jannet** (Claudio) — Métayer de l'ouest du Texas cultivateur, propriétaire et chef d'industrie-tenancier — Paris, Firmin Didot et Cie, 1893, in-8°.

15. **Julin** (Armand) — Ouvrier-garnisseur de canons de fusils de la fabrique collective d'armes à feu de Liège, Paris, F. Didot et Cie, 1895, in-8°.

16. **Landolt** (Ch.) — Savetier de Bâle, ouvrier-chef de métier — Paris, F. Didot et Cie, 1893, in-8°.

17. **Le chevalier de Moreau** — Conducteur-typographe de l'agglomération bruxelloise — Paris, F. Didot et Cie, 1892, in-8°.

18. **L'Etang** (E. A.) — L'ouvrier, sa femme et ses enfants, simples questions d'économie sociale et familière — Bruxelles, Lacroix Verbœckhoven, 1870, in-18.

19.   d°   L'ouvrier et ses enfants — Paris, 1870, in-18.

20. **Maroussem** (Pierre du) — Fermiers montagnards du Haut-Forez — Paris, F. Didot et Cie, 1894, in-8°.

21.   d°   Ouvrière mouleuse en cartonnage d'une fabrique collective de jouets parisiens — Paris, F, Didot et Cie, 1893, in-8°.

22.   d°   Ebéniste parisien de haut luxe, ouvrier journalier — Paris, F. Didot et Cie, 1892, in-8".

23.   d°   Charpentier indépendant de Paris — Paris, F. Didot et Cie, 1891, in-8°.

24.   d°   Metayers en communauté du Confolentais, propriétaires ouvriers — Paris, F. Didot et Cie, 1890, ,in-8"

25. **Santangelo Spoto** — Paysan agriculteur de Torremaggiore ouvrier tenancier — Paris, F. Didot et Cie, 1891, in-8°.

26.   d°   Tisseurs de San Leucio (province de Caserte, Italie) — Ouvrier-tâcheron, propriétaire — — Paris, F. Didot et Cie, 1894, in-8°.

27. **Van den Steen de Jehay** (Comte F.) — Tisserand de la fabrique collective de Gand — Paris, F. Didot et Cⁱᵉ, 1891, in-8°.

CIV. — Economique : Congrès, Expositions.

---

1. **Amsterdam** — Exposition universelle internationale en 1883. Rapport d'ensemble par MM. Chalain et Gruhier, de la délégation nationale ouvrière — Paris, 1885, 2 vol. in-8°.

2. **Anvers**—Exposition Internationale en 1885. Rapports de la délégation ouvrière — Paris, Imp. Nationale, 1886, 2 vol. in-8°.

3. **Bordeaux** — Congrès international du Crédit Populaire tenu à Bordeaux en 1894. Actes du Congrès — Menton, 1894, in-8°.

4. **Paris** — Congrès littéraire international tenu à Paris en 1878 sous la présidence de Victor Hugo, comptes-rendus in-extenso et documents.

Congrès Internationaux tenus à l'Exposition universelle de 1889 :

5. **Paris** — Boulangerie, compte-rendu sommaire.

6.   dᵒ   Grains et Farines, compte-rendu sommaire.

7.   dᵒ   Monétaire, compte-rendu analytique rédigé par Coste et Raffalovich.

8.   dᵒ   Sociétés par actions, procès-verbaux sommaires par Rousseau.

9.   dᵒ   Habitations à bon marché, compte-rendu sommaire par Roulliet.

10.   dᵒ   Amélioration du sort des Aveugles, compte-rendu sommaire.

11. **Paris** — Etude des questions relatives à l'Alcoolisme, procès-verbaux sommaires par le Dr Audigé.

12. d° Sociétés Coopératives de consommation, compte-rendu sommaire.

13. d° Le Commerce et l'Industrie, compte-rendu sommaire par Julien Hayem.

14. d° Participation aux bénéfices, procès-verbal sommaire.

15. d° La Paix, compte-rendu sommaire.

16. d° Colonial, d°

17. d° Œuvres d'Assistance d°

18. d° Œuvres d'Assistance en temps de guerre.

19. d° Œuvres et institutions féminines.

20. d° Protection des œuvres d'art et des monuments.

21. d° Repos hebdomadaire au point de vue hygiénique et moral.

22. d° Société des Gens de Lettres.
Paris, Imp. Nationale, 1889, in-8°, 18 vol.

23. **Paris** — Congrès monétaire international, tenu en 1889 — Compte-rendu in-extenso par Coste et Raffalovich — Paris, Imp. Nationale, 1889, 2 vol., in-8°.

24. **Rouen** — Congrès de la propriété immobilière de France, tenu à Rouen en 1896. Compte-rendu sténographique — Rouen, Léon Brière, 1897, in-8°.

Vienne (Autriche) — Rapports des délégations ouvrières françaises à l'Exposition universelle de 1873.

25. d° Architectes, mécaniciens, tapissiers.

26. d° Bijoutiers, Lyon et Paris.

27. **Vienne —** Bijoutiers (imitation) et boutonniers, Lyon.

28.   d°   Bronziers, Lyon.

29.   d°   Céramistes, Paris-Limoges.

30.   d°   Chapeliers, Lyon.

31.   d°   Chaudronniers, Lyon-Paris-Reims.

32.   d°   Chocolatiers, Lyon.

33.   d°   Conducteurs-typographes, Paris.

34.   d°   Cordonniers, Lyon-Paris.

35.   d°   Cuirs et peaux, Paris.

36.   d°   Employés de commerce, Paris.

37.   d°   Ferblantiers, Paris.

38.   d°   Fondeurs, Lyon.

39.   d°   Fondeurs en caractères, Paris.

40.   d°   Fumistes-briqueteurs, Paris.

41.   d°   Gantiers, Paris.

42.   d°   Graveurs, Paris.

43.   d°   Guimpiers, Lyon.

44.   d°   Horlogers en pendules, Paris.

45.   d°   Imprimeurs en taille douce, Paris.

46.   d°   Imprimeurs-typographes, Paris.

47.   d°   Lithographes, Paris.

48.   d°   Marbriers, Paris.

49.   d°   Marqueteurs, Paris.

50.   d°   Mécaniciens, Lyon-Angers-Paris.

51.   d°   Mécaniciens en précision, Paris.

52.   d°   Menuisiers, Lyon.

53.   d°   Menuisiers en meubles sculptés, Paris.

54. **Vienne** — Menuisiers en bâtiments, Paris.

55.   d°   Métiers d'art, mécaniciens, ouvriers en voitures, Angoulême.

56.   d°   Modeleurs mécaniciens, Paris.

57.   d°   Opticiens, Paris.

58.   d°   Ouvriers en bronze, Paris.

59.   d°   Ouvriers en voitures, Paris.

60.   d°   Orfèvres, Lyon-Paris.

61.   d°   Papiers peints, Paris.

62.   d°   Papetiers régleurs, Paris.

63.   d°   Passementiers, Paris.

64.   d°   Passementiers à la barre, Lyon.

65.   d°   Passementiers or et soie, Lyon.

66.   d°   Pianos et orgues, Paris.

67.   d°   Portefeuillistes, Paris.

68.   d°   Relieurs, Paris.

69.   d°   Selliers, Paris.

70.   d°   Serruriers en bâtiments, Paris.

71.   d°   Tabletiers en peignes, Paris.

72.   d°   Tailleurs, Lyon-Paris.

73.   d°   Tailleurs de pierres, Paris.

74.   d°   Tanneurs et mégissiers, Lyon.

75.   d°   Teinturiers, Lyon.

76.   d°   Tisseurs, Lyon-Paris.

77.   d°   Tonneliers de Mèze (Hérault), Paris.

78.   d°   Tourneurs en chaises.

79.   d°   Tullistes.
        Paris, Morel et Cⁱᵉ, 1875, in-8°, 63 vol.

CX.— Economique : Grandes compagnies financières et industrielles

1. **Assurances Générales** (Cⁱᵉ d') sur la vie des hommes — Comptes rendus des années 1891-1893 — Paris, Maulde et Cⁱᵉ, 2 vol. in-4°.

2. **Banque de France.** — Rapport des censeurs, Compte rendu des opérations de la Banque de France et de ses succursales pendant l'année 1892 — Paris, Paul Dupont, 1893, in-4°.

3. **Compagnie Foncière de France** — Rapport au Conseil d'administration. Années 1885 à 1891 — Paris, Paul Dupont, 2 vol. in-4°

4. **Comptoir National** d'Escompte de Paris — Résolutions et rapport présenté en 1892 — Paris, Chaix, 1892, in-f°.

5. **Crédit Foncier** de France — Compte rendu des censeurs pour l'année 1891-1892 — Paris, Paul Dupont, 1892, 2 vol. in-4°.

6. **Midi** (Chemin de fer du) et Canal latéral à la Garonne — Rapports année 1862 — Paris, Poitevin, 2 vol. in-4°.

7. **Nord** (Chemin de fer du) — Assemblée générale de 1891 — Rapport du Conseil d'administration — Lille, Danel, 1891, in-4°.

8. **Ouest** (Chemin de fer de l') — Rapports et comptes des années 1886 à 1890 — Paris, Paul Dupont, 5 vol. in-4°.

9. **Paris-Lyon-Méditerranée** (Chemin de fer de) — Rapports et résolutions. Années 1883 à 1894 — Paris, Paul Dupont, 10 vol. in-4°.

10. **Raffalovich** (Arthur) — Bilan de la banque d'Angleterre — Paris, Guillaumin et Cie, 1893, in-4°.

11. **Société Générale** pour favoriser le développement du commerce et de l'industrie en France — Rapports du Conseil d'administration, années 1885 à 1892 — Paris, Chaix, 8 vol., in-4°.

12. **Société financière** de Paris — Rapports et résolutions, années 1881 à 1884, 4 vol., in-4°.

13. **Société française** de reports et dépôts — Rapports et résolutions, années 1891-1892, 2 vol., in-4°.

14. **Société** de dépôts et de comptes courants — Rapports et résolutions, années 1882 à 1890 — Paris, Vve Ethiou-Perou, 7 vol., in-4°.

15. **Suez** (Canal maritime de) — Rapports du Conseil d'administration (5) — Paris, Plon, 1868, in-8°.

CXI.— Industrie et Commerce

---

1. **Cezanne** — Enquête sur les chemins de fer et les autres voies de transport, 1873, in-4°.

2. **Dupont-White** — La vente des produits agricoles. La viande — Lyon, Gallet, 1890, in-4°.

3. **Durandy** — Chemin de fer direct de Marseille à Turin passant par Nice et le Col de Tende — Nice, Cauvin et Cie, 1874, in-4°.

4. **Godefroy** (Louis) — La crise industrielle et commerciale — Paris, Goupy, 1868, in-8°.

5. **Hadley** (Arthur) — Le transport par les chemins de fer — Histoire, législation — avec préface de Raffalovich (13) — Paris, Guillaumin et Cie, 1887, in-8°.

6. **Honoré** (F.) — Le chômage dans quelques industries parisiennes — Paris, 1896, in-8°.

7. **Juglar** (C.) — Les crises commerciales — Nancy, Berger Levrault et Cie, 1896. in-4°.

8. **Limousin** (Ch. de) — L'Etat est-il capable d'être industriel — Paris, Guillaumin et Cie, 1888, in-8°.

9. **Nouette-Delorme** — La question des chemins de fer — Paris, Schiller, 1872, in-8°.

10. **Peut** (H.) — Travaux du Littoral et du Rhône — Paris, Boyer, 1879, in-8°.

11. **Reprise** des négociations commerciales avec la Suisse — Paris, Duruy, 1894, in-8°.

12. **Seguin** (A.) — Coup d'œil sur l'Industrie aux Etats-Unis — Lyon, 1882, in-8°.

13 **Testud de Beauregard** — Le chemin de fer métropolitain parisien — Paris, Baudry, 1883, in-4°.

14. **Venezuela** — Notice politique commerciale (10) — Paris, Dupont, 1889, in-18.

15. **Wilde** (Eduardo) — Travaux de salubrité de Buenos-Ayres, 1887, in-4°,

---

CXII. — Variétés Economiques.

---

1. **Authelande** (d') — L'ami de la maison ou le conseiller intime du commerçant et du propriétaire, 1856, in-32.

2. **Bernard** (A.) — Exposition de 1900 : une Walhalla française et une perspective Alexandre — Le Hâvre, Lemale et Cie, 1895, in-4°.

3. **Bost** (John) — Les Asiles de La Force (Dordogne) — Paris, 1896, in-32.

4. **Brelay** (E.) — La représentation des intérêts dans les municipalités — Paris, Chaix, 1884, in-8°.

5.   d°   L'Exposition de 1900. Ce qu'elle ne pourra pas être — Ce qu'elle pourrait être — Paris, Guillaumin et Cie, 1893, in-4°.

6.   d°   Lettres d'un économiste classique à un agriculteur souffrant — Paris, A.Colin et Cie, 1897, in-32.

7.   d°   Le travail national et le travail étranger — Paris, Guillaumin et Cie, 1885.

8.   d°   Le malentendu social — Paris, Guillaumin et Cie, 1873.

9.   d°   Les accidents du travail et l'industrie — Paris, Guillaumin et Cie, 1890, in-4°.

10. **Cheysson** (E.) — La Science pénitentiaire et l'économie sociale — Paris, Marchal et Billard, 1896, in-18.

11. **Clamageran** (J.J.) — La réaction économique et la démocratie (2) — Paris, Félix Alcan, 1891, in-18.

12. **Cottin-Angard** — De la mutualité appliquée à la vie matérielle et sociale — Paris, Guillaumin et Cie, in-4°.

13. **Cochin** (Augustin) — La Ville de Paris et le Corps législatif (8) — Paris, Douniol, 1869, in-4°.

14. **Dauby** (J.) — Des grèves ouvrières (16) — Paris, Guillaumin et Cie, 1884, in-18.

15. **Emigrants**, allons à la République Argentine — Buenos-Ayres, Stiller et Laas, in-32.

16. **Enfantin** (P.) — Le crédit intellectuel. Œuvre dernière et inédite de P. Enfantin — Paris, Dentu, 1866, in-8°.

17. **Forcade La Roquette** — Le régime économique de la France (20) — Paris, Panckoucke et Cie, 1868, in-18.

18. **Foville** (Alfred de) — Le morcellement (3) — Paris, Guillaumin et Cie, 1885, in-8°.

19. **Guillard** (Joannès) — La République de St-Marin à l'Exposition universelle de 1889, avec un exposé sommaire de l'histoire et des institutions de ce pays — Lyon, Georg, 1890, in-8°.

20. **Guyot** (Yves) — Trois ans au ministère des travaux publics. Expériences et conclusions — Paris, Chailley, 1895, in-18.

21. d° Cherté ou bon marché — Paris, Guillaumin, 1884, in-8°.

22. d° La réglementation officielle du travail — Paris, Guillaumin, 1894, in-32.

23. **Hayem** (Julien) — Le repos hebdomadaire — Origine, histoire, législation, utilité, application aux classes ouvrières — Paris, Didier et Cie, 1873, in-18.

24. **Hiernaux** (Léon) — Organisation du crédit au travail. Paris, Ghio, 1884, in-8°.

25. **Isaac** (A.), **Pila** (U.), **Rousseau** (A.) — Discours prononcés à la Chambre de commerce de Lyon, le 16 février 1895 — Lyon, Rey, 1895, in-4°.

26. **Le Bailly** — Bureaux municipaux de placement gratuit. Leur situation actuelle (8) — Paris, Lebailly 1890, in-4°.

27. **Loua** (Toussaint) — La France sociale et économique d'après les documents officiels les plus récents — Paris, Berger Levrault et Cie, 1888.

28. **Naville** (F. M. L.) — De la charité légale, de ses effets, de ses causes et spécialement des maisons de travail et de la proscription de la mendicité — Paris, Dufart, 1836, 2 vol. in-8°.

29. **Passy** (Frédéric) — Cinquantenaire de la Société
     d'économie politique, 5 novembre 1892 — Paris,
     Guillaumin, 1892, in-8°.

30. **Picot** (Georges) — Un devoir social et les logements
     d'ouvriers (17) — Paris, Calmann-Levy, 1885 in-18.

31. **Questions diverses** (1888) — Clermont-Ferrand,
     Bellet et Fils, 1888, in-8°.

32. **Rostand** (Eugène) — L'action sociale par l'intiative
     privée — Paris, Guillaumin et Cⁱᵉ, 1892, in-8°.

33. **Say** (Léon) — Les responsabilités des accidents —
     Paris, 1893, in-32.

CXIII.— Administration

-----

1. **Assistance publique** — Instruction sur la comptabi-
    lité des bureaux de bienfaisance — Paris, Paul Du-
    pont, 1872, in-4°.

2. **Breuille** — Fonctionnement des crêches de la ville
    de Paris — Paris, Imp. Nationale, 1895, in-4°.

3. **Chabanier** — Manuel pour l'exécution de la loi du 21
    mars 1831 sur l'organisation municipale et de celle
    du 19 avril 1831 sur les élections à la Chambre des
    Députés et de celle du 22 juin 1833 sur l'organisa-
    tion des Conseils généraux et d'arrondissement,
    in-f°.

4. **Critique** du rapport de M. Gerville-Réache sur le
    budget de la marine pour l'ex. 1891 — Paris, Du-
    breuil, 1890, in-8°.

5. **Décret** réglant l'usage des générateurs de vapeur
    autres que ceux qui sont placés à bord des bateaux
    et des récipients — Nice, Ventre et Cⁱᵉ, 1880, in-4°.

6. **Despatys** : 1895, budget de la ville de Paris ; personnel, pensions et secours, architecture, rapport, in-4°.

7. **Extrait** pour les maires de l'instruction générale sur la conscription.Fonction des maires; devoirs et droits des conscrits — Paris, F. Didot, 1811, in-18.

8. **Huet-Desaunay** — Le laboratoire municipal et les falsifications ou recueil des lois et circulaires concernant la vente des produits alimentaires et l'hygiène publique (2) — Paris, Pichon, 1890, in-18.

9. **Instruction** aux maires — Paris, an 1809, in-8°.

10. **Instruction générale** sur la conscription — Paris, F. Didot, 1811, in-8°.

11. **Instruction** sur la comptabilité des bureaux de bienfaisance — Paris, Paul Dupont, 1872, in-4°.

12. **Lescuyer** et **Cosson** — Manuel pratique d'administration communale ou commentaire de la loi du 5 avril 1884 avec recueil alphabétique des documents législatifs et administratifs de nature à intéresser les maires — Paris, Girard, 1891, in-4°.

13. **Macé** (G.) — Police parisienne. Le service de la sûreté par son ancien chef — Paris, Charpentier et Cie, 1885, in-18.

14. **Manuel** complet des Maires, de leurs adjoints et des commissaires de police — Paris, Roret, 1825, 2 vol. in-8°.

15. **Manuel** des Secrétaires des Conseils des Prudhommes — Boulogne s/mer, Lajoie, 1896, in-8°.

16. **Manuel** du recrutement ou recueil des ordonnances, instructions, etc., auxquelles la loi du 10 mars 1818 a donné lieu — Paris, Imp. Royale, 1820, in-8°.

17. **Manuel** du recrutement (supplément) (4) — Paris, Imp. Royale, 1822, in-8°.

18. **Marie** — Les Conseils généraux. Etude d'administration départementale, suivie des principaux textes de la législation départementale — Paris, Chevalier Marescq, 1882, in-8º.

19. **Montcloux** (de) — De la comptabilité publique en France (14) — Paris, 1840, in-8º.

20. **Négociations** Commerciales et Maritimes avec l'Italie (1886-88) — Paris, Imp. Nationale, 1888, in-4ᵉ.

21. **Neymarck** (A.) — Travaux de la Commission extra-parlementaire du Cadastre — Paris, Imp. Nationale, 1892, in-4º.

22. **Pelletier** — L'administration des services et établissements municipaux compris dans la direction de l'administration générale — Paris Ch. de Mourgues frères, 1875, in-4º.

23. **Pinard** — Discours sur le budget de 1868 — Paris, Plon, 1868, in-8º.

24. **Podenas** (Ad. de) — Le régulateur judiciaire des maires et adjoints — Agen, Grenier, 1811, in-18.

25. **Quentin-Bauchart** — Exposition de 1900 — Les concessions des Champs Elysées, avec plans des Champs Elysées en 1714, 1739, 1793, 1844, 1855 — Paris, Imp. Nationale, 1895, in-4º.

26. **Rapport** sur la nouvelle loi des Conseils de prud'hommes — Toulouse, Vialelle et Cⁱᵉ, 1894, in-4º.

27. **Rapport** sur l'organisation de la police de la ville d'Angers — Angers, Poitevin et Scipion, 1888, in-4º.

28. **Rouher** — Discours au Corps législatif sur le budget de 1864 — Paris, Panckoucke et Cⁱᵉ, 1864, in-8º.

29. **Simon** (J.P.V.) — Essai sur l'application de la loi du 15 juillet 1889 sur le recrutement de l'armée française ou Manuel du recrutement de l'armée française (3) — Paris, Ch. Lavauzelle, 1892, in-8º.

30. **Sucres** (Régime des) — Conférence internationale sur le régime des sucres — Paris, Imp. Nationale, 1888, in-4°.

31. **Travail** (Conseil supérieur du) — Compte-rendu des séances — Paris, Imp. Nationale, 1892, in-4°.

32. **Traités** de commerce et de navigation existant entre la France et les pays étrangers au mois de janvier 1876, avec liste générale des ports ou lieux d'embarquement français et étrangers et des agents diplomatiques et consulaires de France à l'étranger, 3 vol., in-4°.

33. **Villain** (G.) — Rapport au Conseil municipal de Paris sur le budget de la préfecture de police, ex. 1894 — Paris, Imp. Nationale, 1894, in-4°.

34.   d° Rapport au Conseil municipal de Paris sur la mairie du 10ᵉ arrondissement, avec plans et cartes — Paris, Imp. Nationale, 1895, in-4°.

35.   d° Rapport au Conseil municipal de Paris par la préfecture de police, ex. 1896 — Paris, Imp. Nationale, 1895, in-4°.

36. **Ville de Paris** — Notes de l'inspecteur général des ponts-et-chaussées, directeur des travaux de la ville à Paris, à l'appui du budget de 1878 — Chaix, 1877, in-4°.

37.   d° Mémoires du Préfet de la Seine au Conseil municipal pour l'établissement des budgets des années 1893 à 1897 — Paris, Paul Dupont, 5 vol., in-4°.

38.   d° Projets de budget de la ville de Paris — années 1893 à 1897 — Paris, Paul Dupont, 5 v., in 4°.

39.   d° Budgets de la ville de Paris, années 1893 à 1896 — Paris, Paul Dupont, 4 vol., in-4°.

CXIV. — Statistique.

1. **Annuaire** de l'économie politique et de la statistique (années 1881 à 1895) — Paris, Guillaumin et Cie, 15 années, in-32.

2. **Annuaire** statistique de la France pour 1886, publié par le service de la statistique générale, avec sommaire général et indication des sources — Paris, Imp. Nationale, 1886, in-4°.

3. **Annuaire** statistique de la Ville de Paris (années 1888 à 1894 — Paris, Masson, 7 vol., in-4°.

4. **Badon-Pascal** — Résumé des opérations statistiques des Compagnies françaises d'assurances en 1896, in-8°.

5. **Bertillon** — Dénombrement de 1891 pour la Ville de Paris et le département de la Seine et renseignements relatifs aux dénombrements antérieurs — Paris, Masson, 1894, in- 4°.

6. **Bonnard** (C.) — Les stations thermales hivernales et balnéaires et le budget de France — Vichy, Vexenat, 1894, in-8°.

7. **Boutin** — Opérations du repartement et du sous-repartement en 1890 — Paris, Imp. Nationale, 1891, in-4°.

8. **Cartogrammes** et diagrammes relatifs à la population parisienne et à la fréquence des principales maladies à Paris pendant la période 1865-1887 — Paris, Masson, 1889, in-4°.

9. **Crisenoy** — Situation financière et matérielle des Communes en 1877—Paris, Imp. Nationale, 1881, in-4°.

10.   d°   Situation financière des communes (années 1878-79) -- Paris et Nancy, Berger-Levrault et Cie, in-4°.

11. **Durangel** — Situation financière des communes en 1871 — Paris, Imp. Nationale. 1873, in-4°.

12. **Etats** des distances pour les transports de la guerre années 1857 à 1860 — Paris, Napoléon Chaix, 5 vol. in-4°.

13. **Floquet** — Situation financière des communes pour les années 1885-1886 — Melun, 1888, in-4°.

14. **Foville** (A. de) — La France économique — Paris, Colin et Cie, 1887, in-18.

15. **Francis Clare Ford** — La République Argentine, finances, commerce, industrie lainière, etc. — Paris, Laroque Jeune, 1867, in-8°.

16. **Lagneau** (Gustave) — Conséquences démographiques qu'ont eues pour la France les guerres depuis un siècle (12) — Paris, 1892, in-8°.

17. **Lepage** (H.) — Le département de la Meurthe, statistique, historique et administratif — Nancy, Peiffer, 1843, 2 vol. in-8°.

18. **Malarce** (A. de) — Les origines de la société de statistique de Paris, mémoire historique — Paris, Berger Levrault et Cie, 1894, in-4°.

19. **Monod** (Henri) — Statistique des dépenses publiques d'assistance faites en France en 1885 — Paris 1889, in-4°.

20. **Navarre** — L'assistance publique de la ville de Paris au budget de 1895 — Paris, Imp. Municipale, in-4°.

21. **Progrès** de la France sous le gouvernement impérial d'après les documents officiels — Paris, Imp. Impériale, 1869, in-f°.

22. **Rapport** sur la situation de la Tunisie en 1891 et pour la période 1890-1891 — Paris, Imp. Nationale, 2 vol. in-8°.

23. **Rapports** à l'Empereur sur la situation des communes de l'Empire en 1862-1868 — Paris, Imp. Impériale, 1865-1870, 2 vol., in-4°.

24. **Rapport** sur l'assistance médicale gratuite, par Henri Monod — Paris, Imp. Nationale, 1893, in-4°.

25. **Rapport** sur l'administration et la situation des affaires de la ville de Gand en 1890 — Gand, Annoot-Braeckman, 1891, in-8°.

26. **Rapport** sur les Caisses d'épargne (années 1864-69) — Paris, Imp. Impériale, 1865-70, 2 vol., in-4°.

27. **Renseignements** sur la situation des Colonies — Paris, 1892, in-18.

28. **Ricoux** (René) — La population Européenne en Algérie pendant l'année 1886, étude statistique — Philippeville, Feuille, 1887, in-8°.

29. **Situation** économique et commerciale de la France — Exposés comparatifs pour les 17 années 1859 à 1875, 3 vol., in-4°.

30. **Statistique** de l'enseignement primaire pour les années 1891-1892 — Paris, Imp. Nationale, 1895, in-4°.

31. **Statistique** générale de la France — Résultats du dénombrement de 1886 — Paris, Berger-Levrault et Cie. 1888, in-4°.

32. **Statistique** graphique de 1888-1889 — Chemins de fer, navigation, routes, etc. — Paris, Imp. Nationale, 1890, 2 vol., in-f°.

33. **Statistique** sanitaire des villes de France et d'Algérie de 1889 à 1897, 9 années, in-4°.

34. **Tableaux mensuels** de statistique municipale de la
ville de Paris, années 1886 à 1896, 11 années,
in-8°.

35. **Tunisie** — La situation de la Tunisie en 1881, 1890,
1891 — Paris, Imp. Nationale, 2 vol., in-8°.

CXV.— Périodiques de l'économie politique.

---

1. **Annales** du commerce extérieur. Publication mensuelle — Années 1873 à 1881 — Paris, Paul
Dupont, 9 années, in-4°.

2. **Annales** économiques — Années 1889 à 1892 —
4 années, in-4°.

3. **Crédit** populaire (Bulletin du) — Banques populaires
et caisses agricoles, 1893-1894, 2 années, in-8°.

4. **Economie** politique (Revue d') — Années 1887 à
1890 — Paris, Larose et Foral, 4 années, in-8°.

5. **Economique** (Annuaire) de Bordeaux et de la Gironde
— Publié par la Société d'économie politique de
Bordeaux — Années 1885-1886-1887, 3 vol., in-18.

6. **Economique** (Revue) de Bordeaux — Années 1888 à
1897 — Bordeaux, Feret et fils, 10 années, in-8°.

7. **Economiste** français (L') — Journal hebdomadaire —
Rédacteur en chef, Paul Leroy-Beaulieu — Années
1872 à 1897, 32 vol., in-f°.

8. **Emancipation** (L') — Journal d'économie politique et
sociale — 1896-1897, 2 années, in-8°.

9. **Etranger** (L') — Organe de la Société d'études internationales — Année 1897, in-8°.

10. **Institut** international de statistique — Première livraison, 1890, in-4°.

11. **Institutions** de prévoyance (Revue des) — 1887 à 1891, 5 années, in-8°.

12. **Journal** des économistes — Revue de la science économique et de la statistique — Années 1872 à 1895 — Paris, Guillaume et Cie, 94 vol., in-8°.

13. **Journal** de la Société de statistique de Paris — Années 1882 à 1896 — Paris, Berger, Levrault et Cie, 15 années, in-4°.

14. **Monde** économique (Le) — Journal hebdomadaire d'économie politique internationale — Années 1891 à 1897, 14 vol. in-4°.

15. **Participation** aux bénéfices (Bulletin de la) — Années 1880 à 1894 — 15 années, in-4".

16. **Politique** et parlementaire (Revue) — Questions politiques, sociales et législatives — Paris, Armand Colin — 1894 à 1897, 33 vol. in-8°.

17. **Politique et Sociale** (Revue). Année 1891 (n°s 1 et 2) in-8°.

18. **Prévoyance et de la Mutualité** (Revue de la). Années 1893 à 1897, 5 années, in-8".

19. **Questions** Diplomatiques et Coloniales, revue de politique extérieure. Année 1897, in-8°.

20. **Réforme Sociale** (la), bulletin de la Société d'économie sociale et des unions de la paix sociale, par Le Play. Années 1893 à 1877, 5 années, in-8°.

21. **Représentation** proportionnelle (la), revue mensuelle, 1895 (1 n°), in-8°.

22. **Revue Socialiste** (la), juillet-août 1891, in-8°.

23. **Union libérale Républicaine** (Comité de l'). Années 1896-97. in-8°.

CXVI. — Périodiques de l'Administration.

1. **Commissaires de Police** (Journal des), bulletin de police générale, administration, etc. — Marseille, E. Aubert, années 1881 à 1885, 5 années, in-8°.

2. **Communes** (Journal des), recueil périodique des décisions administratives et judiciaires — Paris, Tilliard, 1828, 3 vol., in-8°.

3. **Communes** (Journal des), nouveau journal des Conseillers municipaux, de 1828 à 1877, 38 vol., in-8°.

4. **Ecole des Communes** (l'), revue administrative — années 1862 à 1879, 1888 à 1897 — Paris, Paul Dupont, 28 vol., in-8°.

5. **Maires et des Conseillers municipaux** (Journal des). Années 1872 à 1897, 14 vol., in-8°.

6. **Maritime et Coloniale** (Revue), février 1891, in-8°.

7. **Ministère de la Guerre** (Bulletin officiel du). Années 1892-93-94, 11 vol., in-8°.

8. **Ministère de l'Intérieur** (Bulletin du) avec tables décennales, années 1842 à 1896 — Paris, P. Dupont, 53 vol., in-8°.

PÉDAGOGIE ET ENSEIGNEMENT
JURISPRUDENCE — BEAUX-ARTS
BIBLIOGRAPHIE

T.— Pédagogie et Enseignement

CXVII.— Histoire — Généralités

---

1. **Ancienne France** — L'école et la science jusqu'à la Renaissance — Paris, F. Didot, 1887, in-4°.

2. **Aulard** — Science, patrie, religion — Paris, Armand Colin et Cie, 1893, in-32.

3. **Bentzon** (Th.) — Notes de voyage. Les Américaines chez elles — Paris, Calmann Levy, 1896, in-18.

4. **Blanchard** (l'abbé) — L'école des mœurs ou réflexions morales et historiques sur les maximes de la sagesse Lyon, Bruyset, 1788, 3 vol., in-18.

5. **Blanchard** (Emile) — L'instruction générale en France. L'observation et l'expérience — Toulouse, Bonnal et Gibrac, 1872, in-8°.

6. **Compayré** (G.) — Etudes sur l'enseignement et l'éducation — Paris, Hachette et Cie, 1891, in-18.

7. **Corne** (H.) — De l'éducation publique dans ses rapports avec la famille et avec l'Etat -- Paris, Hachette, 1844, in-8°.

8. **Coubertin** (Pierre de) — L'éducation en Angleterre — Paris, Hachette et Cⁱᵉ, 1888, in-18.

9. **Cousin** (Victor) — L'instruction publique en France sous le gouvernement de juillet, loi de 1833 — Paris, Pagnerre, 1850, 2 vol., in-18.

10. **Dupuy** (Adrien) — L'Etat et l'Université ou la vraie réforme de l'enseignement secondaire — Paris, Cerf, 1890, in-18.

11. **Fouillée** (Alfred) — L'enseignement au point de vue national — Paris, Hachette et Cⁱᵉ, 1891, in-18.

12. **Gambini** — Carnet de l'ignorant. Art de paraître érudit dans le monde — Paris, Fayard, in-18.

13. **Gréville** (Mme Henry) — Instruction morale et civique des jeunes filles — Paris, Weill et Maurice, 1883, in-18.

14. **Guizot** — Annales de l'éducation — Paris, Lenormant, 1811, 3 vol. in-8°.

15. **Gréard** (Oct.) — Législation de l'instruction primaire en France depuis 1789 jusqu'à nos jours, avec introduction historique et table analytique — Paris, Delalain frères, 1885, 5 vol. in-4°.

16.   dᵒ   Nos adieux à la vieille Sorbonne — Paris, Hachette et Cⁱᵉ, 1893, in-4°.

17. **Guillaume** (J.) — Procès-verbaux du Comité d'Instruction publique de l'Assemblée législative et de la Convention nationale — Paris, Imp. Nationale, 1889, 3 vol. in-4°.

18. **Hemardinguer** — La Cyropédie — Essai sur les idées morales et politiques de Xénophon — Paris, Thorin, 1872, in-8°.

19. **Hippeau** (C.) — L'Instruction publique aux Etats-Unis — Paris, Didier et Cie, 1870, in-8°.

20. **Instruction** morale (Essai d') ou les devoirs envers Dieu, le prince et la patrie, la société et soi-même — Paris, Brunot, Labre — Lenormand — Delaunay, 1812, 2 vol. in-4°.

21. **Kobaudaïsi** — L'enseignement de la vérité et l'enseignement de la jeunesse — Traduit du japonais par Léon de Rosny, avec une transcription du texte original — Paris, 1876, in-8°.

22. **Lalanne** (l'Abbé) — De l'éducation politique, morale et religieuse — Paris, C. Dillet, 1870, in-8°,

23. **Lavelye** (Emile de) — L'Instruction du peuple — Paris, Hachette et Cie, 1872, in-8".

24. **Leautey** (Eugène) — L'Enseignement commercial et les écoles de commerce en France et dans le monde entier — Paris, Chaix, in-8".

25. **Legouvé** (Ernest) — Les pères et les enfants au XIXe siècle — La Jeunesse — Paris, Hetzel et Cie, in-8°.

26.   d° — Les pères et les enfants au XIXe siècle — L'enfance et l'adolescence — in-18.

27. **Lenval** (le baron de) — Quelques pensées sur l'éducation morale — Paris, Plon, Nourrit et Cie, 1886, in-8°.

28. **Maintenon** (Mme de) — Extrait de ses lettres, avis, conversations et proverbes sur l'éducation, précédés d'une introduction par Oct. Gréard — Paris, Hachette et Cie, 1885, in-18.

29. **Marion** (Henri) — L'éducation dans l'université — Paris, A. Colin et Cie, in-18.

30.   d° — Devoirs et droits de l'homme — Paris, Martin, 1880, in-32.

31. **Montaigne** (Michel, seigneur de) — Essais — Paris, Pierre Didot l'aîné et Firmin Didot, 1802, 4 vol. in-18.

32. **Morlet** (A.) — L'éducation morale au collège — Paris, Ch. Delagrave, 1890, in-18.

33. **Necker de Saussure** (Mme) — L'éducation progressive ou étude du cours de la vie — Paris, A. Sautelet et Cie, 1828, 2 vol. in-8°.

34. **Peut** (Hippolyte) — Du gouvernement de la France, suivi d'une lettre sur l'enseignement public — Paris Dauvin et Fontaine, 1850, in-32.

35. **Platon** — L'Etat ou la République — Traduction de Grou sur le texte grec de E. Becker — Paris, Lefèvre, Charpentier, 1840, in-18.

36. **Quinet** (Madame Edgar) — Le vrai dans l'éducation — Paris, Calmann-Lévy, 1891, in-18.

37. **Raoux** (Edouard) — Le tocsin des deux santés, fragments sur l'hygiène et l'éducation du corps et de l'âme (18) — Lausanne, Ymer et Payot, 1878, in-18.

38. **Remusat** (Mme la comtesse de) — Essai sur l'éducation des femmes — Paris, Ladvocat, 1824, in-8°.

39. **Rollin** — Opuscules, précédés de sa vie avec des notes historiques — Paris, Richard, 1807, 2 vol., in-8".

40.   d°   Traité des études ou de la manière d'enseigner et d'étudier les belles-lettres par rapport à l'esprit et au cœur — Paris, Pichard Blaise, 1807, 6 vol., in-8°.

41. **Rondelet** (Antonin) — L'éducation de la 20e année. Lettres à ma cousine Nathalie — Paris, Didier et Cie, 1873, in-18.

42. **Rousseau** (J. J.) — Emile, ou de l'Education. par Jean-Jacques Rousseau, citoyen de Genève — Paris, Defer de Maisonneuve, 1791, 3 vol., in-32.

43. **Simon** (Jules) — L'Ecole — Paris, Hachette et Cie, 1877, in-18.

44. **Spencer** (Herbert) — De l'éducation (8) — Paris, Germer-Baillière et fils, in-32.

45. **Spuller** (Eugène) — Au ministère de l'Instruction publique. Discours, allocutions, circulaires — Paris, Hachette et Cie, 1888-1895, 2 vol., in-18.

46.   d^o Education de la démocratie — Paris, Alcan, 1892, in-18.

47. **Timon** — L'éducation et l'enseignement (52) — Paris, Pagnerre, 1847, in-32.

48. **Tolstoï** (comte Léon) — Les progrès de l'instruction publique en Russie, traduction française par Tseytline et Jaubert — Paris, Albert Savine, 1890, in-18.

49. **Varigny** (C. de) — La femme aux Etats-Unis — — Paris, Colin et Cie, 1893, in-18.

50. **Villemot** (Antoine) — Etude sur l'enseignement secondaire des jeunes filles en France, de 1879 à 1887 (8) — Paris, Paul Dupont, 1887, in-4e.

51. **Wagner** — Le devoir social de la jeunesse universitaire (17) — Paris, 1895, in-18.

52. **William Fison** — Indications pour tous ceux qui désirent sérieusement s'instruire (traduit de l'anglais) — Toulouse, 1855, in-32.

CXVIII.— Pédagogie et questions spéciales

1. **Andreani** (A.) — Les écoles françaises civiles et militaires, Programmes d'études, Titres, etc. — Berger, Levrault et Cⁱᵉ, 1891, in-8°.

2. **Boissière** (G.) — Rapport annuel du Conseil général des Facultés de l'Académie d'Aix sur la situation de l'enseignement supérieur — Aix, Remondet-Aubin, 1894, in-8°.

3. **Buisson** (Benjamin) — Enseignement primaire, exposition de Chicago en 1893 — Paris, Hachette et Cⁱᵉ, 1896, in-8°.

4. **Bulletin** administratif du Ministère de l'Instruction publique et des Beaux-Arts — Années 1880 à 1885 — Paris, Paul Dupont, 17 vol., in-8°.

5. **Compayré** (Gabriel) — Enseignement secondaire et enseignement supérieur aux Etats-Unis — Paris, Hachette et Cⁱᵉ, 1896, 2 vol. in-8°.

6. **Conférences** pédagogiques faites aux instituteurs délégués à l'exposition universelle de 1878, in-18.

7. **Congrès** international de l'enseignement supérieur et de l'enseignement secondaire en 1889 (8) — Paris, G. Chamerot, 1890, in-4°.

8. **Exposition** universelle de 1889 — Congrès international de l'enseignement primaire technique, commercial et industriel — Paris, Imp. Nationale, 1889, in-8°.

9. dᵒ Congrès international de l'enseignement supérieur et de l'enseignement secondaire — Paris, Imp. Nationale, 1889, in-8°.

10. dᵒ Congrès international de l'enseignement superieur — Paris, Imp. Nationale, 1889, in-8°.

11. **Foncin** — Rapport général sur le fonctionnement de l'école coloniale — Paris, 1892, in-18.

12. **Gaussens** (B.) — Premières lectures françaises destinées aux écoles primaires (1) — Lons-le-Saulnier, Gauthier sœurs et Cie, 1864, in-18.

13. **Gréard** (Oct.) — Education et instruction — Enseignement secondaire — Paris, Hachette et Cie, 1887, 2 vol. in-18.

14. d° Education et instruction -- Enseignement supérieur — Paris, Hachette et Cie, 1887, in-18.

15. d° Education et instruction — Enseignement primaire — Paris, Hachette et Cie, 1889, in-18.

16. d° Mémoire sur l'enseignement primaire à Paris et dans les communes du département de la Seine en 1875 — Paris, Charles de Mourgues frères, 1875, in-4°.

17. **Gresse** — Méthode de lecture ou l'art d'apprendre à lire en peu de temps (1) -- Paris, Meyrueis et Cie, in-18.

18. **La Salle** (J. de) — Les règles de la bienséance et de la civilité chrétienne — Paris, Videcoq, 1825, in-32.

19. **Legouvé** — Petit traité de lecture à haute voix à l'usage des écoles primaires (1) — Paris, Hetzel et Cie, in-18.

20. **Michel** (L.-C.) — Méthode de lecture et de prononciation (1) — Paris, Goupy, in-18.

21. **Muller** — Traité de la politesse française — Paris, Garnier frères, in-18.

22. **Plan** d'études et programme de l'enseignement secondaire classique spécial — Paris, Delalain et fils, 1868-1869, in-18.

23. **Plan** d'études des lycées — Programme de l'enseignement secondaire classique — Paris, Jules Delalain et fils, 1872, in-18.

24. **Plan** d'études des lycées — Nouveaux programmes de l'enseignement secondaire classique (classes de lettres) — Paris, Hachette et Cⁱᵉ, 1885, in-18.

25. **Plan** d'études et programmes de l'enseignement secondaire classique — Classes supérieures des sciences et enseignements divers — Paris, Hachette et Cⁱᵉ, 1889, in-18.

26. **Raoux** (Edouard) — L'éducation nouvelle ou la réforme éducative de la méthode de Frœbel — Lausanne, Georges Bridel, in-18.

27. **Recueil factice** des programmes des écoles et des examens universitaires, in-32.

28. **Saglio** (E.) — Rapport relatif à l'enseignement en Autriche, des Arts appliqués à l'Industrie — Paris, Imp. Nationale, 1890, in-4°.

29.   dᵒ   Rapport sur l'organisation des musées en Allemagne — Paris, Imp. Nationale, 1886, in-4°.

30. **Sée** (Camille) — Lycées et collèges de jeunes filles — Paris, Cerf, 1884, in-8°,

31. **Tuet** (l'abbé) — Le guide des humanistes ou premiers principes du goût — Paris, Belin Mandar et Devaux, 1830, in-18.

32. **Vienne** -- Exposition universelle de 1873 — Rapports de la délégation des instituteurs et des institutrices de Paris — Paris, Morel et Cie, 1875, in-8°.

33.   d° Exposition universelle de 1873 — Rapports de la délégation des instituteurs de Lyon — Paris, Morel et Cie, 1875, in-8°.

34. **Vuibert** (H.) — Annuaire de la jeunesse — Paris, Nony et Cie, 1890, in-18.

U.— Jurisprudence

CXIX.— Histoire — Droit ancien

1. **Ancienne France** — La justice et les tribunaux — Paris, Firmin Didot et Cie, 1888, in-4°.

2. **Arrêt** de la Cour de Parlement sur le règlement des orfèvres de la ville de Lyon, du 18 août 1632 — Lyon, 1734, in-18.

3. **Aynard** — Discours — Législature de 1889 à 1893 (2) — Paris, Plon, 1894, in-8°.

4. **Bacquet** (Jean), avocat du Roy en la Chambre du Trésor — Œuvres — Décisions et arrêts des Cours souveraines de France, par Claude de Ferrière — Lyon, Duplain frères, 1744, 2 vol. in-f°.

5. **Bos** (Emile) — Les avocats au Conseil du roi, étude sur l'ancien régime judiciaire de la France — Paris, Marchal, Billard et Cie, 1881, in-8°.

6. **Chailley, Bert et Fontaine** — Lois sociales, recueil de textes de la législation sociale de la France — Paris, Chailley, 1895, in-4°.

7 . **Coigniard** (J.-B.) — Legum Delectus — Ex libris digestorum et Codicis ad usum scholœ et fori accesserunt singulis legibus suœ summœ earum sententiam brevi complexœ — 1745, in-f°.

8 . **Constant** (Benjamin) — Cours de politique constitutionnelle ou collection des ouvrages publiés sur le Gouvernement représentatif avec une introduction et des notes par M. Edouard Laboulaye — Paris, Guillemin et Cie, 1872, 2 vol. in-8°.

9 . **Corpus** juris civilis romani in quo institutiones digesta ad codicem florentinum emendata codez item novellœ nec non Justiniani edicta Leonis et aliorum imperatorum novellœ, canones apostolorum feudorum libri, leges XII tabb. et alio ad jurisprudentiam ante Justinianum pertinentia scripta, cum optimis qui busque editionibus collata, exhibentur -- Coloniœ munatianœ sumptibus fratrum Cranner, MDCCLVI, 2 vol. in-f°.

10 . **Denière** (G.) — La juridiction consulaire de Paris, 1563-1792. Sa création, ses luttes, son administration intérieure, ses usages et ses mœurs — Paris, Plon, 1872, in- 4°.

11 . **Domat** — Les lois civiles dans leur ordre naturel, le droit public et legum delectus — Revue par De Héricourt et annotée par De Bouchevret, Berroyer et Chevalier -- Paris, Michel Brunet, Au mercure galant, 1745, 2 vol., in-f°.

12 . **Dufraisse** (Marc) — Histoire du droit de guerre et de paix, de 1789 à 1815 — Paris, Armand Lechevalier, 1867, in-8°.

13 . **Exposition** Universelle de 1889 — Congrès international tenu à Paris — De l'intervention des pouvoirs publics dans l'émigration et l'immigration — Paris, Imp. Nationale, 1890, in-8°.

14. **Exposition** Universelle de 1889 — Congrès international tenu à Paris — De l'intervention des pouvoirs publics dans le prix des denrées — Paris, Imp. Nationale, 1890, in-8°.

15.   d° De l'intervention des pouvoirs publics dans le contrat du travail — Paris, Imp. Nationale, 1889, in-8°.

16.   d° De la propriété industrielle — Paris, Imp. Nationale, 1889, in-8°.

17.   d° De la propriété artistique — Paris, Imp. Nationale, 1889, in-8".

18.   d° Pour l'étude de la transmission de la propriété foncière — Paris, Imp. Nationale, 1889, in-8°.

19. **Ferrière** (Claude-Joseph de) — Nouvelle introduction à la pratique contenant l'explication des termes de pratique, droit et coutumes, avec les juridictions de France — Paris, Théodore Legras, 1758, 2 vol., in-18.

20. **Fornier** (Henry) et **Dumoulin** (Charles) — Coutumes des duché, bailliages et prévôté d'Orléans et ressorts d'iceux — Orléans, Vve Boyer, 1711, in-18.

21. **Hautefeuille** (L.-B.) — Histoire des origines, des progrès et des variations du droit maritime international — Paris, Guillaumin et Cie — Durand, 1858, in-8°.

22. **Helie** (Faustin-Adolphe) — Les constitutions de la France, avec un commentaire-ouvrage contenant, outre les constitutions, les principales lois — Paris, Marescq aîné, 1880, in-8°.

23. **Giraud-Teulon** (A.) — Les origines du mariage et de la famille — Genève, A. Cherbuliez, 1884, in-18.

24. **Joly** (Henry) — Le combat contre le crime — Paris, Lecerf, in-18.

25. **Jurisprudence** observée en Provence sur les matières féodales et les droits seigneuriaux — Avignon, Vve Girard, 1756, 2 vol. in-8°.

26. **Laboulaye** (Edouard) — Recherches sur la condition
civile et politique des femmes, depuis les Romains
jusqu'à nos jours — Paris, Brockaus et Avenarius,
1843, in-8°.

27. **Leroy** (Paul) — Des consulats, des légations et des
ambassades. Etude d'histoire et de droit — Paris,
Marescq aîné, 1876, in-8°.

28. **Montesquieu** — Esprit des lois, avec les notes de
l'auteur et un choix d'observations — Paris, F. Didot
frères, 1853, in-18.

29. **Montvalon** (de) — Epitome juris et legum romana-
rum frequentioris usus juxta seriem digestorum —
Apud Dupleix bibliopolam Tolosœ, 1786, in-18.

30. **Nouveau** coutumier général ou corps des coutumes
générales et particulières de France et des provinces
connues sous le nom de Gaules, exactement vérifiées
sur les originaux conservés au greffe du parlement
de Paris et des autres Cours du royaume. Enrichi de
notes tirées des principales observations des commen-
tateurs et des jugements, par M. Charles Bourdot de
Richebourg — Paris, Michel Brunet, grande salle du
Palais, au mercure galant, 1724, 4 vol. in-f°.

31. **Résumé** des travaux législatifs de la Chambre des
députés pendant la 5° législature, 1889-1893. Pré-
paré par les soins du secrétaire général de la
présidence (7) — Paris, Motteroz, 1893, in-18.

32. **Rousseau** (Jean-Jacques) — Du contrat social ou principes du droit politique par J.-J. Rousseau, citoyen
de Genève — Avignon. Vincent Raphel, an 2 de la
République, in-32.

33. **Toulotte** et **Riva** — Histoire de la barbarie et des lois
au moyen âge — Paris, Dureuil, 1829, 3 vol. in-8°.

34. **Weiss** (S.) — Code du droit maritime international tel qu'il existe chez les nations en temps de paix et en temps de guerre depuis les temps les plus reculés jusqu'à nos jours selon l'école historique — Paris, Amyot, 1858, 2 vol. in-8°.

35. **Wheaton** (Henry) — Histoire des progrès du droit des gens en Europe et en Amérique depuis la paix de Westphalie jusqu'à nos jours, avec une introduction sur le progrès du droit des gens en Europe avant la paix de Westphalie — Leipzig, Brockaus, 1865, 2 vol. in-8°.

CXX.— Dictionnaires — Codes — Traités — Manuels

1. **Batbie** (A.) — Traité théorique et pratique de droit public et administratif (suppléments) (4) — Paris, Larose et Forcel, 1885-1887, 2 vol., in-8°.

2. **Beaugé** (L.) — Manuel de législation, d'administration et de comptabilité militaire, à l'usage des officiers, sous-officiers de toutes armes — Paris, Dumaine, 1879, in-18.

3. **Bost** (A.) — Code formulaire des élections municipales et des Assemblées des conseils municipaux (4) — Paris, 1870, in-8".

4. **Bourguignon** — Nouveau guide usuel du propriétaire et du locataire ou fermier — Paris, Garnier frères, 1860, in-18.

5. **Burlamaqui** — Eléments du droit naturel — Paris, Delestre, Bouloge, 1821, in-18.

6. **Cadet** (Ernest) — Dictionnaire usuel de législation, contenant les éléments du droit civil, commercial, industriel, maritime, criminel, administratif, etc. — Paris, Vve E. Belin et fils, 1890, in-8°.

7. **Collin de Plancy** — Dictionnaire féodal — Paris, Foulon et Cⁱᵉ, 1819, in-18, 2 vol.

8. **Coster** — Code du propriétaire ou connaissances usuelles et pratiques en jurisprudence civile et commerciale — Paris, Lenormant, libraire, 1842, in-8°.

9. **Dareste** (Rodolphe) — La justice administrative en France, ou traité du contentieux de l'administration — Paris, Durand, 1862, in-8°.

10. **Dayre** (P.) — Grand manuel de police administrative et judiciaire à l'usage des commissaires de police — Paris, Marescq aîné, 1877, in-8°.

11. **Dejean** (Oscar) — Traité théorique et pratique de l'action redhibitoire dans le commerce des animaux domestiques — Paris, P. Asselin, 1868, in-18.

12. **Demolombe** (C.) — Traité de la distinction des biens, de la propriété, de l'usufruit, de l'usage et de l'habitation — Paris, Hachette et Cⁱᵉ, Lahure, 1881, 2 vol., in-8°.

13. **Deslignières** (H.M.) — Petit code du voyageur en chemin de ter. Devoirs des compagnies et obligations du public (2) — Paris, Sagnier, 1869, in-18.

14. **Favart de Langlade** — Répertoire de la nouvelle législation civile, commerciale et administrative ou analyse raisonnée des principes consacrés par les Codes et les lois qui s'y rattachent, par la législation sur le contentieux de l'administration et par la jurisprudence — Paris, F. Didot père et fils, 1824, 5 vol., in-4°.

15. **Fenet** (Constant) — Code manuel des jurés d'Assises — Paris, Cotillon et Cⁱᵉ, in-32.

16.   dᵒ   Le moniteur des jurés d'Assises — Paris, Cotillon et Cⁱᵉ, 1879, in-32.

17. **Fournier** (Casimir) — Traité des contributions directes, mis au courant de la législation et de la jurisprudence par Ch. Daveluy — Paris, Berger-Levrault et Cie, 1885, in-18.

18. **Hautefeuille** (L.B.) — Code de la pêche maritime ou commentaire des lois et ordonnances qui régissent la pêche maritime. Grandes pêches — Paris, Ducessois, 1844, in-8°.

19.   d°   Législation criminelle maritime ou traité sur les lois pénales et d'instruction criminelle et sur l'organisation des divers tribunaux de la marine militaire — Paris, Ladrange, 1839, in-8°.

20. **Houdas** et **Martel** — Traité de droit musulman. La tohfat d'Ebn Acem, texte arabe avec traduction française. Commentaire juridique et notes philologiques — Alger, Gavault-Saint-Lager, 1882, in-8°.

21. **Jacquemart** (Alfred) — Le code manuel de la commission municipale scolaire et du Conseil départemental et du juge de simple police, suivi de formules (2) — Paris 1887, in-18.

22. **Jourdan** (Alfred) — Le droit français, ses règles fondamentales, ses rapports avec les principes de la morale, avec l'économie politique et avec l'utilité générale — Paris, Plon et Cie, 1875, in-8°.

23. **Jourdan** (G.) — Législation sur les logements insalubres. Traité pratique au courant de la jurisprudence et augmenté des principaux règlements sur la salubrité publique — Paris, Berger-Levrault et Cie, 1889, in-18.

24. **Lechopié** et **Floquet** — Droit médical ou code des médecins, au courant de la doctrine et de la jurisprudence, avec une préface de Brouardel — Paris, Doin, 1890, in-18.

25. **L'Homme** (Charles) — Code manuel des membres des Commissions municipales scolaires, avec une préface de M. Henri Prévost — Paris, Ch. Delagrave, 1883, in-18.

26. **Lois** constitutionnelles de la République française avec les lois organiques pour l'élection des sénateurs et des députés (7) — Paris, Imp. Nationale, 1876, in-18.

27. **Manuel** des nouveaux impôts. Texte des nouvelles lois d'impôts — Paris, Pougin, 1871, in-32.

28. **Martens** (G.-F. de) — Précis du droit des gens moderne de l'Europe, avec notes de Pinheiro-Ferreira et bibliographie raisonnée du droit des gens par Vergé — Paris, Guillaumin et Cie, 1858, 2 vol., in-18.

29. **Nicolas** (César) et **Pelletier** (Michel) — Manuel de la propriété industrielle — Paris, Quantin, 1888, in-8°.

30. **Petit** (Elie) — L'art de faire un testament mis à la portée de tous ou Manuel du testateur — Paris, Mlle Emelie Desrez, 1846, in-32.

31. **Pierre** (Eugène) — Traité de droit politique électoral et parlementaire — Paris, May et Motteroz, 1893, in-4°.

32. **Raffalovich** (S.) — Bentham, principes de législation et d'économie politique — Paris, Guillaumin et Cie, in-32.

33. **Roger et Sorel** — Codes et lois usuelles, classés par ordre alphabétique, contenant la législation jusqu'à ce jour. Collationné sur les textes officiels. Lois constitutionnelles. Table chronologique et générale des matières — Paris, Garnier frères, 1891, in-4°.

34. **Rogron** (J. A.) — Code civil explique par ses motifs
      et par des exemples avec la solution —
      Paris, Videcoq, 1828, in-32.

35.   d⁰   Code du commerce expliqué par ses motifs
                   et par des exemples, avec la solution des
                   difficultés que présente le texte et la défini-
                   tion de tous les termes de droit — Paris,
                   Videcoq, 1831, in-32.

36.   d⁰   Code forestier, de la pêche fluviale, de la
                   chasse et rural, expliqués par leurs motifs,
                   par des exemples et par la jurisprudence —
                   Paris, Videcoq, 1836, in-32.

37.   d⁰   Code d'instruction criminelle expliqué par
                   ses motifs et des exemples — Paris, Vide-
                   coq, 1833, in-32.

38.   d⁰   Code politique ou Charte constitutionnelle
                   expliqué par ses motifs et des exemples —
                   Paris, Videcoq, 1843, in-32.

39.   d⁰   Code de procédure civile expliqué par ses
                   motifs et par des exemples — Paris,
                   Videcoq, 1826, in-32.

40. **Saillet et Olibo** — Codes des contributions indirectes
      ou lois organiques annotées — Lyon, Vingtrinier,
      1865, in-8⁰.

41. **Traité** des obligations — Orléans, Rouzeau Mon-
      tant — Paris, Debure l'aîné, 1761, 2 vol. in-18.

42. **Trebuchet** — Jurisprudence de la médecine, de la
      chirurgie et de la pharmacie en France, appuyée des
      jugements des cours et des tribunaux — Paris,
      Baillière, 1894, in-8⁰.

43. **Wheaton** (Henry) — Eléments du droit international
      — Leipzig, F. A. Brockhaus, 1864, vol. in-8⁰.

CXXI.— Monographies

1. **Accarias** (Calixte) — Théorie des contrats innommés et explication du titre « de prœscriptis verbis » au digeste — Paris, Retaux frères, 1866, in-8°.

2.   d°   Etude sur la transaction en droit romain et en droit français (1) — Paris, Cotillon, 1863, in-4°.

3. **Acollas** (Emile) — Les contrats et les obligations contractuelles — Paris, Delagrave, 1884, in-18.

4.   d°   Les successions — Paris, Delagrave, 1885, in-18.

5.   d°   La propriété — Paris, Delagrave, 1885, in-18.

6.   d°   L'enfant né hors mariage (6) — Paris, Germer-Baillière, 1870, in-18.

7. **Baron** — Le criminel à travers les réformes pénitentiaires (1) — Aix, Pust, 1886, in-4°.

8. **Bès de Berc** (Emmanuel) — Droit romain : du Postliminium et de la loi Cornélia. Droit français : de l'expulsion des étrangers — Paris, Arthur Rousseau, 1888, in-4°.

9. **Bing** (Félix) — La société anonyme en droit italien. Etude de législation comparée — Genève et Bâle, Georg, 1887, in-8°.

10. **Boilley** (Paul) — La législation internationale du travail — Paris, Alcan, 1892, in-18.

11. **Bonnier-Ortolan** — De inofficioso testamento. Des dispositions entre époux, soit par contrat, soit pendant le mariage — Paris, Pichon-Lamy, 1868, in-18.

12. **Brétignères de Courteilles** — Les condamnés et les prisons ou réforme morale, criminelle et pénitentiaire (12) — Paris, Perrotin, 1838, in-8°.

13. **Charlin** (G.) — De la garantie à raison des vices cachés en matière de vente en droit romain et en droit français — Paris, Pedone, 1895, in-8°.

14. **Chesnes** (Georges des) — Essai de commentaire pratique de la loi du 4 avril 1882, sur la conservation et la restauration des terrains en montagne (1).

15. **Desjardins** (Arthur) — De l'aliénation et de la prescription des biens de l'Etat, des départements, des communes et des établissements publics dans le droit ancien et moderne — Paris, Durand, 1862, in-8°.

16. **Dumas fils** (Alexandre) — La recherche de la paternité (15) — Paris, 1883, Calmann Levy, in-18.

17. **Hautefeuille** (L.B.) — Des droits et des devoirs des nations neutres en temps de guerre maritime -- Paris, Comon et Cⁱᵉ, 1848, 4 vol., in-4°.

18.   d° Propriétés privées des sujets belligérants sur mer — Paris, Franck, 1860, in 8°.

19.   d° Les pêches maritimes en France. Leur état actuel. Moyen de les rétablir et de les développer (5) in-8°.

20. **Herold** (F.) — Le droit électoral devant la Cour de cassation (1) — Paris, Thorin, 1869, in-4°.

21. **Huerne de la Mothe** — Le Douaire — Paris, Saillant, 1758, in-18.

22. **Lallemand** (Léon) — Etude sur la législation charitable en Hollande — Paris, Picard et fils, 1896, in-18.

23. **Leclère** (Adhémar) — Recherches sur la législation cambodgienne (droit privé) — Paris, A. Challemel, 1890, in-8°.

24. **Le Couppey** (Gaston) — De l'impôt foncier et de la garantie de la propriété territoriale (3) — Paris, Guillaumin et Cie — Didier et Cie — 1867, in-8°.

25. **Lockroy** (E.) — Proposition de loi sur l'arbitrage entre patrons et ouvriers — Paris, 1890, in-4°.

26. **Macé** (J.-A.) — Des conditions essentielles pour la validité des conventions — Caen, F. Poisson, 1841, in-4°.

27.   d° De la dot et de sa constitution (3) — Caen, Hardel, 1846, in-8°.

28. **Mainot** (Q.) — De la condition des objets mobiliers faisant partie des collections des bibliothèques publiques et de la poursuite de ces objets contre les tiers-détenteurs — Paris, de Soye et fils, 1896, in-18.

29. **Modeste** (Victor) — Le prêt à intérêt, dernière forme de l'esclavage. Question de droit — Paris, Guillaumin et Cie, in-18.

30. **Pascaud** — De la communication des procédures criminelles aux prévenus, aux tiers, aux agents du gouvernement et aux commissions d'enquête parlementaire, au double point de vue du secret de l'instruction criminelle et du principe de la séparation des pouvoirs (3) — Toulouse, Lagarde et Sébille, 1893, in-8°.

31.   d° Le régime de la faillite en Suisse (4) — Toulouse, Lagarde et Sébille, 1892, in-8°.

32.   d° De l'autorité paternelle sur la personne et les biens des enfants légitimes ou naturels (3) — Paris, Thorin et fils, 1893, in-8°.

33. **Pierre** (Eugène) — La procédure parlementaire. Etude sur le mécanisme intérieur du pouvoir législatif (2) — Paris, Quantin, 1887, in-18.

34. **Pontaumont** (Léonce de) — Quibus modis solvitur matrimonium. Des nullités du mariage (3) — Cherbourg, Mouchel, 1875, in-8°.

35. **Richer** (Léon) — Le divorce. Avec lettre préface de Louis-Blanc (6) --- Paris, Lechevalier, in-8°.

36. **Saurel** (Alfred) — Des réformes à apporter à la législation des annonces judiciaires et légales (3) — Marseille, Cayer et Cie, 1872, in-8°.

37. **Say** (Léon) --- Projet de loi relatif au privilège de la banque de France — Paris, 1892, in-32.

38. **Waresquiel** (de) — Jus romanum : Quibus modis solvitur matrimoniun. Droit civil : Des causes qui interrompent ou qui suspendent le cours de la prescription (3) — Paris, Larose, 1873, in-8°.

CXXII.— Mélanges

1. **Ballue** — Proposition de loi ayant pour objet la réforme de l'assiette de l'impôt — Paris, A. Quantin, 1885, in-4°.

2. **Beaumont et de Tocqueville** — Du système pénitentiaire aux Etats-Unis et de son application en France — Paris, Fournier jeune, 1833, in-8°.

3. **Commission des monuments historiques** — Loi et décrets relatifs à la conservation des monuments historiques et liste des monuments classés -- Paris, Imp. Nationale, 1889, in-4°.

4. **Compliments** de condoléances adressés aux Conservateurs à propos de la réforme judiciaire — Paris, Charavay frères, in-32.

5. **Cour des Pairs** — Affaire du mois d'avril 1834. Procès déféré à la Cour par ordonnance royale du 15 avril 1834. M. Girod de l'Ain, rapporteur -- Paris, Imp. Royale, 1834, 5 vol., in-4°.

6. **Ducrocq** (Th.) — Etudes de droit public : lois, extradition, conseil d'Etat, Cour des comptes, expropriations, etc., suivi d'une défense du barreau — Paris, Guillaumin et Cie — Poitiers, Oudin, 1887, in-8°.

7. **Election** (de l') des juges, par l'auteur de la réforme de la magistrature — Paris, Charavay frères, in-32.

8. **Ferrand** (Georges) — Des réquisitions militaires. Etude d'administration militaire au point de vue du droit des gens et du droit public français — Paris, Baudoin, 1892, in-4°.

9. **Franck** (Ad.) — Philosophie du droit civil -- Paris, Alcan, 1886, in-8°.

10. **Hautefeuille** (L. B.) — Quelques questions de droit international maritime à propos de la guerre d'Amérique (5) — Paris, Franck, 1861, in-8°.

11.   d°   .Marine marchande. Décret disciplinaire et pénal du 24 mars 1852 expliqué et commenté (5) — Paris, Comon, 1852, in-8°.

12. **Lois** et documents relatifs au drainage — Paris, Imp. Impériale, 1854, in-4°.

13. **Lucas** — Lois et coutumes de la guerre (3) -- Paris, 1874, in-8°.

14. **Macarel** (L. A.) — Des tribunaux administratifs ou introduction à l'étude de la jurisprudence administrative — Paris, Roret, 1828, in-8°.

15. **Ortolan** (Théodore) — Règles internationales et diplomatie de la mer, avec appendice spécial contenant les actes du Congrès de Paris de 1856 et les documents officiels relatifs à la dernière guerre d'Orient et à la guerre actuelle d'Amérique — Paris, Plon, 1894, 2 vol., in-8º.

16. **Panama** (Affaire de) publiée par l'« homologation » in-fº.

17.   dº   Pourvoi de M. Eiffel. Rapport, plaidoiries et arrêt — Paris, Maretheux, 1893, in-8º.

18. **Philipart** (Affaire) Bassins houillers du Hainaut (1) — Paris, Paul Dupont, 1877, in-4º.

19. **Proal** (Louis) — Le crime et la peine — Paris, F. Alcan, 1892, in-18.

20. **Représentation** (la) proportionnelle — Etudes de législation et de statistique comparées, documents législatifs et débats parlementaires des principaux Etats d'Amérique et d'Europe — Paris, Pichon, 1888, in-8º.

21. **Siegfried et Bourgeois** — Commentaire et texte de la loi sur la conciliation et l'arbitrage en matière de différends collectifs entre patrons et ouvriers ou employés — Paris, Imp. Nationale. in-4º.

22. **Siméon** — Projets de loi relatifs à la prorogation du monopole des tabacs et au régime d'entrée des cigares et cigarettes emportés comme provision de santé ou d'habitude — Paris, H. et Ch. Noblet, 1851, in-8º.

23. **Treize** (Le procès des) en 1ʳᵉ instance (4) — Paris, 1864, Dentu, in-8º.

24. **Vallombrosa** (duc de) contre M. le marquis de Morès — Demande à fin de dation de Conseil judiciaire (1) 1893, in-4º.

25. **Vavasseur** (A.) — La liberté de la Presse et la loi du 29 juillet 1881 — Paris, G. Chamerot, 1889, in-8°.

26. **Watrin** (affaire) — Cour d'assises de l'Aveyron — Paris, Chaix, 1886, in-4°.

CXXIII.— Périodiques du Droit

1. **Bulletin** annoté des lois et décrets, arrêtés, avis du Conseil d'Etat, etc., par Bacqua de Labarthe et Paul Dupont. — Années 1872 à 1897 — Paris, Paul Dupont, 1874, 13 vol. in-8°.

2. d° Tables de 1836 à 1860 et de 1870 à 1885 — Paris, Paul Dupont, 2 vol. in-8".

3. **Droit administratif** (Journal du) ou le droit administratif mis à la portée de tout le monde — Années 1862 à 1872 — Toulouse, Armaing, 11 années, in-8°.

4. **Lois et Décrets,** de 1791 à l'an II de la République — Paris, Mallard, imprimeur du roi, 9 vol. in-4°.

5. **Lois** de la République, de l'an IV à l'an XII — Paris, Imp. de la République, 17 vol. in-8°.

6. **Lois** de l'Empire, de 1805 à 1810 — Paris, Imp. Impériale, 7 vol. in-8°.

7. d° de 1811 à 1815 — Paris, Imp. Impériale, 9 vol. in-8°.

8. **Lois** du Royaume, année 1815 — Paris, Imp. Royale, 2 vol. in-8°.

9. **Lois** du Royaume, de 1816 à 1830 — Paris, Imp. Royale, 29 vol. in-8°.

10. **Lois** du Royaume — Ordonnances, 1830 à 1831 — Paris, Imp. Royale, 4 vol. in-8°.

11. **Lois** (Bulletin des), de 1832 à 1897 — Paris, Imp. Royale, Impériale, Nationale, 130 vol, in-8°.

12. **Tables des lois**, depuis l'an IV — Paris, Imp. Royale, Impériale, Nationale, 5 vol. in-8°.

13. **Table** decennale du Bulletin des Lois, du 1er avril 1814 au 31 décembre 1823 — Paris, Imp. Royale, in-8°.

14. **Tables** décennales du Bulletin des Lois pour la période 1834 à 1883 — Paris, Imp. Nationale, 7 vol. in-8°.

15. **Table** générale des lois, senatus consultes, etc. — Paris, Imp. Nationale, 4 vol. in-8°.

16. **Paix** (la) par le Droit. Vulgarisation des solutions juridiques des conflits internationaux. — Années 1893 à 1897 — Paris, Pedone, 5 années in-8°.

17. **Revue** du droit public et de la science politique en France et à l'étranger, 1894, 1 b. in-8°.

18. **Revue** des sociétés — Jurisprudence, doctrine, législation sur les sociétés civiles et commerciales, etc. — Marchal et Billard, 1 b. in-8°.

19. **Tribune** (la) des colonies et des protectorats, journal de jurisprudence maritime, 1894, 16, in-8°.

Y.— Beaux-Arts

CXXIV.— Histoire et Périodiques

---

1. **Alexandre** (Arsène) — Histoire de la peinture militaire — Paris, Henri Laurent, in-8°.

2. **Ancienne France** — Peintres et graveurs. L'Académie de peinture — Paris, F. Didot et Cie, 1888, in-4°.

3. **Ancienne France** — Sculpteurs et architectes. L'Académie d'architecture — Paris, F. Didot et Cie, 1888, in-4°.

4. **Art** (l') — Revue bi-mensuelle illustrée. Années 1892-1893 — Paris, Librairie de l'Art, in-f°, 4 volumes.

5.   d° Année 1894 — Paris, Librairie de l'Art, in-4°, 2 vol.

6. **Bayet** (Ch.) — Précis de l'histoire de l'Art — Paris, A. Quantin, in-8".

7. **Champfleury** — Histoire de la caricature antique moyen âge, moderne, sous la République, l'Empire et la Restauration — Paris, Dentu, in-18, 4 vol.

8. **Château** (Léon) — Histoire et caractères de l'architecture en France depuis l'époque druidique jusqu'à nos jours — Paris, Morel et Cie, 1864, in-18.

9. **Chronique des Arts** et de la Curiosité. Années 1895-1896-1897, in-4", 3 vol.

10. **Cougny** (Gaston) — Choix de lectures sur l'histoire de l'Art, l'Esthétique et l'Archéologie, accompagné de notes explicatives, historiques et bibliographiques. L'Art antique, l'Art au moyen âge, l'Art byzantin, l'Art gothique — Paris, F. Didot et Cie, in-18, 3 vol.

11.   d° L'Art moderne, la Renaissance, les 17e, 18e et 19e siècles — Paris, F. Didot et Cie, 1892, in-8°, 2 vol.

12. **Gailhabaud** (Jules) — Monuments anciens et modernes, collection formant une histoire de l'architecture des différents peuples à toutes les époques — Paris, Didot frères, fils et Cie, 1870, in-f°, 4 vol.

13. **Gazette des Beaux-Arts** — Années 1895-96-97, in-4^c, 6 vol.

14. **Giraud** (Ch.) — De la réorganisation de l'école des Beaux-Arts. Réponse à la lettre de M. Ingres — Paris, 1864, in-8°.

15. **Lafenestre** (Georges) — La peinture italienne depuis les origines jusqu'à la fin du XVe siècle — Paris, Quantin, in-8".

16. **Mérimée** et **Lenoir** — Instructions du Comité historique des Arts et Monuments. Architecture militaire — Paris, Imp. Impériale, 1857, in-f°.

17. **Michiels** (Alfred) — Histoire de la peinture flamande et hollandaise — Bruxelles, A. Vandale, 1846, in-8", 3 vol.

18. **Parrocel** (Etienne) — Annales de la peinture, ouvrage contenant l'histoire des écoles d'Avignon, d'Aix et de Marseille, précédé de l'historique des peintres de l'antiquité, du moyen-âge et des diverses écoles du midi de la France — Paris et Marseille, Ch. Albessard et Bérard, 1862, in-8".

19. **Peyre** (Roger) — Histoire générale des Beaux-arts — Paris, Ch. Delagrave, 1894, in-18.

20. **Revue** de l'Art chrétien, publiée sous la direction d'un Comité d'artistes et d'archéologues — Paris, 1885 (n° d'octobre 1885) in-4°.

21. **Rio** (A.F.) — De l'Art chrétien — Paris, Hachette et Cie, 1867, in-8", 4 vol.

22. **Sommerard** (du) — Les Arts au moyen-âge : Architecture, in-4°.

23. **Thierry-Poux** (D.) — Premiers monuments de l'imprimerie en France — Paris, Hachette et Cie, 1890. Texte et 40 planches, in-f°.

24. **Wyzewa** (T. de) — Les grands peintres de l'Allemagne — Paris, F. Didot et Cie, 1891, in-4°.

25.   d°   Les grands peintres de l'Espagne et de l'Angleterre. Histoire sommaire de la peinture japonaise — Paris, F. Didot et Cie, 1891, in-4°.

CXXV.— Artistes célèbres et leurs œuvres

---

1. **Benvenuto Cellini**, orfèvre et sculpteur florentin — Mémoires écrits par lui-même et traduits par Léopold Leclanché — Paris, Labitte, in-18.

2. **Blanc** (Charles) — Histoire des peintres de toutes les écoles, avec la collaboration de Burger, pour l'école anglaise. Burger, Mantz, Viardot et Lefort, école espagnole. Paul Mantz et A. Demnin, école allemande. Paul Mantz, école florentine. Chaumelin et Lafenestre, école génoise et napolitaine — Paris, Renouard, 1863 à 1876, 14 vol. in-f°.

3.   d°   Ingres, sa vie et ses ouvrages, avec un portrait du maître, gravé par Flameng, et 12 gravures sur acier, un fac-simile et une gravure sur bois — Paris, Vve Jules Renouard, 1870, in-4°.

4. **Bouchet** (Henri), **Les Clouet et Corneille** de Lyon — Paris, 1892, in-4°.

5. **Clément** (Charles) — Michel-Ange, Léonard de Vinci, Raphaël, avec une étude sur l'art en Italie avant le XVIe siècle et des catalogues raisonnés — Paris, Michel Lévy frères, 1861, in-18.

6. **Collignon** (Maxime) — Phidias — Paris, 1886, in-4°.

7. **Dargenty** (G.) — Antoine Watteau — Paris, 1891, in-4°.

8.   d° Le baron Gros — Paris, 1887, in-4°.

9. **Delaborde** (le vicomte Henri) — Gérard Edelinck — Paris, 1886, in-4°.

10. **Duplessis** (Georges) — Les Audran — Paris, 1892. in-4°.

11. **Forgues** (Eugène) — Gavarni — Paris, Rouam, 1893, in-4°.

12. **Gauthiez** (Pierre) — Prud'hon — Paris, 1886, in-4°.

13. **Gazier** (A.) — Philippe et Jean-Baptiste de Champaigne — Paris, 1893, in-4°.

14. **Guillemin** (V.) — Le peintre franc-comtois R. P. Hyacinthe Besson des frères prêcheurs 1816-1861 — Besançon, Dodivers et Cie, 1890, in-8°.

15.   d° Ferdinand Gaillard, graveur et peintre — Besançon, Dodivers et Cie, 1891, in-8°

16. **Lagrange** (Léon) — Pierre Puget, peintre, sculpteur, architecte, décorateur de vaisseaux — Paris, Didier et Cie. 1868, in-18.

17. **Lhomme** (F.) — Raffet — Paris, 1892, in-4°.

18. **Marx** (Roger) — Henri Regnault — Paris, 1886, in-4°.

19. **Meissonnier** (Jean-Louis-Ernest), membre de l'Institut, grand'croix de la Légion d'honneur — Lyon, 21 février 1815 — Paris, 31 janvier 1891, in-4°.

20. **Michel** (André) — François Boucher — Paris, 1886, in-4°.

21. **Michel** (Emile) — Rembrandt — Paris, 1886, in-4°.

22.   d°   Les Brueghel — Paris, 1892, in-4°.

23.   d°   Hobbema et les Paysagistes de son temps en Hollande — Paris, 1890, in-4°.

24.   d°   Jacob Van Ruysdael et les Paysagistes de l'école de Harlem — Paris, 1890, in-4°.

25. **Molinier** (T.) — Benvenuto Cellini — Paris, 1894, in-4°.

26. **Naquet** (Félix) — Fragonard — Paris, 1890, in-4°.

27. **Perkins** (Charles) — Les sculpteurs Italiens, traduction de Haussoulier, avec album de 80 eaux fortes — Paris, Renouard, 1869, in-4°, 3 vol.

28. **Pillet** (Charles) — Madame Vigée-Lebrun, in-4°.

29. **Roger-Milès** — Corot — Paris, 1891, in-4°.

30. **Vachon** (Marius) — Philibert de l'Orme — Paris, 1887, in-4°.

31.   d°   Jacques Callot — Paris, 1887, in-4°.

32. **Valabrègue** (Antony) — Abraham Coste — Paris, 1892, in-4°.

33. **Yriarte** (Charles) — Paul Veronese — Paris, 1888, in-4°.

CXXVI.— Traités — Esthétique — Dictionnaires

1. **Bayet** (Ch.) — L'art byzantin —Paris, Quantin, in-8°.

2. **Blanc** (Charles) — La sculpture — Paris, Laurens, in-18.

3.   d°   Grammaire des arts, du dessin-Architecture, sculpture, peinture, jardins, gravure, eau-forte, etc. — Paris, Jules Renouard, 1867, in-4°.

4. **Bosc** (E.) — Dictionnaire de l'art, de la curiosité et du bibelot — Paris, F. Didot et Cⁱᵉ, 1883, in-4°.

5. **Brucke** — Principes scientifiques des beaux-arts — Paris, Germer-Baillière et Cⁱᵉ, 1881, in-8°.

6. **Brun** (F.) — De l'utilité des arts du dessin et de leur rôle dans l'industrie — Paris, in-18.

7. **Cassagne** (Armand) — Guide pratique pour les diffé-rents genres de dessin : dessin à la mine de plomb, au crayon noir, à la sanguine, au fusain, à la plume, à la sépia, à la plume relevé de couleur — Paris, A. Fourant, 1886, in-8".

8. **Constant, Viguier, Langlois, Longueville** et **Duro-ziers** — Manuel complet de miniature, de gouache, du lavis à la sépia, de l'aquarelle et de la peinture à la cire — Paris, Roret, 1845, in-32.

9. **Delaborde** (Henri) — La gravure, précis élémentaire de ses origines, de ses procédés et de son histoire — Paris, A. Quantin, in-8°.

10. **Duval** (Mathieu) — Précis d'anatomie à l'usage des artistes — Paris, A. Quantin, 1881, in-18.

11. **Fau** (docteur) — Anatomie pour artistes-peintres et sculpteurs, contenant 28 dessins d'après nature — Londres, Baillière, 1849, in-f°.

12. **Galichon** (Emile) — Etudes critiques sur l'administra-tion des Beaux-arts en France de 1860 à 1870.

13. **Helmhotz** — L'optique et la peinture (voir Brucke) — Paris, Germer Baillière et Cⁱᵉ, 1881, in-8°.

14. **Keller** (Alfred) — Eléments de botanique ornemen-tale — Paris, 1890, in-32.

15. **Lalanne** (Maxime) — Traité de la gravure à l'eau forte, texte et planches — Paris, Cadart et Luquet, 1866, in-8°.

16. **Laurent** (Paul) — Théorie de la peinture. Traité ou perspective linéaire à l'usage des artistes — Nancy, Vincent, 1827, in-8°.

17. **Lettre** de l'auteur des réflexions sur la peinture et de l'examen des ouvrages exposés au Louvre en 1740 — Paris, Vve Delormel à Ste-Geneviève, 1746, in-32.

18. **L'Hôte** (Edouard) — Les leçons du portique. Cours d'enseignement supérieur — Paris, Allouard, 1870, in-8°.

19. **Menard** (René) — Le monde vu par les artistes, géographie artistique — Paris, Delagrave, 1881, in-4°.

20. **Millin** (A. L.) — Dictionnaire des Beaux-Arts — Paris, Barba, 1838, in-8°, 3 vol.

21. **Parrocel** (Etienne) — Annales de la peinture. Discours et fragments — Marseille, 1867, in-8°.

22. **Peinture** (la) — Poème traduit du latin. Ce poème a été publié en 1736, chez Lemercier, au livre d'or — Paris, Vve Delormel à Ste-Geneviève, 1747, in-32.

23. **Rapilly** (L.) et Vilette (L.) — Méthode pratique de dessin à l'usage des aspirants aux écoles du gouvernement et aux brevets d'instituteur et d'institutrice ainsi que pour les amateurs — Paris, Librairie de l'Art, 1893, in-4°.

24. **Réflexions** sur quelques causes de l'état présent de la peinture en France, avec un examen des principaux ouvrages exposés au Louvre le mois d'août 1746. — Lahaye, Jean Neaulme, 1747, in-32.

25. **Reiber** (Emile) — Le dessin enseigné comme l'écriture. Exercices à main levée assurant l'éducation préalable de l'œil et de la main. Graphique du point — Paris, Hachette et Cie, cahier in-4°.

26. **Rochet** (Charles) — Le prototype humain donnant les lois naturelles et proportions dans les deux sexes — Paris, Plon, Nourrit et Cie, 1884, in-32.

27. **St-Arroman** (de) et **Lepic** — La gravure à l'eau forte, essai historique — Paris, Vve Cadart, 1876, in-8°.

28. **Schlegel** — Leçons sur l'histoire et la théorie des Beaux-Arts — Paris, Pichon et Didier, 1830, in-18.

29. **Siret** (Adolphe) — Dictionnaire historique des peintres de toutes les écoles depuis les temps les plus reculés jusqu'à nos jours ; précédé d'un abrégé de la peinture et suivi de la nomenclature des peintres modernes et d'une collection complète de monogrammes — Paris, Adolphe Delahays, 1855, in-4°.

30. **Sutter** (David) — Esthétique générale et appliquée contenant les règles de la composition dans les arts plastiques — Paris, Imp. Impériale, 1865, in-f°.

31. **Taine** (H.) — Philosophie de l'Art — Paris, Hachette et Cie, 1893, in-18, 2 vol.

32. **Tullo** (Massarini) — L'Art à Paris — Paris, Renouard-Loones, 1880, in-8°, 2 vol.

33. **Ziegler** (J.) — Recherches des principes du beau dans l'architecture — l'Art céramique et la forme en général. Théorie de la coloration des reliefs — Paris, Mathias, 1850, in-8°.

CXXVII.— Mélanges de Beaux-Arts et d'Archéologie

1. **Babelon** (E.) — Manuel d'archéologie orientale : Chaldée, Assyrie, Perse, Syrie, Judée, Phénicie, Carthage — Paris, Quantin, in-8°.

2. **Batissier** (Louis) — Eléments d'archéologie nationale précédés d'une histoire de l'art monumental chez les anciens — Paris, Leleux, 1843, in-18.

3. **Bernard de Montfaucon** (Dom) — L'antiquité expliquée et représentée en figures.
Paris, Florentin Delaulne, Hilaire Foucault, Michel Clousier, J.-G. Nyon, Et. Ganeau, Nicolas Gosselin, P.-F. Giffart } 1719, in-f°, 10

4.   d°   Supplément au livre de l'antiquité expliquée et représentée en figures — Paris, 1724, in-f°, 5.

5. **Bleser** (le chanoine de) — Rome et ses monuments, guide du voyageur catholique dans la capitale du monde chrétien — Louvain, Fonteyn père, 1870, in-8°.

6. **Brasseur de Bourbourg** (l'abbé) — Recherches sur les ruines de Palenqué et sur les origines de la civilisation du Mexique. Texte publié avec les dessins de M. de Valdeck — Paris, Arthur Bertrand, 1866, in-plano.

7. **Cahier** (le P. Ch.) — Nouveaux mélanges d'archéologie, d'histoire et de littérature sur le moyen âge, par les auteurs de la monographie des vitraux de Bourges, Ch. Cahier et feu Art. Martin — Ivoires, miniatures, émaux, curiosités mystérieuses, décoration d'églises, bibliothèques — Paris, Firmin Didot frères fils et Cie, in-f°, 4 vol.

8. **Caylus** — Recueil d'antiquités égyptiennes, étrusques, grecques et romaines — Paris, Desaint et Saillant, 1761, in-4°, 6 vol.

9. **Collignon** (Maxime) — Manuel d'archéologie grecque — Paris, A. Quantin, in-8°.

10. **Dumont-Riemann** — La vie antique, manuel d'archéologie — Rome : architecture publique et privée, mobilier, armes, costumes, mœurs, usages, etc. Traduction de l'ouvrage de Gahl et de Koner, revue et annotée et précédée d'une introduction par Albert Dumont — Paris, J. Rothschild, 1885, in-8°.

11. **Eymard** (Paul) — La bible de Saint-Theodulfe du Puy-en-Velay et les étoffes qu'elle contient — Lyon, Pitrait aîné, 1877, in-4°.

12. **Hennin** — Les monuments de l'histoire de France ou catalogue des productions de la sculpture, de la peinture et de la gravure, relatives à l'histoire de la France et des Français — Paris, Deliou, 1856-1863, in-8°, 10 vol.

13. **Hucher** (Eug.) — L'art gaulois ou les Gaulois d'après leurs médailles — Paris, A. Morel — Didron — 1868, in-4°.

14. **Legrand** (Docteur) — Société indo-chinoise fondée par le marquis de Croizier — L'art kmer — Paris, Ernest Leroux, 1878, in-8°.

15. **Magne** (Lucien) — Le Parthenon, études faites au cours de deux missions en Grèce — Paris, Imp. Na 1895, in-4°.

16. **Martha** (Jules) — Manuel d'archéologie étrusque et romaine — Paris, A. Quantin, in-8°.

17.   d°   L'art étrusque d'après les originaux ou d'après les documents les plus authentiques — Paris, Firmin Didol et Cⁱᵉ, 1889, in-4°.

18. **Maspero** (G.) — L'archéologie égyptienne — Paris, maison Quantin, in-8°.

19. **Noel des Vergers** (A.) — L'Etrurie et les Etrusques ou dix ans de fouilles dans les maremmes toscanes — Paris, Firmin Didot frères, fils et Cⁱᵉ, 1862-1864, in-4°, 2 ; in-plano, 1.

20. **Petit** — Restauration de la cathédrale de Sens. Rapport qui sera fait dans cent ans à MM. les Membres de la société archéologique — Sens, 1865, in-32.

21. **Sommerard** (Al. du) — Les arts au moyen âge en ce qui concerne principalement le palais romain de Paris, l'hôtel de Cluny issu de ses ruines et les objets d'art de la collection classée dans cet hôtel — Paris, Techener, 1838, in-8°, 4 vol.

CXXVIII.— Variétés

1. **Ancienne France** — Le théâtre, mystères, tragédie, comédie et la musique, instruments, ballet, opéra — Paris, F. Didot et Cie, 1887, in-4°.

2. **Cleuziou** (Henri du) — La France artistique et pittoresque. Le pays de Léon — Paris, E. Monnier de Brunhoff et Cie, 1886, in-8°.

3. **Delisle** (L.) — Documents sur les fabriques de faïences de Rouen recueillis par Haillet de Couronne — Valognes, G. Martin, 1865, in-18.

4. **Duplessis** (Georges) — Les merveilles de la gravure — Paris, Hachette et Cie, 1877, in-18.

5. **Gonse** (Louis) — L'art Japonais — Paris, A. Quantin, in-8°.

6. **Lacombe** (P.) — Les armes et les armures — Paris, Hachette et Cie, 1877, in-18.

7. **Lecoy** de la Marche — Les Sceaux — Paris, Maison Quantin, in-8°.

8. d° Les manuscrits et la miniature — Paris, A. Quantin, in-8°.

9. **Lefevre** (André) — Les parcs et les jardins — Paris, Hachette et Cie, 1867, in-18.

10. d° Les merveilles de l'architecture — Paris, Hachette et Cie, 1880, in-18.

11. **Linas** (Charles de) — Emaux Champlevés de l'école Lotharingienne. Notice sur un reliquaire appartenant aux religieuses ursulines d'Arras — Paris, V. Didron, 1866. in-fº.

12. **Mayeux** (Henri) — La composition décorative — Paris, Quantin, in-8º.

13. **Moynet** (M. J.) — L'envers du théâtre, machines et décorations — Paris, Hachette et Cⁱᵉ, 1874. in-18.

14. **Nepveu** (F. E.) — Notice sur un projet de Basilique dédiée à l'Immaculée Conception, dessin et modèle en relief — Rome, Salviadi, 1867, in·4º.

15. **Petit** (Fernand) — Notes sur l'Espagne artistique — Lyon, Scheuring, 1878, in-8".

16. **Schropp** (Raoul) — Le musée Marcello. Traduction de l'allemand autorisée par l'auteur — Paris, Société des Publications périodiques, in-8".

17. **Silvestre** (Armand) — Opinion de la presse sur la célèbre statue de St-François d'Assise copiée par M. Zacharie Astruc et reproduite en marbre, bronze et bois par MM. Christofle et Cⁱᵉ — Paris, J. Claye, 1875, in-8º.

18. **Teinturier** (A.) — Les terres émaillées de Bernard Palissy, inventeur des rustiques figulines. Etude sur les travaux du maître et de ses continuateurs, suivie du catalogue de leur œuvre — Paris, Didron, J. Renouard, 1863, in-4º.

19. **Versailles** — Palais et Jardins — Paris, **Lainé** et Havard, in-4º.

CXXIX. — Ouvrages illustrés hors texte (gravures)

1. **Amelio** (Pasquale d') — Pompeï — Dipinti murali di Pompeï — Naples, Richter et C°, in-plano.

2. **Art** (l') — Revue bi-mensuelle. Années 1892-1893, in-f°, 4 vol.

3.   d°   Revue bi-mensuelle. Année 1894 (2ᵉ série) in-4°, 4 vol.

4. **Aurès** (A.) — Grand temple de Pœstum — Etude des dimensions du grand temple de Pœstum au double point de vue de l'architecture et de la métrologie — Paris, Baudry, 1868, in-plano.

5. **Batty** (Miss) — Vues d'Italie, sur les dessins faits d'après nature en 1817 — Londres, Rodwell et Martin, 1820, in-4°.

6. **Bertol-Graivil** (E.) — Voyage de M. Carnot, président de la République, dans le midi et la Corse. Texte de E. Bertol-Graivil, illustration de Paul Boyer — Paris, photographie Van Bosch, 1890, in-4°.

7. **Chardin** (le chev.) — Voyages du chevalier Chardin en Perse et autres lieux de l'Orient, enrichis d'un grand nombre de belles figures en taille-douce, représentant les antiquités et les choses les plus remarquables du pays; augmentés d'une notice sur la Perse depuis les temps les plus reculés jusqu'à ce jour, par Langlès — Paris, Lenormant, 1811, in-8°, 10 vol. ; in-plano, 1.

8. **Chavannes** (Edouard) — La sculpture sur pierre en Chine au temps des deux dynasties Han, par Chavannes (Edouard) — Paris, E. Leroux, 1893, in-4°.

9. **Cent dessins** de maîtres, reproduits en fac-simile — Paris, H. Launette, 1885, in-4°.

10. **Clochard** (P.) — Palais, maisons et vues d'Italie, mesurés et dessinés — Discours préliminaire, par F. Clochard, architecte — Paris, l'an 1809, 102 planches, in-f°.

11. **Coste** (Pascal) et **Flandin** (Eugène) — La Perse ancienne — Paris, Gide et J. Baudry, in-plano.

12. **Coste** (Pascal) — Monuments modernes de la Perse, mesurés, dessinés et décrits, par Coste (Pascal) — Paris, A. Morel 1867, in-plano.

13. **Caranda** — Les principaux objets recueillis dans les sépultures de Caranda (Aisne), des époques préhistorique, gauloise, romaine et franque pendant les années 1873-1874-1875 — St-Quentin, Ch. Bœtte, 1877, in-f°.

14. **Dayot** (Armand) — Les maîtres de la caricature française au XIXe siècle. 115 fac-similes de grandes caricatures en noir. 5 fac-similes de lithographies en couleur. Texte par Dayot (Armand) — Paris, Maison Quantin, in-4°.

15. **Description de l'Egypte** — (Voir page 10, Sciences) — Paris, Imp. Impériale, 1809, in-f°, 9 vol. in-plano, 14 albums.

16. **Fontaine** (Marius) — Voyage pittoresque à travers l'isthme de Suez. Vingt-cinq grandes aquarelles d'après nature par Riou, lithographiées en couleur par Eugène Ciceri. Texte par Marius Fontaine — — Paris, Paul Dupont-Lachaud, in-plano.

17. **Fournereau et Porcher** — Les ruines d'Angkor. Etude artistique et historique sur les monuments Khmers du Cambodge siamois. Ouvrage illustré et accompagné de cent planches en phototypie et d'une carte — Paris, Leroux, 1890, inf°.

18. **Fournereau** — Les ruines Khmères, Cambodge et Siam. Documents complémentaires d'architecture, de sculpture et de céramique, album de cent planches en phototypie — Paris, Berthaud frères, 1890, in-f°.

19. **Gagarine** (Prince Grégoire) — Le Caucase pittores-
    que, texte explicatif et introduction par le comte
    Stackelberg, dédié à S.M.I. Nicolas 1er, empereur de
    toutes les Russies — Paris, Plon frères. 1847, in-plano.

20. **Gerspach** — Les tapisseries Coptes — Paris, Maison
    Quantin, 1890, in-4°.

21. **Gazette des Beaux-Arts** — Courrier européen de
    l'art et de la curiosité — Paris, années 1895-96-97,
    in-4°, 6 vol.

22. **Golbery** (de) — Antiquités de l'Alsace, ses châteaux,
    églises et autres monuments des départements du
    Haut et du Bas-Rhin — Mulhouse et Paris, Engelmann
    et Cie, 1828, in-fo.

23. **Havard** (Henry) — La France artistique et monumen-
    tale, ouvrage publié par la société de l'Art français
    sous la direction d'Henry Havard — Paris, Librairie
    illustrée, in-fo, 6 vol.

24. **Lafenestre** (G.) et **Richtenberger** (E.) — Le musée
    national du Louvre, ouvrage orné de cent reproduc-
    tions photographiques — Paris, May et Motteroz, 1895,
    in-8°.

25. **Meissonnier, Detaille et Neuville** — En Campagne.
    Texte par Jules Richard — Paris, Boussot, Valadon
    et Cie. in-fo.

26. **Mérimée** (P.) — Notice sur les peintures de l'Eglise
    de Saint-Savin — Paris, Imp. Royale, 1845, in-plano,
    2 vol.

27. **Moro** (Luigi de) — La façade de Sainte-Marie-des-
    Fleurs dessinée par l'architecte Luigi de Moro —
    Florence, Joseph Ferroni, 1868, in-plano.

28. **Neuville** (A. de) — En Campagne. Texte par Jules
    Richard — Paris, Boussod, Valadon et Cie, in-fo.

29. **Oppert** (Jules) -- Expédition scientifique en Mésopotamie exécutée par ordre du gouvernement de 1851 à 1854, par MM. Fresnel, Thomas et Oppert — Paris, Imp. Impériale, 1863, in-4°, 2 vol., in-f°, 1.

30. **Perret** (Louis) — Les Catacombes de Rome — Architecture, peintures murales, lampes, vases, pierres précieuses gravées. Instruments, objets divers, fragments de vases en verre doré. Inscriptions, figures et symboles gravés sur pierre — Ouvrage publié par ordre et aux frais du gouvernement, sous la direction d'une commission composée de MM. Ampère, Ingres, Mérimée, Vitet — Le tome VI contient la description des planches, l'avant-propos, un coup d'œil général sur les Catacombes et des observations générales sur l'architecture et les peintures des Catacombes, par Louis Perret et Léon Renier — Paris, Gide et J. Baudry, 1851-55, in-plano, 6 vol.

31. **Place** (Victor) — Ninive et l'Assyrie, avec des essais de restauration par F. Thomas — Paris, Imp. Impériale, 1867, in-plano, 3 vol.

Ce superbe exemplaire, don de Monsieur le baron Lycklama à Nijeholt, est orné du plus grand luxe de la typographie, des gravures et de la reliure.[1]

32. **Renan** (Ernest) — Mission en Phénicie — Planches exécutées sous la direction de M. Thobois, architecte — Paris, Imp. Nationale, 1864, 1 vol., in-f°, 1 vol., in-plano.

33. **Rohault de Fleury** — Les monuments de Pise au moyen-âge — Paris, A. Morel, 1866, in-4° et in-f°.

34. **Vogué** (Melchior de) — Syrie centrale. Architecture civile et religieuse — Paris, Noblet et Baudry, 1865, in-f°.

---

(1) Les grands ouvrages avec albums, format in-plano, portant les numéros 7, 11, 12, 16, 19, 29, 31, 32, 33, 34, ont été donnés à la Bibliothèque, avec un grand nombre d'autres œuvres importantes, par M. le baron de Lycklama.

CXXX.— Albums et Cartons

1. **Adam** (Emile) — Curiosité, tableau gravé par Salmon.

2. **Cazin** (J.) — Ismaël (musée du Luxembourg), lithographié par Bahuet fils.

3. **Couturier** (N.) — Vitraux de l'hôpital de Chalons-sur-Saône représentant l'histoire de Joseph, le Jugement dernier, la manne du désert, le serpent d'airain, la transfiguration, le souper chez Simon le lépreux et la resurrection de Lazare, la Passion, l'Adoration des Bergers — Reproduction par la lithographie. Imp. Landa, Chalons-sur-Saône, 7 gravures format in-plano.

4. **Delacroix** (Eugène) — Peintures murales du château de Marly, formant le plafond et quatre panneaux décoratifs : Agricultura, Industria, Justitia, Bellum, lithographiées par Alfred Robaut — Paris, Imp. Lemercier.

5. **Deyrolle** (Th.) — Leçon de musette, tableau gravé par E. Gaujean.

6. **Divers** — Alphabets artistiques — Paris, Bibliothèque d'éducation artistique, in-18, 4 albums.

7. **Habert-Dys** (Jules) — Motifs décoratifs et alphabets — Paris, Bibliothèque d'éducation artistique, in-18, 6 albums.

8. **Hitchcock** (G.) — La maternité, tableau gravé par Ch. Giroux — Paris, Imp. Clément.

9. **Jackson** (James) — Vues de Cannes et de la région du littoral — 346 photographies en dix albums in-4°.

10. **Lapostolet** (Ch.) — Le port St-Nicolas à Paris, tableau gravé par Mlle Léonie Valmon.

11. **Lorraine** (la) pittoresque — Vittel, 1 album, in-4°.

12. **Lyon** pittoresque et monumental, 1 album, in-4°.

13. **Marcke** (Van) — L'enclos, tableau gravé par Th. Chauvel.

14. **Musée Lycklama** de Cannes — Reproduction photographique du sarcophage païen de la collection Lycklama.

15. **Personnages** (les) de la Révolution française — Paris, Laurette, 1885, in-4°, album.

16. **Personnages** (les) de Walter Scott — 1 album, in-4°.

17. **Petit** (Victor) — Souvenirs des Eaux chaudes, dessinés d'après nature et lithographiés — Pau, Bassy, in-f°, 2 albums.

18.   d°   Vues perspectives de Cannes et de la région, dessinées d'après nature, in-f°, 6 vues.

19.   d°   Vue perspective de la ville de Monaco et de la Principauté, dessinée d'après nature, in-plano, 1 vue.

20.   d°   Asile d'aliénés d'Auxerre. Vue générale de l'établissement et du paysage environnant, in-f°, 1 vue.

21. **Ribot** — Le chat malade, tableau gravé par Ch. Giroux.

22. **Saint-Aubin** (A. de) et **J. J. F. Barbier** — Motifs décoratifs — Paris, Bibliothèque d'éducation artistique, in-18, 2 albums.

23. **Villa** (Modèle de) — Plan, coupe, élévation, à l'échelle du centième.

24. **Walery** — Portrait de Casimir Perier, président de la République française — Epreuve héliographique et Imp. Lemercier (revêtu de la signature manuscrite du modèle) 27 juin 1894, format in-plano.

25. **Walter Mac-Ewen** — A ghost story (histoire du revenant — Tableau gravé par Ch. Giroux.

CXXXI.— Expositions — Musées — Catalogues

1. **About** (E.) — Nos artistes au salon de 1857 — Paris, in-18.

2. **Art** Français (l') et la société des Artistes français par un amateur — Paris, Baudry et Cie, 1888, in-32.

3. **Artistes** Français (Société des) — Explication des ouvrages de peinture, sculpture, architecture, gravure et lithographie des artistes vivants, exposés au palais des Tuileries. Années 1880 à 1897 — Paris, Paul Dupont, in-18, 18 vol.

4. **Artistes** Peintres (Aux) à propos du Salon de 1872 — Paris, Dentu, 1872, in-8^c.

5. **Auxerre** — Catalogue du musée. Archéologie régionale — Auxerre, Perriquet, 1870, in-8°.

6. **Bournaud** (François) — Catalogue illustré de l'exposition internationale de « blanc et noir », au palais du Louvre. Années 1885-1886 — Paris, Bernard et Cie, in-8°, 2 vol.

7. **Castagnary** — Salons 1857 à 1870. Avec une préface de M. E. Spuller et un portrait à l'eau-forte par Bracquemond — Paris, Charpentier et Fasquelle. 1892, in-18, 2 vol.

8. **Catalogue** officiel des ouvrages de peinture, sculpture, architecture, gravure et lithographie, des artistes vivants, exposés au palais des Champs-Elysées le 15 septembre 1883 — Paris, Imprimeurs Réunis, 1883, in-18.

9. **Catalogue** illustré des ouvrages de peinture, sculpture et gravure, de la société nationale des Beaux-Arts exposés au Champ-de-Mars, année 1897 — Paris, Bernard et Cie, 1897, in-8°.

10. **Dumas** (F. G.) — Catalogue illustré du Salon contenant des reproductions d'après les dessins originaux des artistes. Années 1879 à 1897 — Paris, L. Baschet, 1897, in-8°, 14 vol.

11. **Epître** au Roy sur quelques tableaux exposés au Louvre pour le concours proposé par M. de Tournehem, directeur général des bâtiments — Paris, Vve Delormel, à Sainte-Geneviève, 1747, in-32.

12. **Guillemin** (V.) — L'Exposition des Beaux-Arts à Besançon en 1880 — Besançon, J. Jacquin, 1880, in-8°.

13. **Lenoir** (Alex.) — Description historique et chronologique des monuments de sculpture réunis au musée impérial des monuments français — Paris, Hacquart, 1810, in-18.

14. **Lettre** sur l'exposition des ouvrages de peinture, sculpture, etc., et en général sur l'utilité de ces sortes d'expositions — Paris, Vve Delormel, à Sainte-Geneviève, 1747, in-32.

15. **Louvre** (musée national du) — Catalogue des planches gravées composant le fond de la chalcographie et dont les épreuves se vendent au musée — Paris, Imp. Nationale, 1881, in-8°.

16. **Massenot** — Catalogue des collections Lycklama — Curiosités et antiquités assyriennes, 1871, in-8°.

17. **Menzel** (Adolphe) — Catalogue illustré des œuvres d'Adolphe Menzel, exposées en 1885. Pavillon de la ville de Paris, Jardin des Tuileries — Paris, L. Baschet, 1885, in-4°.

18. **Micha** (Alfred) — L'œuvre de l'humoristique statuaire Léopold Harze — Liège, G. Bertrand, 1894, in-4°.

19. **Musée** Napoléon III — Catalogue des bijoux — Paris, Firmin Didot frères fils et Cie, 1862, in-18.

20. **Musée** de Montpellier — Notice des tableaux et objets d'art exposés au musée Fabre — Montpellier, Boehm et Cie, 1843, in-18.

21. **Pinatel** (Philippe) — Catalogue du musée municipal Lycklama (tome I de la collection des catalogues méthodiques et raisonnés de la bibliothèque, du muséum et du musée de Cannes) — Cannes, Figère et Guiglion, 1897, in 8°.

22. **Seigneur** (Maurice du) — L'art et les artistes aux Salons des années 1880, 1881 — Paris, Paul Ollendorf, in-18, 2 vol.

23. **Seigneur** (Maurice du) — L'art et les artistes au Salon de 1882 — Paris, 1882, in-4°.

24. **Société Nationale** des Beaux-Arts — Catalogue des ouvrages de peinture, sculpture et gravure, exposés au Champ-de-Mars — Années 1890-91-93 — Paris, Lemercier et Cie, in-18, 3 vol.

25. **Teissier** (Octave) — Catalogue du musée de Draguignan — Draguignan, Latil, 1893, in-18.

26. **Vachon** (Marius) — L'Art pendant la guerre. Inventaire des œuvres d'art détruites, des musées, bibliothèques et cathédrale de la ville de Strasbourg — Paris, A. Quantin, 1882, in-8°.

27. **Vassili Vereschagin** — Catalogue illustré de l'Exposition des œuvres nouvelles de Vassili Vereschagin — Paris, E. Buttner, Thierry, 1888, in-18.

28. **Villot** (Frédéric) — Notice des tableaux exposés dans les galeries du Musée impérial du Louvre — 3e partie, école française — Paris, Charles de Mourgues frères. 1858, in-8°.

CXXXII.— Musique : Histoire et Généralités

1. **Bellaigue** (Camille) — L'Année musicale, années 1887 à 1893 — Paris, Delagrave, in-18, 6 vol.

2. **Berlioz** (Hector) — A travers chants, études musicales, adorations, boutades et critiques — Paris, Michel Lévy frères. 1862, in-18.

3.   d°   Les soirées de l'orchestre — Paris, Michel Lévy frères, 1871, in-18.

4. **Colomb** (Casimir) — La musique — Paris, Hachette et Cie, 1878, in-18.

5. **Comettant** (Oscar) — Musique et musiciens — Paris, Pagnerre, 1862, in-18.

6. **Ernouf** (le baron) — L'art musical au XIXe siècle — Compositeurs célèbres : Beethoven, Rossini, Meyerbeer, Mendelssohn, Schuman — Paris, Pagnerre et Cie, 1888, in-18.

7. **Fetis** F.-J.) — Histoire générale de la musique depuis les temps les plus anciens jusqu'à nos jours — Paris, Firmin Didot frères, fils et Cie, 1872, in-8°, 3me vol.

7. **Forkel** (J.-N.) — Vie, talents et travaux de Jean-Sébastien Bach, ouvrage traduit de l'allemand, annoté et précédé d'un aperçu de l'état de la musique en Allemagne aux XVIe et XVIIe siècles par Félix Grenier — Paris, J. Baur, 1876, in-18.

9. **Gounod** (Charles) — Mémoire d'un artiste — Paris, Calmann-Lévy, 1896, in-18.

10. **Guy de Charnacé** — Lettres de Gluck et de Weber, publiées par Nohl, traduites par Guy de Charnacé — Paris, Henri Plon, 1870, in-18.

11. **Lavignac** (Albert) — La musique et les musiciens, ouvrage contenant 94 figures et 510 exemples de musique — Paris, Delagrave, 1895, in-18.

12. **Malliot** — La musique au théâtre — Paris, Amyot, 1863, in-18.

13. **Marmontel** (A.) — Histoire du piano et de ses origines, influence de la facture sur le style des compositions et des virtuoses — Paris, Heuzel et fils, 1885, in-18.

14. **Mérimée**, Lenoir, etc. et Bottée de Toulmon. Comité historique des arts et monuments, instructions sur la musique — Paris, imp. Impériale, 1857, in-4°.

15. **Offenbach** (Jacques) — Offenbach en Amérique. Notes d'un musicien en voyage précédées d'une notice biographique par Albert Wolff — Paris, Calmann Lévy, 1877, in-18.

16. **Poisot** (Charles) — Histoire de la musique en France depuis les temps les plus reculés jusqu'à nos jours — Paris, Dentu, 1860, in-18.

17. **Pougin** (Arthur) — Adolphe Adam, sa vie, sa carrière, ses mémoires artistiques — Paris, Charpentier, 1877, in-18.

18.   d°   Mehul, sa vie, son génie, son caractère — Paris, Fischbacher, 1889, in-8°.

19 **Reyer** (Ernest) — Notes de musique — Paris, Charpentier et Cie, 1875, in-18.

20. **Sowinski** (Albert) — Traduit de De Nissen. Histoire de Mozart, sa vie et son œuvre — Paris, Garnier frères, 1869, in-8°.

21. **Vieillard** (P. A.) — Mehul, sa vie et ses œuvres — Paris, Ledoyen, 1859. in-18.

22. **Weckerlin** (J. B.) — Musiciana. Extraits d'ouvrages rares ou bizarres, anecdotes, lettres, etc., concernant la musiqne et les musiciens, avec figures et airs notés — Paris, Garnier frères, 1877, in-18.

23. **Compte-rendu** historique du concours musical de Lyon, 20 et 21 mai 1877 — Lyon, J. Gallet, 1878, in-8°.

CXXXIII.— Musique : Méthodes — Enseignement Dictionnaires

---

1. **Alard** — Méthode et études pour le violon — Paris, Henry Lemoine, in-f°.

2. **Baillot** (P.) — L'Art du violon — Paris, Troupenas, in-f°.

3. **Bazin** (François) — Cours d'harmonie théorique et pratique — Paris, Escudier, in-4°.

4. **Bourgault-Ducoudray** — Etudes sur la musique ecclésiastique grecque — Mission musicale en Grèce et en Orient — Paris, Hachette et Cⁱᵉ, 1877, in-4°.

5. **Castil Blaze** — Dictionnaire de musique moderne — Paris, 1825, in-8°, 2 vol.

6. **Elwart** (A.) — Petit manuel d'harmonie d'accompagnement, de la base chiffrée, de réduction de la partition au piano et de transposition musicale — — Paris, Colombier, in-8°.

7. **Garaudé** (Alexis de) — Solfège des enfants et des écoles primaires — Paris, Hachette et Cⁱᵉ, in-4°.

8. **Herman** — Ecole du violoniste. Trente-six morceaux faciles et progressifs pour le violon, avec accompagnement de piano, arrangés sur les opéras célèbres — Paris, Brandus, in-f°.

9. **Kalkbrenner** — Méthode pour piano — Paris, Gerard et Cie, in-4°.

10. **Kreutzer** — Etudes classiques pour violon — Mayence, B. Schott fils, in-f°.

11. **Le Couppey** (Félix) — L'enseignement du piano. Conseils aux jeunes professeurs — Paris, Hachette et Cie, 1868, in-18.

12. **La Salle** (Albert de) — Dictionnaire de la musique appliquée à l'amour — Paris, A. Lacroix, Verboeckoven et Cie, 1868, in-18.

13. **Léonard** (H.) — La gymnastique du violoniste ou résumé des éléments les plus utiles à travailler journellement, etc. — Mayence, les fils de B. Schott, in-f°.

14. **Logier** — Le compagnon du chiroplaste ou méthode de piano (mode d'enseignement spécial) — Paris, Carli, in-f°.

15. **Madeleine** (Stephen de la) — Théorie complète du chant — Paris, Arnaud de Vresse, 1864, in-4°.

16. **Mayer-Marix** — Méthode pratique et descriptive pour l'harmoniflûte — Paris, Mayer-Marix, in-4°.

17. **Mazas** (F.) — Traité des sons harmoniques en simple et double corde pour le violon d'après le système de Paganini — Paris, Aulagnier, in-f°.

18. **Nadaud** — Solfège poétique et musical — Paris, Hachette et Cie, in-4°.

19. **Panseron** (A.) — Suite de l'A. B. C. musical, dédié aux mères de famille, ou solfège composé tout exprès pour sa petite fille — Paris, Hachette et Cie, 1883, in-8°.

20. **Parent** (H.) — L'étude du piano. Manuel de l'élève. Conseils pratiques — Paris, Hachette et Cie — Maho — 1872, in-18.

21. **Reber** (Henri) — Traité d'harmonie Paris, Colombier, in-f°.

22. **Ribis** (A.) — Enseignement élémentaire de la musique — in-4°.

23. **Rodolphe** et **Panseron** — Solfège ou méthode de musique — Paris, E. Duverger, in-f°.

24. **Savard** (Augustin) — Principes de la musique et méthode de transposition — Paris, Hachette et Cie, 1881, in-4°.

CXXXIV.— Compositions musicales

---

1. **Alard** (Dephin) — Fantaisies pour le violon et le piano sur les opéras : la Muette de Portici, Robert le Diable — Paris, Brandus et Cie, 4 fascicules.

2. d° Fantaisies pour le violon et le piano sur les opéras : Moïse, Norma, Nabuchodonosor, la Fille du régiment, Linda di Chamouni, Anna Bolena — Paris, Schonenberger, 12 fascicules.

3. d° Tarentelle, duo concertant. Le Désir, fantaisie sur un thème de Beethoven. Saltarelle, fantaisie caractéristique pour le violon avec accompagnement d'orchestre ou de piano. Etudes de violon adoptées par les classes du Conservatoire. Aragonesa, valse de concert — Paris, Schonenberger, 9 fascicules.

4. d° Fantaisies pour le violon et le piano sur les opéras : Rigoletto, Ernani, Ballo in maschera, Aïda, Il Trovatore, La Traviata — Paris, Léon Escudier, 12 fascicules.

5. d° Fantaisies pour le violon et le piano sur les opéras : Le Bravo, la Juive, Polyeucte, la Reine de Chypre, la Favorite — 10 fasc.

6. **Alard** (D.)— Fantaisie pour le violon et le piano sur Guillaume Tell — Paris, Léon Gras, 2 fascicules.

7.   d⁰   Fantaisie de concert sur Faust — Paris, Choudens père et fils, 2 fascicules.

8. **Artot** (J.) — Grande fantaisie sur Robert le Diable pour le violon avec accompagnement du piano. Grande fantaisie sur l'Hymne national russe pour violon — Paris, Brandus et Cⁱᵉ, 4 fascicules.

9. **Beethoven** — Duos, trios, quatuors et symphonies, concerto, symphonie pastorale — Paris, Richault, 13 fascicules.

10.   d⁰   Trios, quatuors,, quintetti — Paris, Schlesinger, 9 fascicules.

11.   d⁰   Concerto pour violon avec accompagnement de alto, basson, trompette, timbales, contrebasse, hautbois, et flûte — Leipzig, Hermann, 12 fascicules.

12.   d⁰   Sonates pour piano et violon — Paris, Henry Lemoine, 2 fascicules.

13.   d⁰   Cinq trios pour violon, alto et basse — Paris, Janet et Cotello, 9 fascicules.

14.   d⁰   Grande sonate pour piano et violon — Paris, Brandus et Cⁱᵉ, 1 fascicule.

15.   d⁰   Sonates pour piano et violon — Paris. Kelmer et Cⁱᵉ, vol., in-4⁰.

16. **Beethoven et Mozart** — Trios, quatuors et symphonies, in-f⁰, 3 vol.

17. **Benedict, David, Blagrove et Panofka** — Soirées de Londres, duo concertants pour piano et violon — Paris, J. Meissonnier, 1 fasc. in-f⁰.

18. **Beriot** (Ch. de) — Fantaisie sur Giralda pour piano et violon — Paris, Brandus et Cie, 1 fasc. in-f°.

19.   d°   Airs variés pour le violon avec accompagnement d'orchestre ou piano — Paris, Brandus et Cie, 1 fasc. in-f°.

20.   d°   Le tremolo, caprice sur un thème de Beethoven composé pour le violon avec accompagnement d'orchestre — Paris, Brandus et Cie, 3 fasc. in-f°.

21. **Bertini** (Henri) et **Fontaine** (A.) — Fantaisie concertante pour piano et violon sur des thèmes de Robin des Bois — Paris, Henry Lemoine, 1 fasc. in-f°.

22. **Bertini** (Henri) — Grand trio concertant pour piano, violon et violoncelle — Paris, Lemoyne, 1 fasc. in-f°.

23. **Blanc** (Adolphe) — Sonate pour piano et violon — Paris, Richault, 2 fasc. in-f°.

24. **Boccherini** — Menuets transcrits pour piano, violon et violoncelle — Paris, O. Legaux, 2 fasc. in-f°.

25. **Chaine** (E.) — Les Huguenots, fantaisie pour violon et piano — Paris, Brandus et Dufour, 2 fasc. in-f°.

26. **Chaine** et **Somma** — Martha, duo concertant sur l'opéra de Flotow, pour piano et violon — Paris, Brandus et Dufour, 2 fasc. in-f°.

27. **Danbé** (J.) — Airs d'église, avec textes de l'Ave verum, l'O Salutaris, d'après Stradella, the Giorni, de Pergolèse, et italien original pour chant, violon, orgue, piano et harpe — Paris, Heugel et Cie, 1 fasc. in-f .

28. **Dancla** (Ch.) — Variations pour violon sur le Carnaval de Venise — Paris, Cotelle et Cie 2 fasc, in-f°.

29. **Dancla** (L.) — Marche hongroise de la Damnation de Faust de Hector Berlioz, arrangée pour piano et violon avec violoncelle, ad. lib. — Paris, Richault, 1 fasc. in-f°.

30. **Depas** (E.) — Fantaisies sur Don Juan, les Puritains, l'Élisire d'Amore — Paris, Benoît aîné, 6 fasc. in-f°.

31. **Diemer** (Louis) et **Sarrasate** — Hommage à Rossini : Souvenirs du Barbier, de Moïse, d'Othello — Paris, Heugel et Cie, 1 fasc. in-f°. .

32. **Divers** — Recueil factice (chants et danses), 1 fasc., in-f°.

33. **Ernst** (H.-W) — Le Prophète. fantaisie pour le violon — Paris, Brandus et Cie, 2 fasc. in-f°.

34.   d°   Le Roi des Aulnes, grand caprice pour violon seul — Paris, Troupenas et Cie., 1 fasc. in-f°.

35. **Ernst** et **Paganini** — Le Carnaval de Venise, violon et piano accompagnateur — Paris, Brandus et Cie, 2 fasc. in-f°.

36. **Farrenc** (L.) — Trio pour piano, violon et violoncelle — Paris, Alp. Leduc, 1 fasc. in-f°.

37. **Fessy** (Alexandre) — Fantaisie concertante sur Anna Bolena — Richault, 1 fasc. in-4°.

38. **Fiorillo** — Etudes formant 36 caprices pour violon — Paris, Blanchet, 1 fasc., in-f°.

39. **Franck** (Gabriel) — Le lac de Niedermeyer, pour violon avec accompagnement de piano — Paris, Pacini, 2 fasc., in f°.

40. **Gounod** (Ch.) — Marche funèbre pour l'enterrement d'une Marionnette, arrangée pour piano et violon, par Léon Lemoine — Paris, Henry Lemoine, 2 fasc., in-f°.

41. **Hauman** (Th.) — Fantaisies, variations, sur la Fiancée, l'Elisire d'Amore, etc. — Paris, Richault, 6 fasc., in-f°.

42.   d°   Romances, variations, fantaisies, pour piano et violon — Paris, Pacini — H. Lemoine, 5 fasc., in-f°.

43. **Herman** (Ad.) — Fantaisie sur Galathée, sur le Carnaval de Venise et variations sur l'air de Marlborough — Paris, Benoit aîné, 3 fasc., in-f°.

44.   d°   Sonates de Tartini, arrangées pour piano et violon — Leipzic et Berlin, Peters, 2 fasc.,

45. **Lafont** (C. Ph.) — Minuit, fantaisie pour violon sur des motifs du Domino noir, avec accompagnement de piano — Paris, Troupenas et Cie, 2 fasc., in-f°.

46. **Lipinski** (Ch.) — Les Puritains, fantaisie pour violon et piano — Paris, Troupenas et Cie, 2 fasc., in-f°.

47. **Massenet** — Le roi de Lahore (entr'acte transcrit pour piano) — Paris, G. Hartman, 1 fasc. in-4°.

48. **Mayer-Marix** — Le bijou, recueil de 25 mélodies — Paris, Morhange, in-4°.

49.   d°   Fantaisies sur Guillaume Tell et Stabat Mater, arrangés pour l'harmoniflûte — Paris, Mayer-Marix, in-4°.

50. **Mayseder** (J.) — Duos, trios et quatuors pour violon, piano, alto, etc. — Paris, Richault, in-f°, 3 vol.

51.   d°   Duos concertants pour deux violons, piano et violon — Paris, Richault, in-f°, 3 vol.

52.   d°   Quintetti et variations, pour violon. alto, basse, violoncelle, etc., in-f°, 6 fasc.

53.   d°   Variations brillantes sur l'air : Partant pour la Syrie, etc., dédiées à Paganini — Paris, Joly fils, in-f°, 2 fasc.

54. **Mazas** (F.) — Traité des sons harmoniques en simple et double corde — Paris, Aulagnier, in-f°.

55.   d° Grands duos et nocturne pour piano et violon — Paris, Pacini, 3 fasc. in-f°.

56.   d° Etudes diverses pour le violon — Paris, Alphonse Leduc, in-f°.

57.   d° Musique des chansons de Béranger, airs notés anciens et modernes, 450 airs — Paris, Garnier frères, in-4°.

58. **Mendelssohn-Bartholdy** — Concertos et trios pour piano, violon et violoncelle — Paris, S. Richault, in-f°, 3 fasc.

59. **Michel St-Léon** — Il bacio d'Arditi, scherzo et cadenza pour violon et piano — Paris, Flaxland, in-f°, 2 fasc.

60. **Mozart** — Collection de 39 sonates pour piano et violon — Paris, Benoit aîné, in-f°, 3 vol.

61.   d° Trio pour piano, violon et basse — Paris, Mme Leduc, in-4°.

62.   d° Collection des quintetti, quatuors et trios — Paris, Pleyel et fils, in-f°, 5 vol.

63.   d° Sonates pour piano et violon — Paris, Enoch frères et Costallat, in-f°, 2 vol.

64. **Mozart** — Trios et quatuors, avec piano — Parïs, Alard Franchomme et Diemer, in-f°, 1 vol.

65. **Osborne et de Beriot** — Fantaisies concertantes sur le Barbier de Seville, Guillaume Tell et le Domino noir — Paris, Brandus et Cie, in-4°, 4 vol.

66. **Ouverture** à grand orchestre pour 1er violon : 111 opéras — Paris, Richault, in-f°, 1 vol.

67. **Paganini** — God save the Queen, le Streghe (danse
    des sorcières), le mouvement perpétuel, la
    Clochette, fantaisies pour violon — Paris,
    Schonenberger, in-f°, 7 fasc.

68.   d°   Nel cor più non mi sento, Bravoure,
    Charme de Padua, Palpiti, divertissements
    pour violon — Paris, Richault, in-f°, 4 fasc.

69. **Prume** (Fr.) — Mélancolie, piano et violon — Paris,
    Maurice Schlesinger, in-f°, 2 fasc.

70. **Raff** (Joachim) — Morceaux pour violon et piano —
    Paris, J. Maho, in-f°, 2 fasc.

71.   d°   Fantaisies pour violon et accompagnement
    de piano — Paris, Durand, Schœnewerk
    et Cie, in-f°, 1 fasc.

72. **Reicha** (Ant.) — Mélodies — Paris, Gambaro, in-f°,
    1 volume.

73. **Ribas** (Nicolas) — Œuvres pour violon et piano, ro-
    mance élégiaque — Paris, F. Bonaldi, in-f°, 2 fasc.

74. **Robberechts** — Fantaisie sur l'invitation à la valse —
    Paris, S. Richault, in-f°, 2 fasc.

75. **Rode** (S.) — 3 duos pour deux violons — Paris, Aug.
    Leduc, in-f°, 1 fasc.

76. **Rolla** (Alexandre) — 3 grands duos pour 2 violons
    — Paris, Sieber, in-f°, 1 fasc.

77. **Rossini** (G.) — Le Barbier de Séville. Partition : chant
    et piano — Paris, Leduc, in-8°.

78. **Sarrasate** — Fantaisies sur Martha — Paris, Brandus
    et Cie, in-f°, 2 fasc.

79. **Schubert** (François) — Quintette, trio, pour piano, violon, violoncelle, contrebasse, alto — Paris, Richault, in-f°, 2 fasc.

80. **Schumann** (Robert) — Trio en ré mineur pour piano, violon et violoncelle — Paris, Flaxland, in-f°, 1 fasc.

81. **Spohr** (Louis) — Quintetti pour deux violons, deux altos, basse et violoncelle — Duos concertant — Paris, Richault — Bonn Sunrock — in-f°, 3 fasc.

82. **Thalberg** et **de Beriot** — Grand duo concertant sur les motifs de Semiramide — Paris, Brandus et Cⁱᵉ, in-f°, 1 fasc.

83. **Urhan** (Ch.) — La Sérénade de Beethoven pour piano et violon — in-f°, 1 fasc.

84. **Vieuxtemps** (Henri) — Fantaisies, Caprices. Les asperges, trois caprices. Le Pirate, deux fantaisies et deux hommages à Paganini — Paris, Troupenas, in-f°, 9 fasc.

85. **Viotti** (J.-B.) — Symphonie concertante — Paris, Aulagnier — Chabal — in-f°, 3 fasc.

86. **Weber** (E.-M.) — Invitation à la valse, quintette — Paris, Richault, in-f°, 2 fasc.

87. **Wolff** et **de Beriot** — Duos sur les motifs de la Donna del lago et des diamants de la Couronne — Paris, Troupenas, in-f°, 2 fasc.

88. d° Duo brillant sur les motifs du Val d'Andorre pour violon et piano — Paris, Henry Lemoine, in-f°, 2 fasc.

Z.— Bibliographie

CXXXV.— Bibliographie proprement dite

1. **Archives** parlementaires de 1787 à 1860 — Recueil complet des débats législatifs et politiques des Chambres françaises, imprimé par ordre du Parlement, sous la direction de MM. J. Mavidal et E. Laurent — Paris, Paul Dupont, 1888, in-4°, 3 vol.

2. **Arnim** (Graesel) — Manuel de Bibliothéconomie — Paris, Welten, 1896, in-18.

3. **Barré** (H.) — Bibliothèque de Marseille — Catalogue du fonds de Provence. Première partie : Bibliographie, histoire; deuxième partie : belles-lettres, sciences et arts — Marseille, Barlatier et Barthelet, 1890-1892, in-8°, 4 vol.

4. **Bibliothèque et Archives** — Annuaire publié sous les auspices du Ministère de l'Instruction publique — Années 1889 à 1897, in-18, 9 vol.

5. **Bibliographie** des travaux scientifiques publiés par les sociétés savantes de la France — Paris, Imp. Nationale, 1895, in-4°, 2 vol.

6. **Bibliographie** catholique — Revue critique des ouvrages de religion, philosophie, histoire, littérature, etc — Paris, 1879, in-8°.

7. **Bibliothèque Nationale** — Notice des objets exposés, imprimés, manuscrits, estampes — Paris, Champion, 1879, in-18.

8.   d°   Département des imprimés — Catalogue alphabétique des ouvrages mis à la libre disposition des lecteurs dans la salle de travail,

précédé d'un avertissement, suivi du règlement officiel et accompagné d'un plan de la
salle — Paris, 1879, in-18.

9. **Bibliothèque et archives** (Bulletin des) — Publié sous
les auspices du Ministère de l'Instruction publique —
Années 1884 à 1889 — Paris, Champion, in-8°,
10 vol.

10. **Calais** — Catalogue analytique de la bibliothèque
communale — Calais, Goutier, 1888-1890, in-8°,
2 vol.

11. **Campbell** (Frank) — Traité national et international
de bibliographie avec indication dans l'introduction
des bibliographes modernes et contemporains cités
dans le livre — Londres Bibliothèque du Museum,
1896, in-8°.

12. **Catalogue** de livres précieux anciens et modernes,
manuscrits et imprimés — Paris, Huard et Guillemin,
1892, in-8°.

13. **Catalogue** général des manuscrits des bibliothèques
publiques de France (partie comprenant les manuscrits de la bibliothèque de Cannes). Départements
tome XX — Paris, Plon, 1893, in-8°.

14. **Catalogue** des journaux, revues et publications périodiques publiés à Paris à la date de 1894
— Paris, Lesoudier, 1894, in-8°.

15.   d°   de livres anciens et modernes dans tous les
genres de documents manuscrits et de livres
en nombre — Paris, Paul Huard et Guillemin, 1892, in-8°.

16.   d°   de beaux livres rares et curieux composant
le Cabinet de feu M. Félix Soleil — Paris,
Huard et Guillemin, 1892, in-8°.

17. **Cherbourg** — Catalogue de la bibliothèque de Cherbourg — Cherbourg, Bedelfontaine, 1870-1878, in-8°, 2 vol.

18. **Comité** des travaux historiques et scientifiques, liste des membres titulaires, honoraires et non résidents du Comité, des correspondants honoraires et des correspondants du ministère de l'instruction publique, des sociétés savantes de Paris et des départements — Paris, Imp. Nationale, 1895, in-8°.

19. **Congrès International** des sciences géographiques 1875. Catalogue général des produits exposés avec 5 plans des locaux, intercalés dans le texte — Paris, Lahure, 1875, in-8°.

20. **Conseils Généraux** de l'an 1790 à l'an xi. Catalogue des procès-verbaux conservés aux archives nationales et dans les archives départementales — Paris, Imp. Nationale, 1891, in-4°.

21. **Conservation** des ouvrages, plans, dessins etc., de la direction des travaux de Paris. Situation au 1er janvier 1891 — Paris, 1891, in-4°.

22. **Dantés** (Alfred) — Dictionnaire biographique et bibliographique avec supplément indiquant les collections principales et journaux et les ouvrages à consulter — Paris, Aug. Boyer et Cie, 1875, in-4°.

23. **Dépôt** des lois et actes du gouvernement avant et depuis 1789. Publications officielles. Documents parlementaires — Paris, Muzard et Ebin, 1897, in-8°.

24. **Devoulx** (Albert) — Les archives du consulat général de France à Alger — Alger, Bastide, 1865, in-18.

25. **Duward** (V.) — Répertoire de la Société de statistique de Marseille — Marseille, Samat et Cie, 1896, in-8°.

26. **Favre** (Louis) — La bibliothèque du palais du Luxembourg. Son origine, son histoire — Paris, Mouillot, 1892, in-8°.

27. **Fleury** — Catalogue méthodique de la bibliothèque communale de la ville de Brest — Brest, Gadreau, 1877-80, in-4°, 2 vol.

28. **Fossé-Darcosse** — Mélanges curieux et anecdotiques, tirés d'une collection de lettres autographes et de documents historiques, avant appartenu à M. X., précédés d'une notice par M. Charles Asselineau — Paris, Techener, 1861, in-8°.

29. **Francklin** (Société) — Journal des bibliothèques populaires. Années 1878 à 1884, in-8°, 3 vol.

30. **Grand** (E. Daniel) — Recolement des archives municipales de la ville de Montpellier — Montpellier, Serre et Ticome, 1889, in-8°.

31. **Havre** (Le) — Catalogue de la bibliothèque du Havre — Le Hâvre, Hustin, 1886, in-4°, 2 vol.

32. **Hœfly** — Catalogue bibliographique. Science des bibliothèques et de l'art typographique — Milan, 1896, in-18.

33. **Intermédiaire** (l') des chercheurs et curieux — Table générale pour la période 1864 à 1891, in-8°.

34. **Lacombe** (Paul) — Bibliographie parisienne, avec préface par Jules Cousin. Tableau de mœurs (1600-1880) — Paris, Rouquette, 1887, in-8°.

35. **Langlois** (Ch. V.) — Manuel de bibliographie historique. Instruments bibliographiques — Paris, Hachette et Cie, 1896, in-18.

36. **Lefevre** (Pontalis) — Bibliographie des sociétés savantes de France — Paris, Imp. Nationale, 1887, in-4°.

37. **Lieutaud** (V.) — Catalogue de la bibliothèque de Marseille. Ouvrages relatifs à la Provence — Marseille, Gravière fils, 1877, in-4ᶜ.

38.   dᵒ   Catalogue de la bibliothèque communale de Marseille — Marseille, Barlatier-Feissat, 1864-69, in-8°, 3 vol.

39. **Marion** et **Tissot** — Catalogue de la bibliothèque de Brest (belles-lettres, histoire) — Brest, Evain, Roger, 1889-1890, in-4°, 3 vol.

40.   dᵒ   Catalogue de la bibliothèque de Brest (sciences, arts, jurisprudence) — Brest, Uzel Caroff et fils, 1892, in-4°, 2.

41. **Martin** (Aimé) — Plan d'une bibliothèque universelle. Etude des livres qui peuvent servir à l'histoire littéraire et philosophique, suivi du catalogue des chefs d'œuvres de toutes les langues et des ouvrages originaux de tous les peuples — Paris, A. Desrez, 1837, in-8°.

42. **Maury** (Alfred) — Rapport sur les archives nationales pour les années 1876 et 1877 — Paris, Imp. Nationale, 1878, in-4°.

43. **Morin** (A.) — Catalogue des collections du Conservatoire des arts et métiers — Paris, Guiraudet et Jouaust, 1851, in-18.

44. **Paris** (Louis) — Les manuscrits de la bibliothèque du Louvre brûlés dans la nuit du 23 au 24 mai 1871 sous le règne de la commune — Paris, in-8°.

45. **Picot** (Georges — Rapport sur l'état de l'inventaire des livres imprimés de la bibliothèque nationale — Paris, Imp. Nationale, 1894, in-4°.

46. **Pinatel** (Philippe) — Catalogue de la bibliothèque de Cannes. 1ᵉʳ volume : Sciences, Philosophie, Economie politique, Jurisprudence, Beaux-Arts, Bibliographie — Cannes, Figère et Guiglion, 1897, in-8°.

47. **Poirée** (E.) et **Lamouroux** (G.) — Les éléments d'une grande bibliothèque. Catalogue abrégé de la bibliothèque Sainte-Geneviève. Introduction par M. H. Lavoix : « Les bibliothèques et leur public » — Paris, F. Didot et Cie, 1896, in-8°, 11 fascicules..

48. **Polybiblion** — Revue bibliographique universelle. Partie littéraire — Paris, 1893, in-8°.

49.   d° Revue bibliographique universelle. Partie technique — Paris, 1893, in-8°.

50. **Répertoire** des travaux de la société de statistique de Marseille -- Marseille, Barlatier Feyssat, in-8°.

51. **Sardou** (J. B.) — Inventaire sommaire des archives communales de la ville de Grasse antérieures à 1790 — Paris, Paul Dupont, 1865, in-4°.

52. **Teissier** (Octave) — Notice historique et bibliographique sur la bibliothèque de Draguignan — Draguignan, C. et A. Latil, 1890, in-8°.

53. **Tourneux** (Maurice) — Bibliographie de l'histoire de Paris pendant la Révolution française. Tome 1er Préliminaires, événements etc. — Paris, Association ouvrière, 1890, in-4°.

54. **Tuetey** (Alexandre) — Répertoire général des sources manuscrites de l'histoire de Paris pendant la révolution française — Paris, Association ouvrière, 1892, in-4°, 2 vol.

55. **Travaux scientifiques** (Revue des) — Paris, Imp. Nationale, in-8°, 32 vol.

CXXXVI.— Almanachs — Annuaires Documents divers.

---

1. **Album** des Quarante de l'Académie française, Portraits accompagnés d'autographes inédits — 1885, in-4°.

2. **Alliance française** (l') — Association nationale pour la propagation de la langue française dans les colonies

et à l'étranger — Annuaire et bulletins — Années 1893-96, in-8°.

3. **Almanach-Bottin** — Annuaire du commerce pour Paris, les départements, les colonies et l'étranger — Années 1889 à 1897, in-4°, 12 vol.

4. **Almanach Hachette** pour l'année 1896 — Petite encyclopédie populaire de la vie pratique — Paris, Hachette et C°, in-18.

5. **Annuaire** universel illustré — Revue générale des années 1892-1893, rédigé par un groupe d'écrivains français — Paris, Paul Dupont, in-4°, 2 vol.

6.   d°   Du Cercle national des armées de terre et de mer pour 1889, in-18.

7.   d°   Du Club alpin suisse pour 1867, 1868, avec notices scientifiques, littéraires, historiques — Bâle et Genève, Georg, in-18, 2 vol.

8.   d°   Des deux mondes, pour les années 1857 à 1867, in-8°, 8 vol.

9.   d°   De la Gazette des Beaux-Arts, contenant tous les renseignements indispensables aux artistes et aux amateurs 1870-1872, in-4°.

10.   d°   De l'armée, pour les années 1891 à 1897, in-8°, 7 vol.

11.   d°   Illustré de l'armée française pour 1895, par Roger de Beauvoir — Paris, E. Plon, Nourrit et Cie, in-4°.

12.   d°   Artistique des collectionneurs, illustré de planches et dessins, années 1879 à 1886 — Paris, Raphaël Simon, in-18, 3 vol.

13.   d°   De la jeunesse, par Vuibert — Paris, Nony et Cie, in-18.

14. **Annuaire** de la marine — Années 1894 à 1897 — Paris, Berger-Levrault et C^(ie), in-8°, 4 vol.

15. d° Des Musées cantonaux et des autres institutions cantonales d'initiative privée. Années 1880 à 1887, in-8", 2 vol.

16. d° Des Musées scientifiques et archéologiques des départements — Paris, Leroux, 1896, in-18.

17. d° De l'Association des anciens élèves des écoles des arts et métiers pour 1867, avec notices scientifiques — Paris, Nourrit et C^(ie), 1867, in-18.

18. d° De l'Association des artistes peintres, sculpteurs, architectes, graveurs et dessinateurs, fondée le 7 décembre 1844, par le baron Taylor — in-8°.

19. d° De l'Association pour l'encouragement des études grecques en France. Années 1877 à 1888 — Paris, Maisonneuve et C^(ie), in-8", 6 vol.

20. d° De la Société de l'histoire de France et Bulletins. Année 1896 — Paris, H. Laurens, 1896, in-8°, 2 vol.

21. d° De la ligue française de l'enseignement pour propager l'instruction et l'éducation nationale — Paris, 1891, in-8°.

22. d° De la Société centrale de sauvetage des naufragés. Annales du sauvetage maritime avec comptes-rendus, in-8", 14 vol.

23. d° De la Société française de secours aux blessés militaires des armées de terre et de mer, avec bulletins, in-8°.

24. d° Du Souvenir français, société nationale pour l'entretien des tombes des soldats et marins morts pour la patrie, avec Bulletins, in-8°, 3 vol.

25. **Gotha** (Almanach) — Annuaire généalogique, diplo-
matique et statistique — Années 1893 à 1897 —
Gotha Justus Perthes, in-32, 5 vol.

26. **Guide** dans l'Exposition de 1889 — Paris et ses environs, avec plan colorié — Paris, Delarue, 1889,
in-32.

27. **Lamathère** (T.) — Panthéon de la légion d'honneur
Paris, Dentu, in-4°.

28. **Ministère** du Commerce et de l'Industrie. Liste des
récompenses distribuées aux exposants (Exposition
universelle de 1889) in-4°.

29. **Musée social** — Statuts, règlements et travaux de la
Société — Paris, 1894, in-4".

30. **Monuments** historiques — Lois et décrets relatifs à
la conservation des monuments historiques. Liste
des monuments classés — Paris, Imp. Nationale,
1889, in-4".

31. **Panorama** encyclopédique des connaissances humaines — Tableau format in-plano.

32. **Recueil** factice des programmes des examens universitaires et des écoles du gouvernement, in-18.

33. **Tout-Paris** — Dictionnaire des pseudonymes et Annuaires pour les années 1886-1894-1895, avec indication des châteaux et villégiatures — Paris, Lafare,
in-4", 3 vol.

CXXXVII.— Journaux politiques

1. **Démocratie pacifique** — Année 1848-49, in-f°, 2 vol.

2. **Gazette de France** — N° 65, du mardi 13 août 1782,
2 feuillets.

3. **Journal officiel**, à partir de 1870 — in-f°, 92 vol.

4. **Journal officiel** de la Commune de Paris, en 1871 — complet, in-f⁰.

5. **Journal de Paris**, quotidien — Du 1ᵉʳ juillet 1789 au 31 décembre 1789, in-8°.

6. **Lanterne** (la), par Henri Rochefort — 1868, in-4°.

7. **Moniteur universel** — 1855 à 1869, in-f⁰, 60 vol.

8. **Mot d'ordre** (le), par Henri Rochefort, Commune de Paris, 1871, in-4°.

9. **Père Duchêne** (le), in-8⁰.

10. **Recueil** des grands journaux parus à Paris pendant l'époque de la Commune et de l'insurrection de 1871, accompagné des affiches et proclamations du gouvernement de la Commune, in-f⁰, 2 vol.

11. **Recueil** des petits journaux illustrés et humoristiques parus à Paris pendant la période de la Commune, 1871 : — La Carmagnole, la Nemesis galante, la Flèche, la Guêpe, l'Honneur national, la Fronde illustrée, la Lanterne illustrée, la Caricature, le Grelot, le Tamtam, Rigoletto, le Livre rouge, la Bouche de fer, le Drapeau rouge, le Père Fouettard, Le Fils du Père Duchêne, la Grande colère de Jacques Bonhomme, la Mère Duchêne, Victoire ! f.....! la Grande Ribote du Père Duchêne, la Politique de la femme du père Duchêne, l'Ami du peuple, le père Duchêne expliqué par le père Dubois, le Duchêne réactionnaire, le Bonhomme Franklin.

12. **Recueil** des journaux de caricatures parus à Paris pendant la période du gouvernement de Juillet (collection très incomplète), in-f⁰, 2 vol.

13. **Vengeur** (le), rédacteur en chef, Félix Pyat — Période de la Commune de Paris, 1871, in-4°.

14. **Vraie République** (la) — Journal populaire des intérêts de la démocratie — Années 1892-1893, in-4°.

CXXXVIII.— (Pour Ordre)

Périodiques déjà compris dans les divisions correspondantes
du 1ᵉʳ volume du Catalogue.

————

Périodique des sciences mathématiques physiqués et
naturelles, section K, § LIII, page 97.

d°   de la science agricole, section K, § LIV, page 99.

d°   de l'art militaire, section K, § LV, page 100.

d°   des sciences médicales, section N, § LXXX,
page 167.

d°   de l'Economie politique, section S, § CXV,
page 255.

d°   de l'Administration, section S, § CXVI.

d°   de la Jurisprudence, section U, § CXXIII.

d°   des Beaux-Arts, section Y, § CXXIV.

————

CXXXIX.— Périodiques, littéraires, spéciaux, etc.

————

1. **Annales** politiques et littéraires — Années 1888 à
1897 et suivantes, in-4", 20 vol.

2. **Annales** gauloises — Années 1890-1892, in-8°,
3 années.

3. **Afrique** française — Années 1894 à 1897 et suivantes,
in-4°, 4 vol.

4. **Art** (l') et la **Vie** — Revue mensuelle, littéraire, artistique et sociale — Années 1897 et suivantes, in-4°.

5. **A travers le monde** — Revue de nouvelles géographiques — Années 1895-96-97 et suivantes, in-4°.

6. **Autographe** (l') — Publication contenant des lettres,
   autographes, fac-similes et dessins de tous les personnages marquants — Années 1864-65, in-plano,
   2 vol.

7. **Bibliothèque** de l'école des Chartes — Revue d'érudition — Années 1893-94-95-96-97 et suivantes,
   in-8°, 18 vol.

8. **Célébrité contemporaine** (la) — Biographie générale
   et revue critique et analytique des hommes, des idées
   et des faits — 1891, in-4°.

9. **Correspondant** (le) — Années 1888 à 1897 et suivantes, in-8°, 60 vol.

10. **Courrier des planètes** ou correspondance du cousin
    Jacques avec le firmament, folie périodique dédiée à
    la lune — Années 1787 à 1790 — Paris, Belin, 1790,
    in-32, 8 vol.

11. **Courrier de Vaugelas** — Journal semi-mensuel con-
    sacré à la propagation universelle de la langue fran-
    çaise — Paris, 1880-1881, in-4°.

12. **Deux-Mondes** (Revue des) — Années 1857 à 1897 et
    suivantes, in-8°, 402 vol.

13. **Echo** (l') des feuilletons — Recueil de nouvelles, 1841,
    in-8°.

14. **France illustrée** (la) — Journal universel, artistique,
    littéraire et scientifique — Année 1885, in-f°, 2 vol.

15. **Journal de la jeunesse** — Recueil illustré — Années
    1885 à 1890, in-8°, 5 vol.

16. **Lecture** (La) — Magasin littéraire. Années 1887-1888,
    in-8°, 4 vol.

17. **Magasin** Pittoresque. Années 1833-1854, in-4°, 25
    volumes.

18. **Magasin** Universel. Années 1833-1834, in-4°.

19. **Mosaïque** — Livre de tout le monde et de tous les pays. Années 1833-34-35, in-4°, 3 vol.

20. **Musée** des Familles, lecture du soir. Années 1853 à 1875, in-4°, 19 vol.

21. **Musée** Universel. Année 1877, in-4°, 2 vol.

22. **Nouvelle Revue** — Années 1883 à 1897 et suivantes, in-8°, 168 vol.

23.   d°   Internationale, 1895, in-4°.

24. **Nouvelles géographiques** — 1894, in-4°.

25. **Petite Revue** — Années 1890-1891, in-4°, 2 vol.

26. **Revue** Bleue, politique et littéraire. Années 1875 à 1897 et suivantes, in-4°, 26 vol.

27.   d°   Britannique. Choix d'articles traduits des meilleurs écrits périodiques de la Grande-Bretagne, in-8°, 6 vol.

28.   d°   Chrétienne, 1893, in-8°.

29.   d°   Contemporaine et Athenœum français, 1858, in-8°.

30.   d°   des cours littéraires de la France et de l'étranger, 1867-1868, in-4°, 2 vol.

31.   d°   Encyclopédique Larousse. Années 1891 à 1897 et suivantes, in-f°. 7 vol.

32.   d°   Exotique illustrée, moniteur de l'association universelle. Années 1890 à 1892, in-4°, 2 volumes.

33.   d°   Européenne. Année 1859, in-8°.

34. **Revue** de la Famille, 1893, in-8°.

35.   d°   Française, de l'étranger et des colonies. Années 1888 à 1897 et suivantes, in-8°, 68 v.

36.   d   de France. Années 1871 à 1874, in-8°, 14 v.

37.   d°   Générale, 1888 à 1891, in-8°, 4 vol.

38.   d°   Hebdomadaire. Années 1892 à 1897 et suivantes, in-32, 45 vol.

39. **Semeur** (le) — Revue littéraire et artistique. Années 1890-1891, in-4°, 2 vol.

40. **Tour du Monde** (le) — Années 1860 à 1897 et suivantes, in-4°, 58 vol.

CXL.— Liste des Journaux et Revues régulièrement reçus et mis en lecture.

---

1. L'Afrique Française.

2. Les Annales politiques et littéraires.

3. L'Art et la Vie.

4. A travers le monde.

5. La Bibliothèque de l'école des Chartes, revue d'érudition.

6. Revue Bleue, politique et littéraire.

7. Le Bulletin des Lois.

8. La Chronique des Arts et de la Curiosité.

9. Le Correspondant.

10. Le Cosmos, revue des sciences.

11. La Revue des Deux-Mondes.

12. L'Economiste Français.

13. Le Journal des Economistes.

14. Le Monde Economique.

15. La Revue Encyclopédique Larousse.

16. La Revue Française de l'Etranger et des Colonies et exploration. Gazette Géographique.

17. La Gazette des Beaux-Arts.

18. La Revue Hebdomadaire, romans, histoire, voyages, etc.

19. L'Indicateur de Cannes (Liste des Etrangers).

20. Le Journal des Intérêts Financiers.

21. The Invention, an Illustrated Review of industrial and scientific Progress.

22. Journal de Mathématiques élémentaires.

23. La Nature, revue des sciences.

24. La Nouvelle Revue.

25. Le Journal Officiel de la République Française.

26. Les Questions Diplomatiques et Coloniales.

27. La Revue Scientifique.

28. Le Tour du Monde.

29. La Revue des Travaux Scientifiques.

SUPPLÉMENT

Ouvrages des divisions précédentes, reçus après l'impression du Catalogue et avant le tirage.

1. **Munier-Jolain** — La plaidoirie dans la langue française, XVe, XVIe, XVIIe et XVIIIe siècles — Paris, Marescq aîné, 1897, in-8°, 2 vol.

2. **Rengade** (Dr J.) — La vie normale et la santé. Traité complet de la structure du corps humain, etc. — Paris, E. Colin, 1881, in-4°.

3. d° Les grands maux et les grands remèdes. Traité complet des maladies qui frappent le genre humain, etc. — Paris, E. Colin, 1879, in-4°.

4. d° Les besoins de la vie et les éléments du bien-être. Traité pratique de la vie matérielle et morale de l'homme dans la famille et dans la société — Paris, F. Aureau, 1887, in-4°.

5. d° La création naturelle et les êtres vivants. Histoire générale du monde terrestre : géologie, botanique, zoologie, races humaines — Paris, E. Colin, 1883, in-4°, 2 vol.

FIN du premier volume.

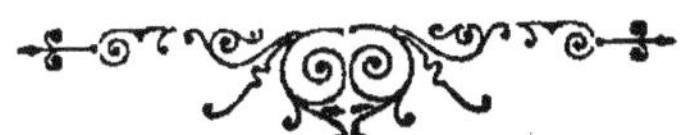

D Sciences naturelles

E Agriculture et horticulture

F Guerre et Marine

G Sciences accessoires

H Sciences appliquées

K Revues et Périodiques

M Congrès, Académies et Sociétés savantes

N Sciences médicales

(N.B.— Pour les dictionnaires, voir A, § III, page 7)

DEUXIÈME PARTIE : PHILOSOPHIE, THÉOLOGIE
ÉCONOMIE POLITIQUE

P Introduction : dictionnaires

Q Philosophie

R Théologie

TROISIÈME PARTIE : **PÉDAGOGIE et ENSEIGNEMENT**
JURISPRUDENCE — BEAUX-ARTS
BIBLIOGRAPHIE

T **Pédagogie et Enseignement**